ITAPI-G : Manuale

Unica Edizione Originale
pubblicata nel 2005

© Copyright 2005-2014 e successivi by Felice Perussia
www.feliceperussia.it

ISBN-13: 978-1499209273
ISBN-10: 1499209274

Il supporto editoriale è gentilmente offerto pro bono e per il libero sviluppo scientifico dalle edizioni PSICOTECNICA, Cirene 3, 20135 Milano, Italia
www.papers.psicotecnica.it

Stampato negli Stati Uniti da: CreateSpace
CreateSpace Independent Publishing Platform
www.createspace.com

Gli Psicotecnica Papers sono disponibili anche in formato e-book

La commercializzazione delle copie così come i diritti d'autore per questa edizione sono gestiti da: CreateSpace, Seattle, WA, USA

Felice PERUSSIA

ITAPI-G
MANUALE

Inventario Italiano di Personalità
Italia Personality Inventory
Forma G (Generale)

PSICOTECNICA
Edizioni Universitarie Milano

Sommario

Premessa

Dopo tre decenni passati (anche) a condurre ricerche nel campo dei Test sulla personalità e sulle connesse variabili psico-sociali, cercando costantemente di analizzare, tra l'altro, i profili caratteriali delle persone, i loro comportamenti nella vita quotidiana, le rappresentazioni sociali, l'opinione pubblica ecc: diventa sempre più faticoso scontrarsi ancora, come inesorabilmente accade piuttosto spesso, con i limiti ricorrenti che sono tipici di gran parte dei Test-Inventari di personalità e di molte Scale di rilevazione psicologica in genere.

Questo è uno dei motivi principali per cui ho deciso di incamminarmi, con il gruppo di lavoro che ruota attorno al Personality Psychology Workshop ed al Laboratorio di Ricerca e Sviluppo, sulla strada della complessa operazione di creare direttamente nuovi Test, Inventari, Scale ecc.[1] Iniziativa che non risolverà certo tutti i problemi, né supererà tutti i limiti; ma forse aiuterà un poco a ridurre l'invadente presenza di qualcuno tra di essi.

Alcune dimensioni, in particolare, mi sono sempre apparse decisamente discutibili e fastidiosamente interferenti, almeno sul piano scientifico. E cito, tra le altre:

A) Il fatto che gli Inventari con maggiore diffusione (specie, ma non solo, in Italia ovvero in Europa) sono spesso la traduzione di Test pensati, sviluppati e prodotti in contesti culturali diversi da quello in cui vengono effettivamente utilizzati (nel nostro caso: quello italiano ovvero europeo).[2]

B) Il fatto che tali Inventari sono generalmente ad uso piuttosto privato; con la conseguenza che, contrariamente ad ogni principio dichiarato di correttezza scientifica (e in contrasto con le regole, per così dire, civili minime sulla trasparenza di tutto ciò che ha a che fare con il pubblico; come avviene invece, tanto per fare un esempio, nella etichettatura dei farmaci e dei prodotti alimentari ecc): questi Test non vengono messi a disposizione della collettività; e non possono essere esaminati dalle persone a cui vengono somministrati con lo scopo di misurarle (pur avendo vari effetti potenzialmente rilevanti sulla loro vita); per cui raramente è possibile verificarli, in quanto accade spesso che non si possano avere dati precisi e dettagliati sul modo in cui sono stati prodotti.

C) Il fatto che uno strumento così interessante sul piano scientifico e di ricerca per sondare la personalità, quale è il Test, venga spesso svilito per l'uso, specie con lo scopo specifico di ricavarne un vantaggio economico, che se ne fa

---

1 Questa premessa, essendo in parte legata ad una lunga storia di ricerca, tende alla (prima) persona singolare. Subito dopo passeremo invece alla (prima) persona plurale: più consona al fatto che siamo un gruppo di lavoro numeroso e assai fattivo.

2 Mi sono sempre chiesto (ad esempio) per quale misteriosa ragione un Italiano, piuttosto che un Cileno o un Birmano, dovrebbe trovare tanto ovvio, così come una certa ortodossia psicologica corporativo-statunitense sembra prescrivere, l'utilizzo, quale punto di riferimento per la definizione di un proprio profilo di personalità, del piccolo campione di frequentatori di una clinica psichiatrica del Minnesota negli anni '40 (con modeste variazioni sul tema, in tempi successivi) su cui si fondava e si fonda la struttura dello MMPI.

nel campo soprattutto della discriminazione interpersonale (attribuzione di etichette, diagnosi di malattia mentale, selezione del personale ecc); il che dipende a sua volta anche dal fatto che molti Test tuttora ampiamente circolanti (come d'uso abituale in tempi passati, ma come accade anche oggi) sono stati concepiti, sin dal principio, proprio per offrirsi come un prodotto commerciale, da vendere all'esercito, alle aziende, ai clienti più diversi, nella pratica privata ecc.

D) Il fatto che dei Test psicologici viene spesso presentata una visione mitica se non mistica (misurano oggettivamente l'intelligenza, piuttosto che la personalità) di fatto squalificante, per via della sua effettiva inconsistenza, invece che una visione realistica (sono un volenteroso tentativo per aiutare a capire qualcosa di più della soggettività umana) che ne rappresenta invece l'interessante potenziale di ricerca e di conoscenza.

Non è questa la sede più adatta a sviluppare il tema, per il quale rimandiamo ad altri contesti (tra cui: Perussia, 1994a). Qui ricordiamo solo che, come è storicamente ben noto: lo sviluppo professionale della psicologia nel suo Paese-guida professionale, e cioè negli Stati Uniti, è dipeso in modo determinante dal "salto di qualità" legato al contributo che molti psicologi, con le loro società (per azioni) di consulenza psicometrica, hanno fornito nella selezione dei militari statunitensi da inviare al fronte della prima guerra mondiale.

La quale importante circostanza (molto enfatizzata dai media) ha determinato a sua volta una straordinaria e capillare diffusione dei Test nella vita quotidiana degli Statunitensi. I quali vengono, da allora ad oggi, ossessivamente sottoposti a prove standardizzate che si propongono di misurarne l'intelligenza, la personalità, le attitudini, le opinioni, gli orientamenti ecc, dalla nascita alla più tarda età, in una misura che è difficile anche solo da immaginare per un medio cittadino europeo. Anche considerando che il risultato di tali continui Test determina in modo significativo, e spesso senza appello, numerosi passaggi della loro vita (da tutti quelli connessi all'iter scolastico, a molti di quelli che intervengono nel percorso lavorativo, sanitario ecc).

Ed è pure interessante notare, tanto per non fare che un solo esempio a riprova del peso professionale conquistato dalla Nuova Psicologia Scientifica nell'organizzazione della modernità, come, ancora durante la seconda guerra mondiale, lo staff che costituisce l'assessment center dello Office of Strategic Services (oggi ribattezzato: Central Intelligence Agency; ovvero: la CIA) comprenda gran parte degli psicologi eminenti del tempo. Tra cui (OSS Assessment Staff, 1948): Urie Bronfenbrenner, Donald Fiske, John Gardner, Clyde Kluckhohn, David Krech, David Levy, James G. Miller, O. H. Mowrer, Henry Murray, Theodore Newcomb, Donald MacKinnon, Harvey Robinson, Douglas Spencer, Nevid Stanfortt, Edward Tolman, Kurt Lewin.

Tornando invece alla sostanza tecnica del lavoro descritto in queste pagine, sottolineiamo che il presente lavoro si propone più che altro di fornire l'inquadramento psicometrico per la forma generale (G) dell'*Inventario Italiano di Personalità* o *Italia Personality Inventory* (ITAPI).[3]

---

3 Ricordiamo, per l'ennesima volta, che al Programma ITAPI (il quale, tra l'altro, è un marchio registrato protetto dalla legge) collaborano tanto il *Laboratorio di Ricerca sulla Personalità e sul Counseling* dell'Università di Torino (www.phersu.org) quanto il *Laboratorio di Ricerca e Sviluppo* di Milano (www.laboratorio.it). Per approfondimenti e dettagli, rimandiamo poi sempre

Pubblichiamo cioè, in questa sede, quello che in letteratura viene normalmente definito come il "Manuale del Test"; ovvero come quel materiale accessorio, che accompagna ogni Reattivo mentale di buona qualità, il quale: "Contiene tutto ciò che dovrebbe essere necessario o utile per servirsi bene di quel Test" (Boncori, 1993, 46).

Il presente Manuale di ITAPI-G riporta dunque tra l'altro, come d'uso: "Presentazione generale del Test ... istruzioni per la somministrazione ... istruzioni per l'assegnazione del punteggio o per la classificazione delle risposte ... resoconto tecnico sulla costruzione del Test ... norme statistiche" (ivi, 46-47).

Può essere definito anche come un Manuale "di base" per ITAPI-G, poiché ha la pretesa di contenere, con una certa asciuttezza ma anche con il massimo dettaglio possibile, quanto può riuscire utile per utilizzare al meglio l'Inventario, comprese talune importanti precisazioni storico-metodologiche e più ancora molti dettagli sulla genesi dell'Inventario stesso.

Facciamo presente che i lavori scientifici di riferimento, per definire il quadro concettuale di ITAPI, sono parecchie centinaia. Di questi riferiamo, in modo più approfondito, anche in precedenti e paralleli Rapporti Tecnici (Perussia, 2005a, 2005c; Perussia e Viano, 2004, 2005); soprattutto in quello dedicato alla identificazione del pool di item di partenza per ITAPI (Perussia, 2004) ovvero in quello relativo alle ricerche tipologiche di ispirazione più o meno psicografica, basate sui Valori e sugli Stili di Vita (Perussia, 2005b). In questa sede (nelle pagine successive e in bibliografia) ci limitiamo dunque ad indicare soltanto i riferimenti principali.[4]

Abbiamo peraltro tenuto sullo sfondo alcuni volumi particolarmente interessanti, specie con riferimento ai Test in generale, come l'ottimo manuale di Boncori (1993) o quelli di Anastasi (1968, 1976, 1988 ecc); mentre abbiamo tenuto conto anche delle indicazioni ufficiali in materia suggerite dalla American Psychological Association (1985-1999).

Ricordiamo infine che ITAPI è un Programma, e un gruppo, di lavoro in continuo sviluppo. Per ulteriori approfondimenti sul Programma ITAPI (oltre che per un repertorio di strumenti utili per chi si occupa di Reattivi, Scale, Test e indagini di psicologia sociale e della personalità) rimandiamo quindi costantemente al relativo sito internet (www.itapi.org).

Per comunicazioni: è poi sempre possibile rivolgersi direttamente agli Autori dei vari passaggi del Programma ITAPI.

---

al sito internet, continuamente aggiornato, di ITAPI: www.itapi.org

4 Una parte di quanto descritto in questo Manuale (specie per quanto riguarda le premesse, ovvero l'inquadramento storico-epistemologico del Programma ITAPI) non è che la riedizione, con minime variazioni e aggiornamenti, di quello che abbiamo in parte già pubblicato nell'ambito di tali Rapporti Tecnici, che citiamo costantemente nel testo. In questa sede cerchiamo anzi proprio di presentare, in una forma maggiormente coordinata e aggiornata, un po' tutto questo lavoro; anche per renderlo disponibile in un contesto editoriale (quello delle Edizioni Unicopli) decisamente più elegante e più accessibile di quanto non avvenga nei pur autorevoli, ma assai spartani e scarsamente distribuiti, Rapporti Tecnici originali.

1. Filosofia del Programma ITAPI, copyright e licenze

Come abbiamo già accennato in altri passaggi descrittivi dello sviluppo di ITAPI (cfr, in particolare: Perussia, 2004), e come si può trovare descritto in forma estesa anche sul sito internet www.itapi.org, il Programma ITAPI si propone fondamentalmente di realizzare alcuni strumenti di tipo obiettivo per lo studio e per l'analisi della personalità e di vari temi a questa connessi.

Tali strumenti vogliono avere alcune caratteristiche, che attualmente paiono relativamente poco diffuse nella tradizione del lavoro con i Test, così in Europa come in tanti altri contesti culturali occidentali.

Pur senza pretendere di esaurire il tema in questa sede, ricordiamo dunque qui di seguito alcuni tra i presupposti epistemologici, ovvero tra gli scopi scientifici, cui ITAPI si lega strettamente. In estrema sintesi, ITAPI persegue infatti alcuni obiettivi, tra cui quelli di:

A) *Contribuire, per quanto possibile, alla evoluzione della ricerca sulla personalità*.

I Test mentali presentano infatti limiti notevoli, per lo più quando si pretende di usarli con obiettivi discriminatori o, come si è detto qualche volta, di stigmatizzazione (tipo: selezioni del personale, diagnosi psichiatriche ecc) ovvero, in qualche modo, contro il soggetto.

Gli Inventari psicologici sono invece uno strumento utile e interessante quando si propongono obiettivi di ricerca o quando vengono impiegati a fianco del soggetto (ad esempio: nel counseling, nelle indagini psicografiche, nel bilancio delle competenze ecc).

E noi cerchiamo, con il Programma ITAPI, di contribuire a sviluppare il grande potenziale di questo secondo approccio; limitando invece quanto più possibile ogni modo di procedere che possa risultare, anche solo potenzialmente, di danno per il soggetto.

B) *Operare costantemente, dall'inizio alla fine, con specifico riferimento anche alla tradizione teorica e scientifica propria al contesto culturale italiano ed europeo*.

Ovvero, detto altrimenti: evitare che gli strumenti di ricerca (in Italia così come in Europa e in tanti altri Paesi) siano solo la naturalizzazione, o peggio la semplice traduzione, di Inventari realizzati in altri ambiti culturali e poi trasferiti di peso nel contesto locale. Il che avviene, con straordinaria frequenza, nella letteratura scientifica specializzata del nostro Paese, così come in tante altre culture extra-statunitensi.

Anche per questo abbiamo posto particolare attenzione a sviluppare gli Inventari, così come tutti gli altri supporti, prodotti nell'ambito del Programma ITAPI, anche sul piano internazionale. Per cui, ad esempio: ITAPI-G esiste in diverse versioni, sviluppate in varie lingue e contesti culturali oltre che in quello italiano (anche per questo si veda, in proposito, il sito internet: www.itapi.org).

C) *Essere freeware e open source*. Giusto per ispirarsi ad alcuni diffusi anglismi che sono legati alla tradizione di internet e del web; ma soprattutto che si collegano allo spirito della parte migliore di tale tradizione.

Tutto il materiale relativo a ITAPI è infatti legalmente depositato e rigorosamente soggetto a copyright, ma in uso libero per scopi no-profit; purché si comunichi al gruppo di lavoro il fatto che li si stanno usando e se ne citi sempre, correttamente e puntualmente, la fonte.

Mentre tutto il "codice sorgente" delle ricerche di ITAPI viene messo a disposizione della collettività di studiosi e di studenti con il massimo dettaglio (come si vede anche in questo Manuale così come nel sito internet) con lo scopo di facilitare un lavoro di collaborazione e di confronto nell'ambito della ricerca scientifica di base.

D) *Avere carattere no-profit, nel senso di operare in un contesto non condizionato da ragioni di produttività economica e, nei limiti del possibile, a favore della comunità.*

La gran parte dei Test e degli Inventari prodotti in campo psicologico si lega infatti strettamente a interessi commerciali. Tanto che, nelle rassegne del settore, si distinguono classicamente due grandi categorie di Reattivi: i Test *Commercially Published (restricted)* e i Test *Noncommercial-Experimental (non-restricted)*. Dove i Reattivi creati nell'ambito di ITAPI appartengono decisamente a questa seconda categoria.

I Test mentali sono infatti spesso utilizzabili solo con notevoli vincoli e comunque solo a pagamento, come avviene in Italia o anche in Europa per la gran parte degli Inventari di personalità (i quali peraltro sono spesso, lo ricordiamo ancora, quasi solo statunitensi adattati o anche solo tradotti).

Nel lavoro scientifico di base, che vuole un atteggiamento disinteressato e senza particolari vincoli applicativi per poter operare nella necessaria condizione di creatività e di indipendenza, riesce invece difficile immaginare una ricerca affidabile la quale nasca da obiettivi di vendita (ad esempio: a delle aziende per realizzare la selezione del personale o simili).

Per cui tutti i lavori realizzati nell'ambito del Programma ITAPI sono, come appena ricordato, in libero uso no-profit (sempre: purché si aggiorni il gruppo di lavoro sul fatto che li si stanno usando e se ne citi correttamente e puntualmente la fonte), ma non possono essere commercializzati da terzi o essere da loro utilizzati in una qualsiasi forma che abbia risvolti commerciali (o, men che meno, di selezione del personale).[5]

---

5 Una forma tipica di questo tipo di licenza Freeware, che generalmente viene riportata anche nei vari Rapporti Tecnici legati ad ITAPI, suona più o meno così: Tutti i materiali pubblicati del Programma ITAPI ® sono proprietà letteraria riservata degli Autori o/e dell'Editore. I contenuti pubblicati vengono concessi in uso temporaneo sotto licenza (e non ceduti) all'utente del testo alle condizioni che seguono: LICENZA. Il materiale di ITAPI ® può essere impiegato gratuitamente da terzi per scopi scientifici, di ricerca e di studio. Non può essere mai utilizzato da terzi per scopi commerciali (o che comunque producano una qualsiasi forma di vantaggio economico). E' fatto obbligo tassativo di citare dettagliatamente ed estesamente la fonte nonché di informare i detentori della proprietà letteraria di ITAPI ® dell'uso che se ne sta facendo. RESTRIZIONI. Nessuna realizzazione del Programma ITAPI ® può essere distribuita

E) *Essere quanto più possibile trasparenti, tanto sul piano scientifico che su quello tecnico che su quello teorico-epistemologico.*

La gran parte dei Test psicologici infatti, specie per via della loro natura commerciale, viene presentata in letteratura solo per accenni, oppure viene pubblicata (si fa per dire) in sedi quasi irreperibili o in forme molto riservate.

Se vi mettete d'impegno e cercate il testo esatto e completo del questionario utilizzato in uno specifico Test, magari anche molto noto e utilizzato, o le analisi statistiche dettagliate su cui questo si fonda, scoprirete infatti subito che (con eccezioni davvero rare) è quasi impossibile trovare, almeno nell'ambito scientifico (ovvero pubblico e condiviso), materiale del genere che sia completo ovvero, spesso, anche solo appena un po' approfondito.

Infatti: la pubblicazione tipica di un Inventario spesso non riporta gli item effettivamente utilizzati (ma, eventualmente, solo accenni al nome delle Scale che li assommano a blocchi), o solo qualche rada citazione (di solito: meno del 10% degli item reali); per non parlare di elaborazioni statistiche appena approfondite, come ad esempio quelle riferite item per item, che spesso sembrano essere come inesistenti. Il che significa, tra l'altro, che lo studioso o lo studente non può andare in biblioteca e studiarli, come invece accade per la generalità dei materiali realizzati negli ambiti della scienza.[6]

Tale abitudine appare curiosa (diciamo così), particolarmente se si considera che la gran parte del materiale su cui il Test è stato costruito, specie se raggiunge un certo livello di qualità, si fonda spesso proprio sulla letteratura scientifica pubblicata (da cui prende le mosse), ovvero dai contributi messi liberamente a disposizione di tutti i ricercatori, ma cui gli autori del nuovo Reattivo non sembrano affatto voler contribuire nella stessa misura in cui vi hanno attinto.

Ovvero, detto altrimenti: molti autori di Test utilizzano volentieri quel poco o quel tanto che la comunità degli scienziati mette (generosamente) a disposizione di tutti, ma sono poi molto ritrosi e cauti nel condividere con tale comunità i propri risultati (salvo che a pagamento); benché questi siano derivati appunto, in buona parte, anche dal confronto con tutto quanto viene pubblicato (da altri).

Inoltre: in molti casi, i lavori preliminari e di taratura del Test (anche di quello che nella forma definitiva esiste solo in versione commerciale) sono stati in effetti realizzati utilizzando fondi pubblici o di fondazioni no-profit (tipicamente: per la ricerca scientifica) ovvero di fonte collettiva. Il che presupporrebbe invece, a maggior ragione, che i risultati venissero appunto restituiti con il massimo det-

---

commercialmente o riprodotta, pubblicata o altrimenti diffusa, né può esserne fatto un altro uso che leda il copyright o altro diritto di proprietà degli aventi diritto, né si può assegnare, subappaltare la licenza o comunque trasferire questo accordo a una terza parte senza che tale parte accetti i termini e le condizioni di questo accordo. Non si possono modificare, alterare o adattare i contenuti. In particolare: non è ammesso l'uso degli strumenti di ITAPI ® con fini di selezione del personale. Questa licenza si intende immediatamente revocata se l'utente della pubblicazione contravviene ai termini dell'accordo.

6Un altro paradosso, che ne consegue, è che certe volte non si sa nemmeno come citare questi Test. Infatti, a rigore, citandoli dai loro Manuali (ad esempio: riportando letteralmente alcuni loro item) si può contravvenire ad una regola di diritto privato (non sono riproducibili e nemmeno usabili, se non previo pagamento e in forma riservata) il che però è in contrasto con una regola pubblica quanto meno di ordine morale e solidale (secondo cui la scienza, almeno nei Paesi detti liberi, deve poter stare sempre sotto gli occhi di tutti).

taglio a quella stessa collettività che li ha finanziati.[7]

La volontà e la pratica della riservatezza commerciale per i Test suona peraltro del tutto legittima, stante che viviamo in un contesto sociale largamente (e, per tanti versi: fortunatamente) basato anche sul commercio e sulla giusta retribuzione del lavoro.[8] Ma si lega di fatto ad una forma di riduzionismo professionale, più che a quella dimensione scientifico-accademica di cui pure finge di essere parte. Mentre è funzionale quasi unicamente all'obiettivo di riservare la circolazione dei Test alla sola corporazione degli psicologi (col relativo profitto che viene riservato solo ad alcuni tra essi).

Tale pratica, ancorché talvolta legittima, sottrae però la gran parte degli Inventari psicologici (peraltro: analogamente a quanto avviene anche in altri luoghi della "scienza") a quei criteri di trasparenza e di condivisione che, come già ricordato, stanno alla base dell'esistenza di una comunità scientifica. Ed è anche da questa oscurità, legata pure al desiderio di tanti colleghi di lasciar credere di possedere (nel campo delle scienze mentali) qualcosa di simile alla leggendaria e preziosa "formula segreta della coca-cola" (fondamentale ed efficacissima, ma assolutamente non pubblicabile né riproducibile; e quindi anche un po' magica), che deriva il parziale discredito di cui i Test tante volte godono.

E ci rendiamo ben conto che l'assoluta trasparenza e chiarezza con cui vengono presentati i lavori realizzati da ITAPI può ridurre in parte quell'alea magica che alcuni attribuiscono ai Test, rendendoli dunque uno strumento più prosaico e concreto di quanto forse piacerebbe sognare. Tuttavia, posto che probabilmente questo effetto (in qualche modo: di smascheramento) si potrebbe determinare in forma assai più drammatica per molti altri Inventari (solo che emergesse nel dettaglio il modo in cui sono fatti), preferiamo, almeno in questa occasione, dimostrarci particolarmente solidi sul piano scientifico piuttosto che particolarmente fantasiosi sul piano delle promesse miracolose.

F) Cercare di limitare il condizionamento commerciale che può interferire con le rilevazioni in tema di psicologia sociale e della personalità, anche sul piano dell'uso nel contesto dello studio e della ricerca ovvero su quello editoriale.

L'appena citata azione di oscuramento sul contenuto scientifico dei Test è particolarmente curiosa, specie se si considera che viene spesso perpetrata con la piena connivenza fornita da riviste auto-definentesi come scientifiche, le quali sembrano accettare serenamente pubblicazioni tanto incomplete (quali sono tipicamente quelle relative ai Test) quasi solo in nome del profondo rispetto per i redditi dei professionisti che li producono e delle società per azioni che spesso

---

7 Mentre ci piace sottolineare, tra l'altro, come il lavoro di ITAPI sia stato realizzato, a tutt'oggi, in forma volontaristica e sostanzialmente senza finanziamenti, salvo qualche contributo economico da parte del Laboratorio di Ricerca e Sviluppo, più che altro con riferimento alla pubblicazione dei Rapporti Tecnici relativi (ovvero, come in questo caso, al rischio editoriale che si sono prese le Edizioni Unicopli).

8Negli Stati Uniti, dove il sistema di sfruttamento commerciale della ricerca scientifica ha raggiunto i più alti livelli di raffinatezza, anche la formazione, così come la ricerca universitaria (per non dire dell'assistenza sanitaria ovvero, per certi aspetti, della protezione civile ecc), è costituita rigorosamente come un'industria privata dedicata al perseguimento del massimo profitto (come anche la legge pretende da qualsiasi impresa economica). Il che non ha certo impedito di produrre talvolta, pure in quella cultura (ancorché, come è naturale, fra alti e bassi), ottimi risultati.

gestiscono la dimensione commerciale dei Test stessi (e della pubblicità scientifica in generale).[9]

In effetti, le riviste scientifiche trovano storicamente la loro ragione d'essere nell'obiettivo di mettere a disposizione della comunità dei ricercatori i risultati appunto della scienza. Anche perché la scienza esiste, almeno nella retorica scientifica, solo perché è appunto libera, condivisa e continuamente verificata, oltre che vivificata, dall'attento sguardo di tutti i ricercatori.

In realtà: tali riviste, che si propongono appunto come "scientifiche" e che nella gran parte dei casi sono nel portafoglio commerciale delle maggiori multinazionali dell'editoria, rappresentano un solido business economico. Queste si reggono infatti, in larga parte, su un sistema di auto-qualificazione reciproca fra corporazioni di autori, certificato da una forma di hit-parade o di auditel (detto impact factor) che ne dimostra "oggettivamente" il raggiunto livello di conformismo. Ma non si tratta certo di materiali "pubblici" (sempre: come si diceva una volta), visto che l'accesso a tali prodotti è condizionato a cospicui versamenti in denaro, dal carattere decisamente privatistico.

Non è certo questa la sede per sviluppare l'interessante tema (di cui peraltro la pubblicazione o pubblicità di molti Test è un esempio davvero macroscopico). Merita però ricordare l'affascinante meccanismo che gli editori di tali riviste scientifiche sono riusciti a costruire nel tempo, approfittando dell'insicurezza di molti autori (e di molte istituzioni) che sperano di utilizzare questi strumenti editoriali per costruire una forma di credibilità (per sé e/o per la propria disciplina).

Infatti, per quanto possa suonare strano: benché i costi (spesso: pubblici) per produrre le ricerche siano in genere molto elevati, le riviste "scientifiche" (in genere: private) non forniscono mai un compenso agli autori (come invece accade per il resto dell'editoria), i quali vi scrivono dunque solo gratuitamente (cedendo però completamente, con un contratto rigido e sanzionatorio, tutti i diritti di sfruttamento commerciale alla rivista). L'elevato costo al pubblico di tali *journal* e *review* (la cui materia prima, per l'editore, è completamente gratuita) viene però calcolato con una strategia di prezzo che è molto simile a quella impiegata dalle compagnie aeree (tariffe del tutto diverse per lo stesso identico prodotto, costruite in base al fatto che l'utente: è nella necessità di volare, e allora il prezzo sale vertiginosamente; oppure viaggia solo a tempo perso, e allora il prezzo cade a livelli minimi).

Chi traccia la strada, in psicologia, è comunque la corporazione stessa degli psicologi. I listini della American Psychological Association sono infatti attualmente (2005) di questo tono: abbonarsi al *Journal of Experimental Psychology General* (circa 500/600 pagine l'anno, su argomenti di laboratorio non proprio popolari) costa sui 200 dollari e rotti (sui 30 centesimi a pagina); abbonarsi al *Journal of Personality and Social Psychology* (verso le 800/900 pagine l'anno, ma su argomenti un po' più vivaci e soprattutto con connotazioni di

---

9Suona abbastanza strano che nel 1921 siano proprio tre dei maggiori scienziati-metodologi della psicologia di allora (e cioè: James McKeen Cattell, Robert Sessions Woodworth e Edward Lee Thorndike) a fondare a New York una società azionaria, programmaticamente denominata Psychological Corporation, per trasformare i Test mentali in un business (la società esiste ancora oggi, benché si sia trasferita in Texas). Ed è pure curioso che, nella costituzione della società, i tre soci decidessero che metà di quello che i colleghi pagavano per poter usare i Test dovesse essere utilizzato per finanziare della ricerca (pratica che tuttavia non è ben chiaro se e in quali termini e a favore di chi sia stata effettivamente attuata).

qualificazione nell'ambito professionale per gli autori) costa invece intorno ai 1.200 dollari (oltre un dollaro a pagina); acquistare via internet un medio articolo, che sta solitamente sulle 10/20 pagine in .pdf (zero spese di stampa e di distribuzione), costa tipicamente 25 dollari; la possibilità di accedere alla banca dati *PsychINFO,* che riporta gli abstract degli articoli, va da un minimo assoluto (e molto eccezionale) di 600 dollari l'anno fino a un massimo di circa 25.000 dollari l'anno (a seconda di chi lo chiede). Mentre la natura "pubblica" (ma anche: libera e scientificamente disinteressata) di un meccanismo fondato su vincoli economici del genere appare evidente di per sé.

Comunque, tornando al più specifico caso dei Reattivi mentali: risulta abbastanza chiaro che la condizione di sostanziale (semi)opacità, tipica dei Test (quale si presenta attualmente in larga parte della letteratura detta scientifica in materia), nasce dallo sforzo, attuato in modo quasi maniacale da molti autori ed editori, per mascherare il dettaglio dei dati relativi, specie con il fine di renderne impossibile l'uso a partire dalla pubblicazione, bensì solo essendosi rivolti direttamente, dietro (cospicuo) esborso di denaro, all'azienda che incassa le royalties. Tanto che spesso la forma completa del Reattivo non si trova nemmeno nel Manuale ad esso intitolato, bensì eventualmente (e talvolta nemmeno lì) in ulteriori costosi "fogli di somministrazione" (assolutamente: non-foto-copiabili, pena la minaccia di pesanti sanzioni, soprattutto pecuniarie).

Con il Programma ITAPI, intendiamo invece condividere il più ampiamente possibile, per quel che ci riesce, i dati della ricerca con la comunità scientifica, così da permettere a tutti di valutarli e, se lo ritengono opportuno, di criticarli al dettaglio. Per cui, ad esempio, il questionario di ITAPI-G viene pubblicato qui assolutamente per intero; mentre, come abbiamo già accennato, sul sito www.itapi.org ne sono pubblicate anche diverse altre versioni complete, oltre a quella italiana, tra cui quelle: anglo-americana, spagnola, portoghese-brasiliana, francese, tedesca, albanese.

Anche perché, per poterci criticare (come speriamo) in termini scientificamente corretti e credibili, si dovranno necessariamente utilizzare dati almeno altrettanto trasparenti e dettagliati quanto i nostri. Per cui forse emergerà qualcosa di più scientifico anche sui Test commerciali normalmente in uso e di cui alla comunità (degli scienziati, degli studenti, degli utenti ecc) non viene generalmente dato di sapere nemmeno da quali domande sono composti.

G) *Permettere a coloro cui il Test viene sottoposto di avere elementi di verifica, in termini di consenso informato, quanto più possibile completi e comprensibili.*

Da quanto appena accennato (obiettivi commerciali, segretezza, riservatezza corporativa, mancanza di condivisione ovvero di verifica scientifica trasparente ecc) discende direttamente anche la circostanza per cui le persone, pure quelle cui il Test viene somministrato, generalmente non possono (per quanto la cosa possa suonare incredibile, ma è davvero così) avere chiara e completa cognizione degli strumenti che pure si applicano loro, magari come pretesto per licenziarle, per non assumerle (a causa della loro disposizione psicologica) o per definirle come deteriorate da una qualche presunta malattia mentale.

Mentre noi riteniamo che l'opportunità di sapere debba riguardare anche il cosiddetto "oggetto" della misurazione (che per noi è decisamente un soggetto) e non solo, pur con tutti i limiti indicati, la corporazione di chi ricava reddito professionale dal fatto di proporsi come suo misuratore.

Per cui preferiamo mostrare quanto gli strumenti realizzati nell'ambito del Programma ITAPI siano limitati; benché forse anche meno di altri, di cui peraltro non sappiamo gran che.

Così come ci piace mostrare quanto tali strumenti siano al contempo assai interessanti, pure con tutti i loro limiti. Piuttosto che lasciare credere implicitamente che tali limiti non ci siano per il semplice fatto che non ne parliamo o li lasciamo nella parte riservata e appunto (spesso: giustamente) "non pubblicabile" del lavoro.

L'idea di conoscere al dettaglio gli strumenti su cui si basa il profilo di personalità redatto attraverso un Test viene infatti considerata, da una parte degli psicologi, come una pretesa inappropriata o addirittura anti-scientifica (specie nella convinzione che il pubblico non debba conoscere i dettagli, altrimenti gli riesce più facile simulare). A molti utenti apparirà invece doveroso che si sappia in base a quali criteri una persona, ad esempio, viene definita "psicopatica" ovvero le si rifiuta un posto di lavoro per il quale magari possiede le competenze (poniamo: di esperienza, di studio ecc) adeguate.

E infatti: riportare qualche esempio degli item utilizzati da alcuni Inventari di personalità può talvolta risultare sconcertante, considerando gli effetti che a partire da questi si possono determinare. Mentre riesce pure difficile, visto che, a rigore, l'elenco degli item è segreto e vincolato dalle royalties. Ci proviamo comunque lo stesso, utilizzando citazioni minime (per non correre troppi rischi) e soprattutto utilizzando solo dei riferimenti molto classici (già proposti in: Perussia, 1974) confidando che, a trent'anni di distanza, tutto sia più accettabile.[10]

Riportare qualche esempio classico di item presente nei più diffusi Test sulla personalità, potrà forse apparire anche pleonastico; almeno: nel Manuale dedicato a un Inventario specifico. Ma potrà forse aiutare a capire alcuni possibili limiti dei Test attualmente disponibili anche in Italia e in Europa. Mentre forse aiuterà a rendere ragione delle motivazioni che possono spingere degli studiosi di psicologia a concentrare su ITAPI tutto il tempo e lo sforzo che la costruzione di un nuovo Inventario di personalità richiede.

Scopriamo infatti, ad esempio, che l'Inventario di personalità più utilizzato al mondo, ovvero il solito Minnesota Multiphasic Personality Inventory, dimostra l'utilità scientifica di utilizzare l'item "Molti dei miei sogni riguardano argomenti sessuali" (MMPI, 1951, item 320) per rilevare la diagnosi di "schizofrenia", cui la risposta "vero" a questo item risulta chiaramente correlata secondo il Manuale del Test. Il che potrebbe apparire però discutibile ad alcuni, come ad esempio a un seguace della psicoanalisi. Un'analoga correlazione positiva con la diagnosi di "schizofrenia" si ottiene poi rispondendo "falso" all'affermazione "Mi piace far parte di un gruppo di persone che si fanno scherzi tra di loro" (MMPI, 1951, item 254). Il che potrà suonare forse (molto: forse) credibile nella cultura statu-

---

10I riferimenti bibliografici degli item riportati nelle righe seguenti sono, come abbiamo visto essere piuttosto abituale nel caso dei Test, relativamente approssimati (ma è tutto ciò di cui disponiamo). Posso comunque garantire che chi scrive li ha visti tutti, personalmente e con i propri occhi (trascrivendoli poi a mano), nello stanzino dei Test presso l'Università Cattolica del Sacro Cuore di Milano, cui aveva accesso nei primi anni Settanta del Novecento (fatto di cui ringrazio una volta di più). Ed è verosimile ritenere (considerando la grande efficienza di quella bella Università) che vi siano conservati ancora.

nitense (la quale si dice sia molto semplice ed allegra) ma forse non altrettanto per gli usi italiani e europei. E continuando, ma senza esagerare, veniamo a scoprire pure che: chi risponde "falso" all'affermazione "Mi piacciono i libri gialli" (MMPI, 1951, item 12) offre allo psicologo un indizio evidente di Isteria, sempre secondo il Manuale.[11]

Mentre certo non è solo lo MMPI a presentare qualche potenziale problema (almeno agli occhi di una persona che viene scientificamente giudicata e trattata, o magari maltrattata, sulla base di strumenti del genere). Se si considera, ad esempio, che la domanda "Negli ultimi cinque anni, sei stato riconosciuto capo di qualche gruppo; come ad esempio: Presidente, Direttore, Comandante?" (Test Bernreuter, senza data, item 111) contribuisce, secondo il Manuale relativo, a definire come nevrotico il soggetto che risponde "no". Analogamente, se si risponde "sì" alla domanda "I libri ti fanno maggiore compagnia degli amici?" (Test Bernreuter, senza data, item 44), si ottengono 3 punti di tendenza nevrotica. Benché, cambiando test e rispondendo invece "sì" alla domanda (apparentemente inversa) "Le attività sociali sono quelle che ti soddisfano maggiormente rispetto alle altre: ad esempio studio, letture, sport individuali ecc?" (Test Maudsley, 1964, item 26) si prendono lo stesso 2 punti di nevroticismo.

Di solito, la valutazione delle risposte è piuttosto univoca, per cui il soggetto guadagna punti sulla Scala di Nevrosi, ad esempio, se risponde affermativamente ad item quali: "Ti capita spesso di sentirti infelice?" (Test Bernreuter, senza data, item 8), oppure "Sono piuttosto nervoso" (MMPI, 1951, item 506); ovvero se risponde negativamente ad item quali: "Sei abitualmente una persona senza fastidi?" (Test Maudsley, 1964, item 54), oppure "Sono sempre o quasi sempre contento" (MMPI, 1951, item 107), oppure "Non ritengo che il matrimonio sia fondamentale per la felicità presente e futura" (Test Bernreuter, senza data, item 120). Mentre invece il soggetto si prende un bel punto sulla Scala di Depressione ogni volta che risponde negativamente ad item quali: "Vado in chiesa quasi ogni settimana o più spesso" (MMPI, 1951, item 95) ovvero "Credo nel Giudizio Universale" (MMPI, 1951, item 98).

Analogamente, tanto per evocare un esempio meno patologistico: per risultare Uomini alla scala di Mascolinità-Femminilità dello MMPI è sufficiente dichiarare la propria passione per: le riviste di meccanica (item 1), il lavoro di guardaboschi (item 81), la carriera militare (item 144), l'andare a caccia (item 223), ovvero, essendo giornalista, per la specialità di cronista sportivo (item 285). Per essere definiti Donne, occorre invece dichiarare la propria passione per: il lavoro di bibliotecaria (item 4), saltare la corda (item 70), le storie d'amore (item 77), il lavoro di fioraia (item 87), il lavoro di infermiera (item 92), la cucina (item 140), la storia di cappuccetto rosso (item 295), le bambole (item 300).[12]

---

[11]In effetti, questa versione dello MMPI è oggi meno utilizzata di un tempo, benché non sia certo scomparsa. Infatti: una quindicina di anni fa, lo MMPI è stato parzialmente revisionato (Hathaway e Mc Kinley, 1989), per cui questa nuova versione sta sostituendo la forma più diffusa e più vecchia. L'impianto generale dell'Inventario è rimasto tuttavia più o meno lo stesso, così come la gran parte degli item, benché siano stati apportati taluni importanti aggiustamenti. Uno sforzo particolare in questo senso è stato attuato anche per la nuova edizione italiana del Test (Hathaway, Pancheri e Sirigatti, 1995); dei cui sviluppi non è tuttavia possibile citare qui con dettaglio, per le solite ragioni di riserbo scientifico-commerciale.

[12]Garantiamo che tutti questi item sono assolutamente veri e presenti nello MMPI, così

Ma può capitare anche che il soggetto indagato non sappia bene come reagire all'affermazione "Ogni giorno bevo moltissima acqua" (MMPI, 1951, item 32); la quale non rappresenta una buona idea (come molti medici tendono a suggerire) bensì fa acquistare un punto sulla Scala di Ipomania, in caso di risposta affermativa, o attribuisce un punto sulla Scala di Isteria, in caso di risposta negativa.

Infine, per completare questo schizzo, possiamo evocare ancora l'adattamento e la standardizzazione italiana della forma C (quella breve) del 16 PF di Cattell (Cusin e Novaga. 1962; Novaga, 1977). Qui infatti, gli item sono relativamente chiari, ma è meno comprensibile la natura dei Tratti cui si riferiscono. Non è infatti sempre chiaro che cosa ciascuna risposta misuri, come ben si vede dagli esempi seguenti, che riportano tra parentesi, accanto all'item, il Fattore-Tratto cui questo si riferisce: "Conoscendo bene entrambi, preferirei giocare: a) agli scacchi (Radicalismo); b) alle bocce (Conservatorismo)" (Item 31); "Mi piacerebbe praticare: a) la scherma e il ballo (Phemsia); b) la lotta o il calcio (Harria)" (item 9); "Il Paese dovrebbe stanziare più fondi per: a) la sicurezza collettiva (Phemsia); b) l'istruzione (Harria)" (Item 46); "Ammiro di più: a) un uomo gentile ma incostante (Bassa Forza del Super-Io); b) un uomo mediocre ma senza debolezze (Alta Forza del Super-Io)" (Item 58); "Penso che molta della moderna educazione sia meno saggia della vecchia opinione che l'indulgenza rovina il fanciullo: a) sì (Insicurezza); b) no (Sicurezza)" (Item 64).[13]

Insomma, per dirla in due parole, molte prove psicometriche raramente rispettano fino in fondo (e talvolta, anzi, davvero molto poco) quelli che generalmente si considerano come i diritti fondamentali del cittadino-utente, con riferimento a qualsiasi prodotto-servizio: 1) Dritto alla sicurezza, cioé essere protetti rispetto al Test e avere la certezza che la prova non può recare danno a chi la affronta; 2) Diritto all'informazione, cioé ricevere tutti gli elementi per conoscere con dettaglio di che cosa si tratta, comprese le alternative e le eventuali controindicazioni; 3) Diritto alla scelta, cioé poter decidere liberamente se sottoporsi al Test oppure no, se accettare quel Test, più certificato, ma magari non quell'altro, meno affidabile, anche perchè tutti gli elementi di conoscenza che permettono la scelta sono facilmente accessibili; 4) Diritto ad essere ascoltati, cioè avere voce in capitolo, come utenti, rispetto alla produzione e allo sviluppo del Test, potendo far valere presso gli enti produttori e somministratori le proprie visioni e valutazioni.

Mentre, con il Programma ITAPI, cerchiamo di offrire un piccolo contributo che tenga il più possibile conto, per quel che ci riesce, dell'utente; che noi consideriamo un alleato, da cui imparare e con cui collaborarare, ma non certo un antagonista da controllare.

H) *Fornire qualche notizia di inquadramento che aiuti a capire anche il senso del Test e delle sue modalità d'uso*; invece che dare (come accade quasi sempre) implicitamente per scontato che le caratteristiche determinanti di un Reatti-

---

come la relativa scala di genere. Suonano tuttavia particolarmente strani in italiano (lingua in cui, a differenza che nell'anglo-americano, i sostantivi vengono declinati secondo il genere); dove un soggetto maschile può trovarsi, molto semplicemente, in una difficoltà grammaticale se vuole rispondere positivamente all'item "Voglio fare la fioraia".

13Anche in questo caso, garantiamo assolutamente che tutti questi item sono veri e realmente presenti nel Test 16 PF forma C.

vo sono legate esclusivamente alla metodologia della sua realizzazione.

La gram parte dei Test, siano essi di attitudine o di livello, viene infatti presentata, tanto nei Manuali dedicati a specifici Test quanto nei manuali generali sulla materia (sia essa la personalità o la metodologia psicometrica) in termini quasi solo "referenziali". Gli autori si limitano cioè a indicare, ovvero a riferire, l'esistenza dell'apparato rappresentato da quello specifico Test, descrivendone le caratteristiche in termini sostanzialmente constatativi (si tratta di uno strumento; che è fatto così e così; che si maneggia in questo modo ecc). Ciò significa, fondamentalmente, che la generalità dei Reattivi psicologici viene descritta come se si trattasse di strumenti asettici, di cui limitarsi a rilevare le caratteristiche tecniche; ma di cui non è necessario e nemmeno utile esplicitare le implicazioni d'uso (quasi come se non ce ne fossero).

Il messaggio implicito in una simile ricorrente modalità di presentazione è del tipo: siamo certamente nel campo della scienza (leggi: la descrizione dell'intelligenza o della personalità, definita attraverso il Test, è uno strumento scientifico sicuro tanto quanto la descrizione dei globuli rossi o delle piastrine, definita attraverso l'analisi del sangue); l'uso che si fa del Test (nel bene o nel male) non dipende dunque dallo strumento, che si limita ad utilizzare un metro impersonale per constatare freddamente le caratteristiche di un fatto del tutto oggettivo e conclamato (tipo: l'esistenza e la differente distribuzione dell'intelligenza, ovvero dei quozienti intellettuali, ovvero delle malattie mentali ecc tra le persone), bensì eventualmente dalla buona o dalla cattiva volontà dello scienziato che lo usa, ovvero delle autorità che magari strumentalizzano il contributo dello scienziato stesso. Al quale scienziato, in quanto sacerdote della scienza (sia essa la fisica nucleare o la psicologia dell'età evolutiva), non può venire attribuita nessuna colpa, almeno riguardo a quella natura della natura che lui si limita a rilevare e testimoniare con gli opportuni strumenti oggettivi.

Nell'ambito del Programma ITAPI cerchiamo invece di ricordare sempre almeno l'esistenza dei termini "contestuali", che caratterizzano l'impiego anche di un Test. Ovvero: che la conoscenza (scientifica, filosofica, psicologica ecc) non esiste solo nel cielo, ma anche sulla terra; o, detto altrimenti: è teorica soltanto in teoria. Mentre, quando si esercita in azione reale e concreta (ovvero sempre; se vogliamo: pure nell'azione di produrre una teoria) deriva necessariamente le sue qualità anche dai modi (contesti, intenzioni, effetti, conseguenze ecc) in cui viene pragmaticamente impiegata nella realtà.

Ci preoccupiamo insomma di ricordare sempre che gli strumenti psicometrici (compresi, ovviamente, quelli realizzati dal nostro gruppo di ricerca), i quali tentano di misurare, o quanto meno di saggiare in qualche modo, l'intelligenza o la personalità, non possiedono affatto la relativa oggettività di un termometro rispetto al calore o di uno sfigmomanometro rispetto alla pressione arteriosa. Mentre vivono anche di una relazione sia attiva sia passiva con la realtà; o quanto meno: con la realtà umana, culturale, soggettiva ecc, da cui in parte dipendono e che in parte determinano. Analogamente a qualsiasi scelta o atto umano, ma in una misura forse anche superiore alla media, i Test psicologici vengono contestualizzati da, mentre allo stesso tempo contestualizzano, livelli molteplici di realtà: scientifici, psicologici, epistemologici, economici, politici, spirituali ecc. Il che accade, quanto meno, così nella sfera individuale come nella sfera sociale delle persone.

Riteniamo peraltro che non sia il caso di ripercorrere, nel Manuale relativo ad un nuovo Inventario psicologico, tutta la storia della psicologia della personalità piuttosto che tutta la storia della misurazione in psicologia, ovvero dei loro pregi e dei loro limiti. Ma non ci sembra nemmeno il caso di ignorare completamente il tema, di non ricordarlo neanche per accenni, o (peggio) di fare finta che la questione non esista affatto o che non riguardi anche questo specifico Test.

Ma ci fermiamo qui, stante che simili esempi possono ben bastare, almeno in questa sede. Per cui aggiungiamo ancora, venendo invece ad aspetti un poco più tecnici, solo l'accenno a un paio di altre particolari decisioni epistemologiche che abbiamo voluto prendere nell'ambito del Programma ITAPI:

I) *ITAPI, volutamente, non prevede una Scala di "bugie" o Scala Lie* (all'anglo-americana), la quale invece è spesso presente in altri Inventari di Personalità.

Il motivo principale trova la sua radice nel fatto che ITAPI viene concepito soprattutto come programma di ricerca scientifica, ovvero come strumento che può aiutare ad affiancare gli individui nella loro formazione e nel loro sviluppo; per cui è stato realizzato come strumento per accompagnare le persone e non certo come trappola per "prenderle in castagna".

Al contrario: siccome molti Test commerciali sono costruiti invece in primo luogo per essere venduti ai gruppi professionali piuttosto che alle cliniche (per certificare diagnosi) ovvero alle aziende e alle organizzazioni in genere, specie con fini di selezione del personale (pratica che invece è esplicitamente impedita nel caso di ITAPI), molti psicologi cercano di dotarle i propri Test con tali Scale. Queste si propongono infatti di mettere alle strette il millantatore, ovvero colui il quale tentasse di presentare l'immagine di sé ritenuta più vicina allo stereotipo atteso dal suo selezionatore; ad esempio: con l'obiettivo, ritenuto perverso, di trovare lavoro. Analogamente, in ambito clinico-psichiatrico, la Scala di "Bugie" (così come quelle, analoghe, di "Desiderabilità sociale" e simili) dovrebbe servire a intrappolare coloro i quali non desiderano essere definiti "malati di mente" dallo psicologo o dal medico, bensì cercano di sembrare, per quel che gli riesce, "normali".

Questa tipologia di Scale, spesso, appare peraltro decisamente fragile se non ridicola, nel senso che la natura di falsità delle risposte è definita, nella maggior parte dei casi, dagli stereotipi che sulla Scala vengono proiettati dal ricercatore stesso che l'ha costruita. Per cui non registra, per così dire "oggettivamente", il fatto che il soggetto ha mentito; bensì evidenzia soltanto il fatto che questi ha risposto in un modo cui l'estensore del Test attribuisce carattere mistificatorio (quanto meno: per l'obiettivo commerciale-professionale perseguito dal Test stesso).

La presenza della Scala per acchiappare (piuttosto fantasticamente, in effetti) i "simulatori" ha però sempre gratificato soprattutto il committente (tipicamente: la direzione del personale, piuttosto che l'ufficio psicologico dell'esercito o di quant'altro), il quale è convinto che molte persone, quando cercano di trovare lavoro o di evitare la leva militare obbligatoria o simili, non raccontano tutta la verità.

E trovano in alcuni psicologi (equipaggiati di queste loro astute Scale-detector) una dimostrazione del fatto che la loro diffidenza è oggettivamente fondata. E quindi trovano anche, o almeno così sperano, degli alleati per mettere a posto tutti quelli che non collaborano pienamente, ovvero che non sono disposti a sacrificare le proprie aspirazioni alle specifiche esigenze dell'esercito o dell'azienda o di quant'altro.

E speriamo suoni inutile sottolineare che lo spirito del Programma ITAPI è piuttosto lontano da questo genere di obiettivi scientifico-professionali.

L) *ITAPI utilizza, per realizzare il Profilo di Personalità dei soggetti, un numero di Fattori non prefissato.* Di fatto, come si vedrà tra poco, il numero di Voci che l'Analisi Fattoriale ha evidenziato come particolarmente adeguato per descrivere statisticamente i dati raccolti con ITAPI-G è di sette. Tuttavia: si tratta appunto di quello che è emerso dall'analisi statistica; mentre non abbiamo alcuna preclusione a fare riferimento ad un numero di Fattori differente.

Ovvero, detto altrimenti: non crediamo che esista un particolare numero aureo, o magico, di Fattori per un Inventario generale di personalità. Per cui, seguendo una tradizione che ci accomuna alla gran parte dei ricercatori in materia, utilizziamo il numero di 7 Fattori per ITAPI-G come un fatto strumentale, sempre pronto a modificarsi di fronte a nuove evidenze.

La tradizione della scelta dei Fattori, nella ricerca psicologica (anche, ma certo non solo, relativa alla personalità) è infatti sempre stata molto elastica e mutevole. Storicamente, ad esempio: a prima vista sembrano non avere grande successo i modelli di personalità con solo uno o due Fattori.

Ma, ad approfondire appena un poco la questione, il dato non risulta poi così certo: se solo si considera che il grande prototipo del Reattivo mentale, ovvero la tipologia di Test assolutamente più usata ovvero il Test di intelligenza, si presenta come intrinsecamente mono-fattoriale. Il concetto stesso di quoziente intellettuale (il leggendario: QI) è mono-fattoriale per definizione: minimo o massimo che sia, lungo una scala di intelligenza. La teoria mono-fattoriale della persona è del resto molto radicata nel pubblico. L'idea che gli individui si distinguano in "poco" e "molto" intelligenti, fa parte della teoria ingenua della personalità. Il che accade anche per concetti meno cognitivi, come l'idea di una personalità più o meno forte o debole, più o meno buona o cattiva, più o meno normale o anormale, più o meno sana o patologica ecc. Concetto mono-fattoriale (presenza-assenza-variazioni di una singola qualità generale di base) che peraltro è molto diffuso in campo psicologico, ad esempio in tanta letteratura di taglio psicodinamico (magari con la più scientifica definizione di forza o debolezza dell'Io).

D'altra parte, è proprio uno dei padri maggiori della teoria fattoriale dell'intelligenza e cioé Thurstone (1934) che, ispirandosi esplicitamente a quel modello statistico che identifica un Fattore generale (G) di intelligenza, si chiede se non valga la pena di cercare, anche con riferimento alla personalità, un analogo Fattore G di natura personologica. Per cui sviluppa delle analisi statistiche con cui evidenziare diversi indizi in tale direzione (e stimolando anche qualche ulteriore perplessità sul tema). L'idea, con esplicito riferimento a questi autori, viene ripresa pure, tra gli altri, da Rogers (1935), il quale ritiene di isolare un Fattore generale di questo tipo, che definisce come "perseveration", nella personalità. Mentre, partendo dagli stessi punti di riferimento, ci prova anche Stephenson (1935), con qualche successo.

In realtà, a ben vedere: il modello mono-fattoriale risulta essere pressoché onnipresente nella letteratura di ricerca sulla personalità, benché con riferimento a singoli Tratti personologici. Tutti i Tratti della moderna letteratura scientifica in materia sono infati concettualmente mono-fattoriali. Il che crea talvolta una curiosa situazione, specie nelle molte ricerche dove una persona viene valutata in base a un modello di personalità riferito a un singolo Tratto, ma che, una volta di più, viene poi considerato nei fatti come se fosse un Tipo (mono-fattoriale). Per cui, ad esempio, il tale individuo viene definito (in una sua caratteristica generale di base) come un tipo: ansioso, rispetto a non-ansioso; introverso, rispetto a estroverso; sensation seeker, rispetto a non-sensation seeker ecc. Ma ci sono anche molte altre soluzioni in materia, di cui forniamo qui di seguito qualche testimonianza, tra mille altre differenti, giusto per evocare l'idea.

Il molto discusso, ma grande analista fattoriale, Cyril Burt[14] (1938), ad esempio, calcola che, per descrivere adeguatamente la personalità, sono più che sufficienti due Fattori bipolari, riferiti a: emozioni aggressive in contrapposizione a emozioni inibite; emozioni piacevoli in contrapposizione a emozioni spiacevoli. Mentre anche Krueger (1996) ritiene di identificare un modello a due Fattori, per definire la personalità (patologica) della gente, basandosi però su due voci mono-polari: problemi internalizzati e problemi esternalizzati.

Cloninger (1994) identifica invece tre Fattori e costruisce un Test generale di personalità (detto: Temperament and Character Inventory), che ha un certo successo e viene ampiamente usato in letteratura. Poi però, basandosi su un modello di tipo psico-biologico, dimostra che i Fattori sono sette (1998); anche se molti continuano a usare il suo Test a tre Fattori, chiamandolo anzi con il nome dell'autore. Mentre anche Aluja, Garcia e Garcia (2002) dopo avere comparato soluzioni a tre, quattro e cinque Fattori, dimostrano che la soluzione a tre Fattori (che definiscono rispettivamente: Neuroticism, Extraversion and Psychoticism) è la più convincente.

Un altro gruppo di ricercatori dimostra invece che i Fattori della personalità sono anche di più. Ortet et Al (1999), i quali pure utilizzano la versione spagnola dell'Eysenck Personality Inventory (tipicamente: a tre Fattori), ne identificano in effetti quattro: psychoticism (P), extraversion (E), neuroticism (N) e dissimulation-conformity (L). Anche Sasaki, Hoshino e Tanno (2002), con un campione di studenti giapponesi, identificano quattro Fattori. Deisinger (1995), studiando la struttura fattoriale del Personality Assessment Inventory (PAI) con un campione di adulti, ne identifica quattro pure lui. Mentre, secondo una ricerca di Foster (1955), anche le risposte al Test di Rorschach, quando vengono sottoposte ad analisi fattoriale, evidenziano quattro Fattori principali.

Jackson, Ashton e Tomes (1996), con attente analisi statistiche, dimostrano invece che i Fattori della personalità sono sei. Mentre ancora Ashton et Al (2004), conducendo un'analisi psico-lessicale sul tipo di quella utilizzata per definire i Big Five, ma con riferimento a sette lingue diverse (compresa quella italiana) confermano che i Fattori sono sei.

Dal canto loro, Tellegen, Grove e Waller (1991), come vedremo meglio anche più oltre, costruiscono un Test (Inventory of Personal Characteristics: IPC-7) che si fonda su sette Fattori. Saucier (2003), esaminando anche lui diverse analisi psico-lessicali in quattro lingue (italiano compreso), analogamente a come ap-

---

14Per un breve approfondimento sull'interessante caso, relativo a Sir Cyril Burt e la ricerca psicologica dell'intelligenza, si veda qualche pagina più oltre, dove si rievoca la polemica, nel secondo dopoguerra, sulla effettiva funzione sociale dei Test.

punto aveva fatto Ashton chiarendo che i Fattori sono sei, dimostra invece che i Fattori sono certamente sette; e li intitola Multi-Language Seven (ML7) factor model: Gregariousness, Self-Assurance, Even Temper (vs Temperamentalness), Concern for Others, Conscientiousness, Originality/Virtuosity and Negative Valence (or Social Unacceptability). Goodloe e Borchelt (1998) identificano invece 22 Tratti di personalità, ma con un campione di 2.018 cani (molti più di quelli del lavoro pionieristico di Rossignol, 1892; di cui vederemo oltre), diagnosticati dai loro proprietari in base a una scala che contiene 127 item.

Lasciamo, per il momento, da parte le funamboliche evoluzioni fattoriali di Cattell, che (come vedremo meglio più avanti) utilizza scientificamente, in momenti diversi del suo lavoro, un numero di Fattori che varia almeno da 0 a 19, passando anche per: 4, 7, 12, 15 e 16 Fattori; tutti sempre piuttosto chiari e sicuri. E ricordiamo invece il caso, particolarmente curioso e rappresentativo, del vivace lavoro di Andrew Comrey e del suo Comrey Personality Scales o CPS (a otto Fattori), sia perché si tratta di un autore molto citato in letteratura, sia perché ha una brillante competenza statistica, sia perché ha condotto ricerche anche su campioni di culture differenti da quella classica statunitense, e particolarmente su campioni di italiani in epoche assai diverse (dagli anni '50 al 2000).

Quando infatti vengono confrontate le risposte a un Big Five, espressi da due diversi campioni di studenti universitari dei quali uno italiano e l'altro statunitense (Caprara, Barbaranelli, Hahn, Comrey, 2001), si scopre che: mentre i cinque Fattori sono ben definiti per gli statunitensi, per gli italiani ne sono definiti soltanto tre. Se invece, nella stessa ricerca, si analizzano i dati confrontando le risposte al Big Five e quelle alle Comrey Personality Scales, si scopre poi che i Fattori sono quattro per gli statunitensi e cinque per gli italiani. Peraltro, in una precedente analoga ricerca condotta però solo su un campione di studenti italiani (Caprara, Barbaranelli e Comrey, 1992) si confermava la validità e la stabilità degli otto Fattori del CPS. In un'altra precedente ricerca ancora, la somministrazione di tre Test (Cattell 16 Personality Factor Questionnaire o 16 PF; Comrey Personality Scales o CPS; Eysenck Personality Inventory o EPI), su un campione stratificato di Australiani adulti, portava gli autori, dopo adeguate analisi fattoriali, a concludere che il numero di Fattori giusto è cinque (Noller, Law e Comrey, 1987). In precedenza, lo stesso Comrey (e Jamison, 1966) aveva dimostrato sperimentalmente che il numero giusto di Fattori è sei. Ancora prima (Comrey, 1962) ne aveva identificati diciannove. Ma in una ricerca precedente ancora, con 360 studenti italiani a Milano cui veniva somministrato lo MMPI (Comrey e Nencini, 1961), ne aveva identificati cinque. Nello stesso anno, basandosi su suoi precedenti lavori e sulle risultanze di Cattell e di Guilford, ne aveva definiti trentasei (Comrey, 1961). Poco prima, con un campione di 252 italiani, definiti alcuni come normali e altri come patologici, ne aveva identificati invece ventuno (Comrey, 1960). E così via.

2. Antecedenti di ITAPI nella ricerca mediante Inventari di personalità

Il tema della personalità, come anche quello della sua eventuale misurazione, è davvero molto rilevante in psicologia.

Se si inserisce il termine "personality" nella banca dati PsychINFO (dal 1872 al 2004 completo), questa parola compare in circa 150.000 articoli. La parola "Test" compare in circa 220.000 lavori; la parola "assessment" in circa 110.000; la parola "factor" in circa 80.000; la parola "person" in circa 40.000; la parola "trait" in circa 18.000. Tanto per dare qualche punto di riferimento comparativo, nello stesso periodo di tempo: la parola "social" compare circa 330.000 volte; la parola "perception" 170.000; la parola "theory" 160.000; la parola "memory" 90.000; la parola "psychotherapy" 70.000; la parola "experiment" 45.000; la parola "cognition" 24.000; la parola "mind" 20.000. Se si restringe l'analisi agli ultimi quattro anni (dal 2000 al 2004) questi termini compaiono, nell'ordine: "Test" circa 34.000 volte; "assessment": 27.000; "personality": 20.000; "factor": 16.000; "person": 7.000; "trait": 4.000.

Varrà peraltro la pena di spendere qualche riga per evocare (ancorché in una forma assolutamente sintetica e introduttiva) qualche significativo aspetto di una possibile storia della valutazione psicologica della persona.

Il modo più antico e classico per studiare la personalità è stato infatti quello di valutarla dall'esterno. Il metodo, definibile come etero-valutativo, consiste nel fatto che qualcuno osserva i comportamenti, gli atteggiamenti, le parole ecc di un altro; e poi esprime una propria valutazione di quelle che ritiene siano le caratteristiche profonde di costui.

Tutta la storia della psicologia scientifica appare cioè lastricata dallo sforzo di costruire una tassonomia personologica sulla base delle opinioni dello psicologo. Per cui il sistema diagnostico-eterovalutativo è quello maggiormente in uso anche oggi.

Alla maggioranza degli psicologi piace infatti l'idea di catalogare gli altri secondo il proprio punto di vista, sulla base delle proprie interiori convinzioni (o risonanze o proiezioni) e senza grandi possibilità di essere smentiti. Questo metodo si lega infatti ad una profonda convinzione (o speranza) di molti psicologi, i quali ritengono di avere una speciale competenza a leggere la mente delle persone molto più di quanto le persone stesse non sappiano fare da sole. Per cui è tipico di molta psicologia, rafforzata in questo dalla tradizione detta psicodinamica del primo Novecento, la tendenza a convincersi del fatto che le proiezioni interpretative dello psicologo coincidono con una osservazione oggettiva del suo paziente.

Una versione più sistematica di tale attitudine è prodotta dai ricorrenti tentativi di sviluppare questo modello etero-valutativo, utilizzando però la tecnica delle indagini d'opinione presso campioni tratti dall'universo dei presunti esperti in materia. La strategia di fondo è che: calcolando per così dire la media delle proiezioni soggettive di osservatori i quali si ritengono esperti, si potrà ottenere una valutazione che è quasi scientifica del loro oggetto di attribuzione.

Tali indagini d'opinione si riferiscono soprattutto alla dimensione detta patologica e consistono generalmente nel produrre un elenco di comportamenti, o liste di sintomi, relativi a quello che si presume sia la malattia mentale. Si chiede dunque, a un campione di psichiatri, psicologi e altri esperti similari, di indicare se, secondo loro, questi elementi sono patologici o meno, ovvero in che termini tali segni contribuiscono a definire l'eventuale malattia mentale di un soggetto.

Attualmente i grandi panel d'opinione sulla personalità (o meglio sulle sue presunte malattie), sviluppati con una impostazione del genere, sono fondamentalmente due: quello realizzato, soprattutto con obiettivi di ricerca, dall'Organizzazione Mondiale della Sanità, ovvero la parte relativa agli stati mentali del più ampio ICD-10 o International Classification of Diseases and Related Health Problems nella sua decima revisione (World Health Organization, 1992, 1993); e quello costruito, soprattutto con obiettivi diagnostici e professionali specificamente riferiti alla malattia mentale, dall'Associazione degli Psichiatri Statunitensi, ovvero il DSM o Diagnostic and Statistical Manual of Mental Disorders (American Psychiatric Association, 2000). A questi si può aggiungere, ma con pretese più modeste, il cosiddetto SWAP-200, ovvero la Shedler-Westen Assessment Procedure (Western, Shedler e Lingiardi, 2003).[15]

Questi panel rappresentano degli esperimenti certo interessanti. Ma a volte, specie se cambiano continuamente da un anno all'altro, dopo essersi presentati in versioni sempre diverse come un punto di riferimento semeiotico-diagnostico univoco e ben certo (come del resto è inevitabile per delle indagini campionarie su opinioni), rischiano di finire col dimostrare la propria fragilità e arbitrarietà soggettiva invece che la propria presunta capacità di fornire un qualcosa che sia almeno vagamente oggettivo.

Nella storia della psicologia si sono sviluppati poi anche diversi tentativi di definire la personalità in modo oggettivo, sulla base di dati che si dichiarino da soli, in modi indipendenti dalle impressioni soggettive dello psicologo. E' il caso delle teorie umorali, di quelle fisiognomiche, ovvero di quelle costituzionali, antropometriche, psico-biologiche, genetiche, astrologiche ecc. Ma si tratta di oggettività che si rivelano spesso come solo apparenti.

Ci sono poi stati anche altri tentativi di valutare la personalità utilizzando però: non le proiezione dirette sviluppate dagli psicologi che producono una diagnosi in base al loro occhio clinico che osserva il paziente; bensì le proiezioni stimolate nei soggetti dallo psicologo per il tramite di spunti ambigui. Tali spunti consistono per lo più di stimoli grafici (tipo: un cartoncino con sopra uno o più colori, ovvero dei disegni) da valutare (descrivere, elaborare ecc); e qualche volta consistono invece di performance grafologico-espressive da produrre (disegnare, scrivere ecc) e solo in un secondo tempo interpretate da parte dell'occhio clinico dello psicologo. Questi sono appunto i Test detti proiettivi, di cui però non ci occupiamo affatto in questa sede, rimandando il pur interessante

---

15Secondo lo Swap-200 (che prende nome dai 200 item, a carattere quali-quantitativo e riferiti specificamente ai disturbi di personalità ovvero all'Asse II del DSM-IV, di cui si compone) la personalità si ammalerebbe seguendo 5 strade principali: antisocial psychopathic; emotionally dysregulated; avoidant-constricted; narcissistic; histrionic.

tema ad altre circostanze.

Venendo invece ai Test cosiddetti "oggettivi" di personalità, si può notare che la prima volta in cui compare ufficialmente il termine "personality" in una rivista ufficiale della dichiarata Nuova Psicologia, consultando ancora una volta la banca dati PsychINFO, sembra essere l'articolo (cui già abbiamo accennato) di James Ele Rossignol, pubblicato sull'*American Journal of Psychology* nel 1892 e intitolato "The training of dogs". Vi si sottolinea infatti come, nell'addestramento dei simpatici quanto pazienti amici dell'uomo, si sia sempre tenuto puntualmente conto della loro personalità. Il saggio sviluppa anche, tra l'altro, una disanima delle psicopatologie dei cani.

Un paio di anni dopo, il termine compare più volte. In particolare: in un articolo di Caillard (1894) dedicato alla personalità come prodotto dell'evoluzione; in uno di Paquin (1894) sulla personalità dei criminali; in uno di James Baldwin (1894), nel primo numero della *Psychological Review*, dedicato alla personalità e alla suggestione; in una rassegna di Tschisch (1894) pubblicata in inglese a San Pietroburgo.

Successivamente, fino al 1900, compaiono: un articolo di Mason (1895) dedicato alla doppia personalità e all'ipnosi; un libro di Walker (1896) dedicato alla dottrina della personalità nella filosofia moderna; un articolo di Kodis (1896) sul concetto di appercezione ed i suoi rapporti con la personalità; un libro di Baldwin (1897), dedicato in parte allo sviluppo della personalità nel bambino; un articolo di Corning (1898) sulla memoria emotiva; una breve rassegna generica di Gill (1898); un articolo di Wolfe (1898) sulla percezione della dimensione di una serie di monete, da parte di 1.100 bambini, trovando un collegamento tra le diverse percezioni di grandezza e le diverse personalità (ricerca che, tra l'altro, me ne ricorda molto un'altra, ma lasciamo perdere); un articolo di Patrick (1898) sulla "personalità seconda"; un articolo di Puffer (1900) sulla "perdita della personalità"; un libro di Richmond (1900) sulla personalità come principio filosofico.

In effetti, il concetto di personalità è diffusissimo nella psicologia ottocentesca e particolarmente in quella francese (Perussia, 1978, 2002); basti pensare al tema delle personalità multiple. Anche se gli autori non si preoccupano affatto di misurarla, attitudine maniacalmente tipica di molta ritualità metrologica contemporanea. Tanto per non fare che un esempio classico, il termine è costantemente presente, nelle più diverse circostanze, nei classici lavori di Taine (1870), di Carpenter (1875), di Ribot (1884), di Janet (1889), di James (1890) ed in genere di quegli autori su cui si basano, più o meno implicitamente, i contenuti della maggior parte dei testi prodotti dalla media psicologia novecentesca.

Il primo Inventario di personalità viene generalmente fatto coincidere con il lavoro di Heymans e Wiersma i quali, lavorando a Groningen, inviano a circa 3.000 medici tedeschi e olandesi un Inventario psicologico che può essere considerato praticamente come un vero e proprio Reattivo (1906-1909), il quale verrà poi ripreso e pubblicizzato da Le Senne (1945). Si tratta, in sostanza, di un Test che rileva una tipologia personologica a tre dimensioni (Emotività e non-Emotività; Attività e non-Attività; risonanza Primaria e Secondaria) la cui struttura si fonda sull'osservazione empirica di molte persone per ricercare le proprietà fondamentali capaci di determinare il carattere.

Il secondo Test moderno di personalità è invece considerato il citatissimo *Personal Data Sheet* di Woodworth (1919, 1920), il quale tuttavia preferiva chiamarlo "Psychoneurotic Inventory", costruito sulla base di circa 200 item per selezionare le reclute dell'esercito statunitense, che si proponeva di valutare la "emotional fitness" più adeguata per le attività di combattimento. Questo Inventario venne presto seguito dalla *Personality Schedule* di Thurstone e Thurstone (1929), di 223 item, che verrà poi meglio definita come *Neurotic Inventory* (Thurstone, 1930), e poi ancora da tanti altri.

O almeno: questi sono i Reattivi più citati dalla tradizione psicologica classica moderna. Mentre, in realtà, si possono trovare anche tante altre tracce di Reattivi mentali, come quando Benjamin Ives Gilman (1892) ne utilizza uno di 14 item per far valutare ad alcuni soggetti diverse selezioni musicali. Joseph Jastrow (1897) ne costruisce un altro per studiare le opinioni. Francis Bertody Sumner (1898) ne organizza un altro ancora per studiare il livello di convincimento, in un campione di 100 soggetti, rispetto a una serie di 25 affermazioni ("beliefs"), che chiede loro di ordinare dalla maggiore alla minore convinzione che provano; ecc. Mentre anche i volumi pionieristici della psicometria classica, come quelli di Thorndike (1904) o di Brown (1911) o di Yule (1911), contengono molti riferimenti a rilevazioni che comprendono aspetti sociali, di atteggiamento, valoriali o di interessi relativi alla persona. E si tratta solo di qualche esempio, tra i molti che si possono reperire cercando con un po' di pazienza nella letteratura, invece che limitarsi a registrare quello che dicono i più canonici volumi ufficiali della materia.

Il grande sviluppo dei Test che cercano di misurare aspetti della personalità è soprattutto negli anni '20 e si consolida negli anni '30, raggiungendo di fatto proprio in quegli anni una sua struttura stabile che si mantiene, più o meno, fino ad oggi. In tale periodo lo sviluppo degli inventari di personalità è assai vivo, come testimoniano le numerose rassegne sulla materia che compaiono all'epoca. Per inciso: uno dei Test più in voga negli Stati Uniti degli anni Venti è sicuramente il Colgate Mental Hygiene Test (Laird, 1925), prodotto per valutare il personale di una grande industria di dentifrici e di altri prodotti di largo consumo.

E' peraltro interessante notare che, a differenza di quanto talvolta si dice nei manuali in materia, molto lavoro viene svolto e pubblicato anche da autori inglesi oltre che dagli autori statunitensi (peraltro: spesso in collaborazione tra loro). Ad esempio: un Rapporto Tecnico inglese dal Research Bureau for Retail Training (1927), che sintetizza il lavoro di questo ufficio tra il 1918 e il 1925 per la selezione e la formazione del personale di vendita, fa già riferimento a numerosi Test di attitudine e di personalità. Mentre Hoopingarner (1927), sempre in Inghilterra, pubblica un manuale su come valutare le capacità di business nei soggetti, specie attraverso appositi Test che aiutino a definire e sviluppare quella che l'autore chiama "business personality".

Wiggam (1928), dal canto suo, intervista una serie di importanti psicologi per raccogliere ed elencare le ultime acquisizioni della Nuova Psicologia, avvicinando in particolare: Edward L. Thorndike, Donald A. Laird, Henry F. Adams, David Mitchell, Carl E. Seashore, J. McKeen Cattell, Mark A. May, Hugo Hartshorne, Michael I. Pupin. La maggior parte di ciascun capitolo del libro riporta dei Test, tra cui molti anche di personalità o di atteggiamento, con le modalità per somministrarli.

Bronner, Healy, Lowe e Shimberg (1927) pubblicano in Inghilterra un vero e proprio manuale di quasi 300 pagine, tra l'altro molto ricco e preciso (utile ancora oggi), dove viene fatto sistematico riferimento a centinaia di Test, numerosi dei quali sono di personalità e simili. E anche Freeman (1926) pubblica un manuale di oltre 500 pagine sui Test mentali, molti dei quali sono dedicati alla personalità.xxx

Young (1923) pubblica una storia dei Test mentali, una parte dei quali di personalità, e sottolinea esplicitamente che ci sono fondamentalmente quattro scuole originarie in materia: la scuola tedesca, con Wundt, e Kraepelin, che influenzano direttamente Cattell, Ebbinghaus e Stern; la scuola francese, che produce quello che definisce come il primo vero Test completo di intelligenza, e cioè quello di Binet, che deriva direttamente dal lavoro di Ribot, Janet e Charcot; la scuola inglese, di cui cita principalmente la capacità metodologico-statistica di Galton, poi raffinata da Pearson e Spearman; la scuola statunitense, con Cattell, Hall, Boas, Gilbert, Goddard, Terman, Huey, Yerkes, Otis, Healy, Knox, Pintner, Porteus. Ed è curioso come questi nomi non siano, se non marginalmente, quelli che compaiono nei moderni manuali in materia (nemmeno nella loro parte storica).

Negli Stati Uniti degli anni Venti: Allport (1921), passando in rassegna la letteratura di ricerca sulla personalità, dà evidentemente per scontato l'uso diffuso di Scale per la valutazione della personalità; mentre Laird e Andrews (1923) riferiscono, come un ovvio dato di fatto, che l'uso di Test mentali è una procedura assolutamente di routine nelle scuole superiori e università degli Stati Uniti: per selezionare gli studenti all'entrata, suddividerli tra i diversi corsi, orientarli, allontanarli successivamente, valutarli in caso di interventi disciplinari ecc. Per inciso, il Test decisamente più diffuso nelle scuole, secondo questi autori, è l'*Army Alpha*.

May, Hartshorne e Welty (1928, 1929, 1930) passano in rassegna i Test di personalità disponibili in letteratura in una serie di tre articoli per lo *Psychological Bulletin* e citano, rispettivamente: 146, 199 e 127 titoli. Watson (1932) ne cita 171. Maller (1934) ne cita 269. Maller (1934, 1935) redige una rassegna con decine di Test di personalità; ricavandone poco dopo un volume (1937) dall'emblematico sottotitolo: "A descriptive bibliography of character and personality tests, including measures of attitudes, interests, adjustment, appreciation, moral knowledge, behavior and rating scales". Wolf (1938), dal canto suo, identifica 42 studi in materia.

Mentre Allport e Vernon (1930), dopo avere passato in rassegna più di 300 titoli (fra articoli e libri) sulla psicologia della personalità, arrivano ad alcune conclusioni, secondo le quali: i principali autori di riferimento della psicologia della personalità sono di lingua tedesca, e si tratta in particolare di Klages, di Stern e di Spranger; ci sono sostanzialmente tante teorie della personalità quanti sono gli autori che ne parlano; la gran parte delle teorie perde decisamente di credibilità se e quando viene messa a confronto con analisi statistiche minimamente sistematiche.

Se facciamo invece un piccolo balzo in avanti e ci riferiamo alla *Annual Review of Psychology*, che rappresenta uno dei più classici strumenti di aggiornamento e di codificazione ufficiale della psicologia moderna, si nota immediatamente come il tema della personalità vi abbia sempre avuto un posto di primissimo piano. Già nel numero inaugurale della rivista è presente una rassegna generale al riguardo (Sears, 1950), seguita da un'altra l'anno dopo

(MacKinnon, 1951), e da un'altra subito dopo ancora (Eysenck, 1952). Cosicché fino ad oggi, con ritmo martellante di anno in anno, ne sono state pubblicate oltre una cinquantina.

Per restare solo a qualche esempio tratto dall'ultima ventina d'anni, ne sono state infatti dedicate molte a vari aspetti dell'area nel suo complesso (Jackson e Paunonen, 1980; Barron e Harrington, 1981; Loevinger e Knoll, 1983; Parke e Asher, 1983; Rorer e Widiger, 1983; Lanyon, 1984; Pervin, 1985; Singer e Kolligian, 1987; Carson, 1989; Wiggins e Pincus, 1992; Magnusson e Torestad, 1993; Ozer e Reise, 1994; Revelle, 1995; Butcher e Rouse, 1996; Mischel e Shoda, 1998; Funder, 2001; Cervone, 2005) mentre altre hanno affrontato singole prospettive nel settore, come le sue connessioni con la teoria evoluzionista (Buss, 1991), con la genetica del comportamento (Plomin e Rende, 1991), con le influenze culturali e sociali (Hartup e Van Lieshout, 1995; Triandis e Suh, 2002; Diener, Oishi e Lucas, 2003), con la psicologia dello sviluppo soprattutto in età adulta (Birren, Cunningham e Yamamoto, 1983; Honzik, 1984; Datan, Rodeheaver e Hughes, 1987; Collins e Gunnar, 1990; Caspi, Roberts e Shiner, 2005), con i Big Five (Digman, 1990) ecc Si tratta di una quantità di interventi, e di una continuità ed assiduità di monitoraggio che ha ben pochi uguali tra i molti temi cui il movimento psicologico dedica attenzione.

Una volta inquadrata la situazione per così dire scientifica della ricerca sulla personalità, varrà la pena di ricordare brevemente anche qualcuna delle vicissitudini che i Test psicologici hanno attraversato nella loro pratica operativa. Si sono verificati infatti dei notevoli problemi. Questi hanno riguardato soprattutto i Test di livello (primi fra tutti quelli che pretendono di misurare l'intelligenza e i suoi quozienti), ma in qualche modo si sono riflessi anche sui Test di personalità.

In estrema sintesi si può cire che: almeno dagli anni '30, alcune voci isolate, negli Stati Uniti, avevano rilevato come il sistema dei Test mentali venisse facilmente utilizzato strumentalmente dalle industrie (come da altre organizzazioni, anche a carattere pubblico o educativo) come un pretesto per selezionare, e quindi non assumere o discriminare variamente, i lavoratori politicamente impegnati o che non condividevano i valori dell'azienda o dell'organizzazione. Lo stesso valeva per il contributo offerto dai Test nel giustificare l'emarginazione delle minoranze (specie afro-americane) dalla vita politica.

Il dato non veniva tuttavia molto enfatizzato. Da un lato: perché la gran parte degli psicologi accademici aveva una scarsa conoscenza del mondo del lavoro. Da un altro lato: perché i relativamente pochi psicologi che ne avevano qualche esperienza diretta (ovvero: professionale) tendevano a evitare troppi contrasti con organizzazioni che spesso erano loro committenti e che chiedevano appunto agli psicologi stessi di aiutarle, per il bene del Paese, a selezionare dei lavoratori affidabili e possibilmente non antagonisti. Da un altro lato ancora: perché la concreta economia politica americana usava normalmente ben altri e più grossolani strumenti (basti ricordare la storia sindacale di quel Paese: da Sacco e Vanzetti a Hoffa) che non una tecnica così sottile come quella dei Test.

Per farla breve:[16] scorrendo il tempo, una volta giunti agli anni Sessanta, nel

---

16Alcuni dei dati evocati in queste righe derivano dalla ricostruzione piuttosto dettagliata di tutta la questione, che affronta anche i connessi problemi di ordine metodologico-statistico-retorico-epistemologico, sviluppata in: Perussia, 1974. Purtroppo: il testo non è stampato; ma contesto di revisione ideologica tipico del periodo, pure il tema dolente dei Test mentali comincia a farsi sentire. Anche perché, nel frattempo, i Reattivi psicologici sono diventati una presenza decisamente pervasiva in molti passaggi della vita di ogni cittadino. Si scatenano alcune campagne di stampa contro i Test. E compaiono diversi lavori ad alimentare il dibattito: alcuni semplicemente critici (Sorokin, 1956); altri che forniscono quadri davvero inquietanti sulla presenza tirannica dei Reattivi psicologici e sul loro esercitare una pesante funzione di controllo, nonostante la loro evidente debolezza scientifica, soprattutto a scopi privatistici e discriminatori, in mille passaggi della vita degli Statunitensi (Hoffmann, 1962).

Alcuni di questi libri diventano dei veri e propri best-seller come avviene, tra gli altri, tanto per *L'uomo dell'organizzazione* di William Whyte (1956), quanto per *I persuasori occulti* di Vance Packard (1957), quanto per gli *Scrutatori di cervelli* di Martin Gross (1962). Mentre anche in Europa, dove però il problema è assai meno rilevante sul piano sociale (stante che i Test mentali erano presenti in misura decisamente marginale; in sintonia con la generale marginalità professionale degli psicologi attivi al tempo), compaiono alcuni interventi critici sul tema dell'abuso metrologico in psicologia (Deleule, 1969).

Un'indagine sviluppata in quegli anni da Brim (1965), ad esempio, evidenzia come l'opinione pubblica degli Stati Uniti si stia rendendo conto piuttosto chiaramente di stare subendo un abuso. In quanto ritiene che l'uso dei Test (per lo più: di intelligenza) non tenga conto dei diritti del cittadino sottoposto ai Test medesimi, in alcune costanti caratteristiche della prova psicometrica tra cui, in particolare: "Inaccessibility of test data, invasion of privacy, rigidity in the use of test scores, types of talents selected by tests, fairness of tests to minority groups".

Il prodromo della questione non si sviluppa però negli Stati Uniti, dove pure ne arriva una eco attutita, bensì nel Regno Unito. L'increscioso affare riguarda infatti lo psicologo inglese Cyril Burt (1883-1971), allievo di Sherrington. e di McDougall, seguace di Galton e di Spearman, maestro di Cattell, di Eysenck e poi di Jensen, nonché esperto di analisi fattoriale applicata alla psicologia.[17] Burt ha infatti scientificamente dimostrato, con una serie di ricerche (in genere: utilizzando dei Test d'intelligenza) realizzate con una grande quantità di gemelli separati alla nascita e allevati in ambienti diversi, la natura oggettivamente genetico-ereditaria della inferiorità intellettuale di alcuni soggetti (specie se: non-bianchi, persone di basso reddito, donne, ovvero qualificabili come immigrati o appartenenti ad altre minoranze varie).

Tali ricerche ottengono un enorme successo al tempo, tanto che vengono tuttora citate in molti manuali di psicologia. Cyril Burt viene anzi considerato un fiore all'occhiello della Nuova Psicologia Scientifica, specie in Inghilterra, dove tra l'altro lo si ritiene il fondatore della Educational Psychology, dove diventa Presidente della British Psychological Society (nel 1942) e successivamente

---

prima o poi vedremo di metterlo in rete (magari con ulteriori aggiornamenti).

17Anche sul caso di Sir Cyril Burt abbiamo fornito qualche notizia in altra occasione, cui rimandiamo (Perussia, 1994a). Esiste peraltro una letteratura piuttosto ricca e dettagliata sul tema, che appare illuminante specie riguardo ad alcuni aspetti non proprio edificanti della Nuova Psicologia Scientifica e di certi suoi (ab)usi pubblici specie, ma non solo, nel quadro della "difesa della razza" (Kamin, 1974; Hearnshaw, 1979; Gould, 1981; Joynson, 1989; Fletcher 1991).

Presidente Onorario del Mensa (nel 1960), tanto da essere nominato Baronetto.

Accade però successivamente che qualcuno si chieda come sia possibile che in Inghilterra nascano così tanti gemelli, i quali vengono poi subito divisi e affidati a famiglie diverse (mantenendone però pubblicamente le tracce) e quindi passano tutti, sempre con grande facilità, sotto la lente della psicologia scientifica di Burt. Alcuni ricercatori vanno dunque a verificare direttamente i dati di Burt, o almeno la presenza dei gemelli, e non trovano nulla. Per cui, benché qualcuno sostenga ancora oggi che i protocolli di ricerca (così come i gemelli) di Burt sono stati fatti sparire da una vasta macchinazione internazionale contro la superiorità dei Bianchi, il brillante lavoro del nostro Cyril, con le sue prove scientifiche inoppugnabili, è passato un po' in secondo piano.

Una delle gocce che fa traboccare il vaso (negli Stati Uniti) è però la pubblicazione dei lavori di un altro luminare della Nuova Psicologia Scientifica, e cioè di Arthur Jensen, già citato allievo di Hans Eysenck e seguace di Sir Cyril Burt (manco a dirlo), anch'egli (come i suoi maestri) assai ben supportato dal rigoroso sistema delle riviste scientifiche internazionali. In particolare, questi pubblica un lungo articolo sulla *Harvard Educational Review* (Jensen, 1969a), in cui dimostra (a suo dire), proprio dopo innumerevoli ricerche attuate mediante Reattivi psicologici, che l'intelligenza della popolazione di colore è chiaramente (molto) inferiore (parla propriamente di un "deficit") a quella della popolazione bianca.

Jensen dimostra, peraltro infervorandosi per alcuni decenni successivi nella polemica relativa, che le sue sono constatazioni scientifiche inoppugnabilmente fondate su Test psicologici largamente certificati e non certo fantasie proiettive derivate da una preconcetta posizione ideologica. Si lancia dunque a sostenere, sempre sulla base dei risultati dei Test, innumerevoli corollari delle sue dimostrazioni, quali: che bisogna utilizzare una combinazione di ricerca psicologica e genetica per evidenziare chiaramente le differenze razziali (Jensen, 1971); che i dubbi mossi contro di lui da alcuni psicologi sono solo propaganda ideologico-politica ovvero perversa resistenza psicologica (Jensen, 1969b); che non vale la pena di far entrare studenti di colore nelle scuole superiori, visto che i deficit intellettuali, stante la loro natura biologico-genetica, non possono essere utilmente recuperati in alcun modo (Jensen, 1970); e così via.

Se le teorie di Jensen entusiasmano una parte dell'opinione pubblica statunitense (così come di altri Paesi), che trova finalmente una dimostrazione scientifica oggettiva per affermare con sicurezza l'inferiorità degli immigrati afroamericani (ma anche degli appartenenti ad altre razze ed etnie) rispetto a molti immigrati dall'Europa, ne lascia certo perplessa un'altra parte. Soprattutto: i resoconti di Jensen e dei suoi sostenitori vengono sostanzialmente presi alla lettera. Per cui fanno venire, a molti cittadini e studiosi, il dubbio che i Test psicologici siano davvero utilizzati, in molti casi, per discriminare arbitrariamente le persone, facendo però credere che tale discriminazione non sia di natura economica o ideologica o politica, bensì che nasca solo da un dato scientifico.

Un elemento centrale, nelle diffuse preoccupazioni riguardo ai Test, era appunto di ordine razziale. In modo evidentissimo: i Test mentali discriminavano infatti, decisamente e costantemente, gli appartenenti a minoranze etniche rispetto ai bianchi, fornendo un ottimo criterio scientifico per tenerli lontani dalle scuole e dagli impieghi più remunerativi. La stessa cosa tendeva a succedere, quanto meno, con: donne, portatori di handicap e persone in condizioni socio-economiche di indigenza. La probabilità percentuale di superare i Test d'intelligenza in uso al tempo era quindi, normalmente, del tutto sperequata per queste minoranze (dette: meno produttive). Il che contrastava nettamente, quanto meno, con l'ideologia delle "pari opportunità per tutti", la quale a sua volta è sempre stata alla base del successo dei Test oggettivi di livello (se e quando funzionano) così come del "sogno americano" nel suo insieme.

Non pochi psicologi (al tempo, ma talvolta anche oggi) appaiono decisamente stupiti da una simile levata di scudi; per cui tendono a sentirsi dei perseguitati politici e professionali, ovvero dei martiri della scienza. Spiegano dunque con convinzione e dettaglio che: se un Test (specie: d'intelligenza) viene utilizzato sì per selezionare e quindi discriminare tra le persone, ma con coscienza scientifica, non può dare luogo ad alcuna ingiustizia (Anastasi, 1961; Sargent Shriver, 1965). Oppure inveiscono contro le intollerabili quanto reazionarie limitazioni (talvolta attribuendo loro una matrice terrorista-comunista internazionale) al libero dispiegarsi della pratica professionale (Messik, 1965)

Insomma: dalla fine degli anni Sessanta e con insistenza martellante per tutti gli anni Settanta, vengono intentate decine e decine di cause, specie presso corti federali, relative ai danni connessi in seguito all'impiego dei Test come strumento di discriminazione da parte di scuole, aziende private, istituzioni pubbliche, professionisti ecc. La grande parte di queste cause viene vinta dagli appellanti, per cui l'uso dei Test per la selezione viene, in molteplici circostanze, vietato esplicitamente a tutti sul suolo dello Stato, sulla base di specifiche sentenze. Anche perché vengono attivate parecchie indagini sui Test, da parte di Commissioni del Congresso degli Stati Uniti (Amrine, 1965), che appare preoccupato tanto della possibile invasione della privacy (APA Report, 1965a, 1966) quanto dei possibili attentati a vari diritti costituzionali (APA Report, 1965b).

Il picco del dibattito viene probabilmente raggiunto con la pubblicazione, sotto gli auspici dell'associazione legata a Ralph Nader, di una circostanziata inchiesta (Nairn and Associates, 1980) sull'impiego dei Test per l'ammissione ai livelli di formazione-educazione più elevati dove, tra mille reticenze e intimidazioni da parte dei funzionari preposti (da cui si cercano di avere informazioni), si rileva chiaramente un uso sconcertante del sistema della cosiddetta Educational Testing Service (struttura teoricamente no-profit, ma cresciuta a dimensioni burocratiche sempre più mastodontiche a partire dal 1947) fatto di interessi privati, usi discriminatori, difesa di svariati privilegi, connivenza con istanze particolaristiche delle organizzazioni stesse rispetto a cui avrebbero dovuto agire in modo del tutto disinteressato, costituzione di un monopolio di fatto, evitamento o elusione dei controlli pure attuati saltuariamente da parte di varie agenzie governative, ecc.

Mentre l'effetto della certificazione giudiziaria si fa sentire in tutto il Paese, sin dalla fine degli anni Settanta, in modo evidente. In un'analisi riportata da Dimengo (1978), relativa a un'indagine amministrativa condotta su un campione nazionale di scuole statunitensi, si constata, ad esempio, che: nel 1964 la sostanziale totalità delle scuole, almeno dall'equivalente delle nostre elementari fino all'equivalente delle nostre medie, nelle grandi città (ma non solo), impiegava abitualmente batterie di Test collettivi di abilità; nel 1977 le scuole che li utilizzavano ancora, nelle stesse aree, erano diventate tra il 23% e il 35%, con varizaioni a seconda dei livelli d'età. Analogamente, ma con maggiore pervicacia: secondo una ricerca di Miner e Miner (1978) presso 200 grandi aziende del Paese, la percentuale di imprese che utilizzavano Test per la selezione del personale era passata dal 90% nel 1963 al 42% nel 1976.

3. Contributi dal Personality Psychology Workshop

Una caratteristica davvero curiosa della psicologia della personalità è quella di apparire come un caposaldo fondativo della ricerca psicologica, cui un po' tutti si richiamano continuamente, ma senza che questo produca grandi risultati o che goda di una particolare rilevanza sul piano della disciplina formalizzata piuttosto che dei finanziamenti pubblici per la ricerca.

Venendo infatti al caso italiano, giusto per capirsi, si può notare come il riferimento ufficiale alla parola "personalità" compaia soltanto una volta nelle decine di pagine che descrivono gli oltre 400 raggruppamenti disciplinari previsti dal Ministero dell'Istruzione, dell'Università e della Ricerca: quello appunto di Psicologia Generale.[18] Il che rappresenta un indizio abbastanza evidente di quanto la disciplina sia di fatto relativamente marginale (almeno: formalmente parlando).

Per cui, nonostante un interesse tanto ampio verso la materia, la realizzazione di un nuovo Test generale di personalità, quale ITAPI-G si propone di essere, è una pratica abbastanza rara nella letteratura scientifica contemporanea di area psicologica; dove si tende a utilizzare, ormai da molto tempo, un numero relativamente limitato di Test (più o mno vecchi) senza attuare particolari sforzi innovativi. E più ancora si tratta di una pratica piuttosto eccezionale in Italia (come anche in Europa; con la sola eccezione rilevante, forse, dell'Inghilterra); dove è più unico che raro il caso della realizzazione di un Inventario il quale si propone, dall'inizio alla fine, di essere decisamente italiano ed europeo.

In particolare: la nostra tradizione culturale (specificamente: italiana) nel campo degli Inventari di personalità non è del resto molto ricca. E, come già accennato, si limita quasi esclusivamente a tradurre, ed eventualmente a validare, Test prodotti altrove (generalmente negli Stati Uniti), i quali vengono poi somministrati in Italia (come un po' in tutta Europa) per lo più facendo riferimento ai criteri di Costrutto, e spesso anche ai criteri campionario-statistici, ricavati direttamente e senza particolari aggiustamenti dalle edizioni di partenza.

Esiste in effetti una certa letteratura in cui autori italiani ed europei producono delle Scale originali (sostanzialmente: tutte, o quasi, italiane o europee) relative a singoli Tratti personologici. Mentre capita che alcuni degli Autori i quali introducono in Italia o in altre parti d'Europa un Test cresciuto in altre culture si

---

[18]La Declaratoria Descrizione dei contenuti scientifico-disciplinari dei settori (di cui all'Art.1 del Decreto Ministeriale 23 dicembre 1999), pubblicata nel 2000, recita infatti: "Il settore comprende le competenze scientifico disciplinari relative all'organizzazione del comportamento e delle principali funzioni psicologiche (percezione, emozione, motivazione, memoria, apprendimento, pensiero, linguaggio) attraverso cui l'uomo interagisce con l'ambiente ed elabora rappresentazioni dell'ambiente e di se stesso. Comprende altresì le ricerche psicologiche su la coscienza, la personalità, la comunicazione e l'arte e le competenze relative sia ai metodi e alle tecniche della ricerca psicologica, sia ai sistemi cognitivi naturali e artificiali e alle loro interazioni, sia alla storia della psicologia".

preoccupino, assai utilmente, non solo di tradurlo e talvolta di verificarlo con un campione normativo italiano o europeo, ma anche (a volte) di svilupparne almeno in parte una vera e propria versione rinnovata con riferimento alla nostra cultura.

Comunque: un Inventario tutto italiano-europeo sul complesso della personalità non ci risulta sia stato sistematicamente realizzato (anche se speriamo di sbagliarci). Visto che pure l'eccellente naturalizzazione italiana dei cosiddetti Big Five, realizzata dal gruppo coordinato da Gian Vittorio Caprara (Caprara, Barbaranelli e Borgogni, 1993; Caprara, Barbaranelli, Borgogni e Perugini, 1994; Barbaranelli, Caprara e Rabasca, 1998; Barbaranelli, Caprara e Steca, 2002), pur rappresentando un notevole quanto ottimo sforzo in questa direzione, resta in larga parte, sin dal nome e dalla scelta degli item, la diretta erede di una lunga tradizione brillante e scientificamente solida, ma certo anche decisamente americanista.

Ci è sembrato dunque che, essendo quella di ITAPI un'occasione piuttosto inconsueta (di sviluppo appunto per un Inventario generale di personalità che nasce e cresce completamente nel nostro Paese, ancorché tenendo conto specificamente pure del contesto europeo), fosse giusto e quasi doveroso sforzarsi di porre una speciale attenzione a riferire con particolare dettaglio, come cerchiamo di fare appunto in questo Manuale, un po' tutti i singoli passi compiuti lungo il percorso.

Il già citato gruppo di studio che si occupa di ricerca sulla psicologia sociale e della personalità presso il Dipartimento di Psicologia nell'Università degli Studi di Torino, detto anche Personality Psychology Workshop (www.phersu.org), agisce sistematicamente da una buona quindicina d'anni. E il Programma ITAPI sì è sviluppato lungamente all'interno di questo gruppo di lavoro, prima di trovare una sua più compiuta realizzazione (ancorché sempre: molto in divenire) qual'é quella proposta nei nostri recenti Rapporti Tecnici così come in questo Manuale.

Ricordo poi, come elemento di inquadramento a contorno (ovvero a titolo di cronaca personale)[19], come sia da molto tempo che mi occupo, tra l'altro, di analizzare il senso e le forme operative della professione psicologica, nalla sua forma di attività tanto scientifica e di base quanto pratica e applicativa, di cui i Test mentali rappresentano appunto un aspetto rilevante (Perussia, 1994a, 1999; Perussia, Converso e Miglietta, 1995).

Più in particolare: mi occupo in modo continuativo della dimensione metodologico-scientifica dei Test psicologici da molti anni, pure tra vari distinguo e perplessità, e cioè sin dalla mia tesi di laurea (Perussia, 1974). Il che, lo rilevo per inciso (rimandando ad altre sedi per disanime più accurate della materia), mi ha portato ad alcune conclusioni generali in tema di Reattivi mentali.

Tra queste, accanto a quelle già accennate più sopra, mi limito a citare qui, come semplice affermazione-constatazione, lil dato secondo cui i Test in psicologia sono, quanto meno:

A) un settore di grande interesse dal punto di vista della ricerca di base e

---

19 Per qualche riga, torno ad accenni relativi all'esperienza personale. ITAPI è un lavoro di gruppo, ma certo risente anche di talune scelte (e concezioni) di fondo che non necessariamente devono essere condivise al dettaglio da tutti i ricercatori che pure collaborano al Programma. Suona quindi giusto riferirle incidentalmente in prima persona (singolare).

come esercizio intellettuale, nel campo della psicologia in generale e più in particolare in quello della psicologia della personalità e della psicologia sociale;

B) uno strumento molto efficace anche nella ricerca sulle rappresentazioni sociali, le immagini soggettive, i comportamenti, gli atteggiamenti, le idee, le opinioni, gli stili quotidiani di vita ecc;

C) un mezzo quanto meno discutibile (per non dire altro) se utilizzato per giustificare discriminazioni tra persone, specie in certi ambiti della diagnosi detta psicopatologica e in molte procedure di selezione del personale.

Tornando invece a quanto è stato prodotto nell'ambito del variegato gruppo con cui abbiamo il piacere di collaborare ormai da tanti anni, ricordiamo che sono state realizzate molte ricerche, ma che ne abbiamo pubblicata solo una parte davvero minima.

Mentre, tra i lavori latamente preliminari che hanno a che fare con il tema della segmentazione personologica, possiamo ricordare, a puro titolo di esempio, anche talune psicografie (Perussia, 1987, 1990; Tua e Perussia, 1987; Perussia e Grorock, 1997).

In questa sede vogliamo però richiamare soprattutto diversi approfondimenti, legati al lavoro connesso alle tesi di laurea, che hanno rappresentato utili momenti di passaggio nel lungo percorso di verifica e di affinamento per la realizzazione delle varie forme attualmente disponibili di ITAPI stesso.

Tali interventi hanno seguito una procedura che è stata molto simile per tutti, pur con piccole variazioni da caso a caso. Ogni volta veniva infatti assegnato, a uno studente in fase di preparazione della dissertazione di laurea, un questionario, basato su un'attenta osservazione della letteratura scientifica disponibile e sulle prove attuate a vario livello dal coordinatore del gruppo o in precedenti tentativi di ricerca attraverso altre tesi (in sostanza: un questionario originale redatto da chi scrive questo Manuale sulla base della letteratura scientifica internazionale e della propria esperienza di ricercatore). Un blocco di approfondimenti di ricerca è stato dunque sviluppato nell'ambito della realizzazione di Tesi di laurea in Psicologia della Personalità di cui chi scrive è stato relatore.

Citiamo dunque, anche a titolo di ringraziamento in ordine alfabetico (e sperando, pur senza troppa convinzione, di non dimenticarne qualcuno), quanti hanno svolto tesi di laurea coordinate nell'ambito del Personality Psychology Workshop, in cui sono state utilizzate e sviluppate delle Scale "oggettive" di rilevazione sistematica su campioni originali, e cioè: Caterina Borruso (1999), Marco Cannarozzi (1999), Antonella Donatone (1998), Elena Felmini (1998), Antonia Frisiello (1998), Laura Gambaro (1998), Maura Garavello (1997), Mara Giunipero (1997), Giada Alberta Graziani (1998), Elena Ferro (1999), Erica Marchini (1999), Simona Rita Melani (1999), Caterina Musso (1999), Daniela Norscia (1997), Giovanna Pizzinato (1998), Lucia Reveane (1999), Francesca Riva (1997), Antonella Rossi (1998), Elena Sardo (2000), Francesca Sterzi (1999), Renata Viano (1999), Alfredo Zumpano (1998).

Tutti questi approfondimenti di ricerca (assieme anche a molti altri cui non sapremmo come accennare qui) hanno fornito almeno qualche utile spunto, più o meno diretto, anche per il lavoro di ITAPI.

Sui dataset originali prodotti nell'ambito di queste rilevazioni, abbiamo sviluppate analisi statistiche molto più complesse di quelle riportate nelle poche pubblicazioni realizzate o cui si accenna nelle tesi. Questo è dipeso da ragioni di sintesi espositiva oppure dal fatto che il candidato alla tesi, generalmente non così ferrato in statistica, preferiva magari limitare la presenza di elaborazioni complesse (solitamente realizzate anche nelle parti più semplici con la diretta e costante assistenza del relatore) in quanto non si sentiva del tutto sicuro di poterle sostenere in termini convinti e ben argomentati nell'ambito della discussione finale.

Cogliamo comunque l'occasione di questo Manuale, che per sua natura non costringe necessariamente il testo a restare nei limiti dimensionali ristretti che sono tipici di tante altre forme di pubblicazione detta scientifica, per ricordare il contenuto di alcuni di tali lavori e per rendere l'idea del tipo di apporto che questi hanno offerto al lavoro di realizzazione di ITAPI.[20]

Ne presentiamo qui solo alcuni, in sequenza necessariamente sparsa, come esempi relativamente disparati ma anche efficaci nel rendere l'idea di una procedura di lavoro lunga e sistematica.

Meriterebbe certo parlare molto più diffusamente riguardo ai dettagli di ciascuna ricerca, e sviluppare con maggiore ampiezza i termini in cui i singoli passi svolti in questi anni di lavoro hanno contribuito, ad esempio, anche alla redazione del pool di item di partenza per la realizzazione di ITAPI (contributo di cui peraltro riferiamo sinteticamente più avanti, nel capitolo specifico). Ma si tratterebbe davvero di produrre un testo interminabile. Ci limitiamo dunque, per ciascuna ricerca, ad accennare solo a qualche spunto.

Facciamo altresì presente che abbiamo condotte diverse altre rilevazioni, oltre a quelle cui accenniamo qui, sempre riferite a temi relativi a Tratti, Valori, Atteggiamenti ecc mediante questionari e con elaborazioni statistiche anche piuttosto sofisticate. Ma di queste, per non appesantire ulteriormente il testo (che, pur essendo tecnico, ambisce a risultare almeno un po' leggibile), non presentiamo approfondimenti particolari.

Per quanto riguarda le diverse ricerche riportate brevemente qui di seguito, ricordiamo che una metà circa delle rilevazioni è stata sviluppata con campioni di studenti universitari e un'altra metà, più o meno, con campioni tendenzialmente rappresentativi della popolazione adulta.

I campioni, composti di persone sempre diverse da una ricerca all'altra, sono stati per lo più composti di 200/400 soggetti, sempre equamente suddivisi, quanto meno, in base al sesso (metà uomini e metà donne).

Nel caso dei campioni di adulti, la fascia d'età è sempre stata, più o meno: da 18 a 70 anni e oltre; ponendo particolare attenzione alla distribuzione per fasce di età e di livello di istruzione, oltre che a realizzare le somministrazioni, nei limiti del possibile, in più punti geografici di campionamento.

Nel caso dei campioni di giovani universitari (sempre suddivisi: metà uomini e metà donne), solitamente fra i 18 e i 30 anni (ogni volta: metà uomini e metà donne), è sempre stata posta particolare attenzione a limitare la presenza di studenti di psicologia, a rispettare la distribuzione per età all'interno di quella

---

20 Forse esageriamo con un simile sforzo di trasparenza. Ma, dopo tutte le occasioni in cui il nostro desiderio di capire davvero uno strumento psicologico è rimasto frustrato, approfittiamo della nostra occasione per approfondire tutto il possibile (sperando di fare cosa, almeno un po', utile).

fascia d'età, a sviluppare la ricerca, nei limiti del possibile, in più sedi ge-
ografiche di campionamento.

Ed ecco appunto alcune delle ricerche in cui abbiamo potuto saggiare, e
mettere a punto, alcuni dei passi che sono stati mossi da ITAPI.

Locus of Control

Sviluppando ricerche già pubblicate in precedenza (Perussia, 1995), abbiamo
condotto una rilevazione con un Inventario che raccoglie varie Scale di Locus of
Control (64 item), presso un campione di 400 studenti universitari (Garavello,
1997). I Fattori principali legati al Locus of Control che sono emersi risultano essere fondamentalmente tre, di cui riportiamo i due item a maggiore saturazione
fattoriale per ciascuno:

Il mio benessere fisico dipende da quanto mi prendo cura di me stesso
Le persone potrebbero fare molto di più, se solo ci provassero veramente
C'è chi nasce fortunato e chi no
Quando qualcosa ti deve andare storta, ti va storta, e non c'è niente da fare
per evitarlo
Sono gli altri che decidono se riesci nella tua vita oppure no
La mia vita è controllata soprattutto dall'influenza esercitata dalle altre
persone

In un'altra rilevazione, di cui diremo meglio più oltre, ma che a sua volta
comprendeva anche una scala di Locus of Control (Pizzinato, 1998), sono emersi
invece quattro Fattori, all'interno dei quali sono risultati particolarmente significativi i seguenti item:

Dipende solo da te se riesci a sfruttare le occasioni che la vita ti offre
Se agisco nel modo giusto e mi do da fare adeguatamente, posso senz'altro
riuscire nella mia vita
Quando qualcosa ti deve andare storta, ti va storta, e non c'è niente da fare
per evitarlo
C'è chi nasce fortunato e chi no

Autoritarismo

Abbiamo realizzato una rilevazione con una scala generale di Autoritarismo
(89 item) composta in effetti di tre sub-Scale: Convenzionalismo (30 item); Sottomissione autoritaria (32 item); Razzismo etnocentrico (27 item); cui si
affiancavano anche una scala di Aggressività (10 item) e una di Locus of Control
(10 item); presso un campione di 400 soggetti adulti, tendenzialmente rappresentativi della popolazione fra 18 e 60 anni d'età (Cannarozzi, 1999). Riportiamo
due item ad alta saturazione per ciascuno dei tre Fattori globali rilevati:

Le nostre città sarebbero più vivibili senza stranieri
In alcuni casi è lecito farsi giustizia da soli

E' importante insegnare ai bambini fin da subito la disciplina
Rispettare la legge è il primo dovere di ogni persona
E' importante garantire i diritti dei "diversi" in tutti i modi
Ognuno dovrebbe avere il proprio stile di vita, anche se è diverso da quello degli altri

Pensiero magico

Abbiamo condotto una rilevazione con una scala di Pensiero Magico (97 item) e una di Locus of Control (20 item) presso un campione di 300 soggetti studenti universitari (Frisiello, 1998). Ne sono emersi cinque Fattori principali, descrivibili più o meno come: uno di Atteggiamenti verso la Magia-Parapsicologia, uno di Comportamenti Superstiziosi, uno di religiosità, uno di Esternalismo e uno di Internalismo (separati tra loro). Riportiamo quindi gli item a maggiore saturazione rispetto ai primi due Fattori:

Credo che alcune persone possano comunicare tra loro telepaticamente
Il movimento degli astri influenza la nostra vita
Penso che ci siano persone capaci di predire il futuro
Il ferro di cavallo allontana la sfortuna
Rompere uno specchio annuncia malasorte
Quando si evoca un evento sfortunato, è meglio toccare ferro

Questa stessa rilevazione (Frisiello, 1998) comprendeva anche una Scala-Tratto di Religiosità, i cui item più rappresentativi sono risultati essere:

Io credo in Dio
Penso che l'anima sopravviva dopo la morte
I miracoli accadono

Autostima

Abbiamo realizzato una rilevazione utilizzando una scala di Autostima (98 item) presso 412 soggetti, non solo studenti, rappresentativi della fascia di età fra 14 e 30 anni (Riva, 1997). Dall'analisi fattoriale dei risultati, alcuni degli item con la maggiore saturazione in ciascun Fattore principale sono risultati essere:

Fisicamente mi piaccio abbastanza
Mi piaccio
Mi sento una persona di valore almeno tanto quanto gli altri
Spesso mi sento inferiore rispetto agli altri
Certe vole mi vergogno di me stesso/a
Ho spesso l'impressione di comportami in modo sbagliato
Spesse volte mi sento in colpa
Riesco abbastanza bene un po' in tutto quello che faccio
Sono piuttosto sicuro di me stesso
Mi accetto così come sono

Attaccamenti familiari

Sempre nel questionario somministrato nell'occasione appena citata (Riva, 1997) avevamo introdotto anche un'altra serie di item, analizzando i quali è emerso un Fattore che di fatto è una scala di Soddisfazione in relazione ai Genitori; tra i cui item più significativi vi sono:

Sono soddisfatto del rapporto che ho (ho avuto) con i miei genitori
I miei genitori mi capiscono

Abbiamo realizzato un'altra serie di rilevazioni, legate tra loro, la prima delle quali conteneva: una scala sugli Stili relativi ai modi di Accudimento durante l'infanzia da parte dei genitori quali vengono ricordati in età adulta (9 item); una scala di caratteristiche percepite di Personalità dei propri Genitori (9 item); una scala sulla qualità del Rapporto Coniugale che si percepiva come presente fra i propri Genitori durante l'infanzia (9 item); nonché alcune Scale relative alla Modalità Attuale di Attaccamento nei rapporti di coppia da parte del soggetto rispondente; il tutto con un campione di 150 soggetti adulti tendenzialmente rappresentativi della popolazione da 18 a 40 anni d'età (Norscia, 1997).

Sviluppando il medesimo tema abbiamo successivamente realizzato una seconda rilevazione con una scala generale di Stili di Attaccamento Adulto (99 item), una scala relativa all'Attaccamento Infantile sviluppato nei confronti della Madre (38 item) e una scala relativa all'Attaccamento Infantile sviluppato nei confronti del Padre (38 item), presso 300 soggetti studenti universitari tra 18 e 28 anni d'età (Donatone, 1998).

Attraverso l'opportuna analisi statistica, abbiamo rilevato la presenza di: 4 Fattori di attaccamento adulto; 3 di attaccamento alla madre; 3 di attaccamento al padre. Possiamo dunque ricordare i seguenti item come esempio di quelli statisticamente più significativi:

In genere, con il mio partner ho una relazione calda e rassicurante
Tendo a essere molto dipendente dal mio partner
Trovo difficile avere completa fiducia negli altri
Amore significa avere un pieno coinvolgimento con il proprio partner
Mia madre era piuttosto fredda, scostante e rifiutante
Mia madre, spesso, quando era arrabbiata con me, teneva il broncio
Mio padre era piuttosto freddo e scostante
Sebbene mio padre mi amasse sul serio, non riusciva a dimostrarlo nel migliore dei modi

Abbiamo sviluppato anche una rilevazione con una scala di Atteggiamenti nei confronti dei Fratelli (82 item) presso un campione di 300 soggetti rappresentativi della fascia di età fra i 18 e i 30 anni (Gambaro, 1998).

Ricordiamo, per inciso, come la dimensione del rapporto con i fratelli sarebbe certo interessante da introdurre in un Inventario di personalità a carattere generale. Ma questa ipotesi è resa difficile dal fatto, di cui abbiamo puntualmente tenuto conto nella rilevazione (ma che non è affatto facile da mantenere in ricerche più estensive), che la situazione può cambiare in base al fatto che il soggetto ha dei fratelli oppure no, quanti eventualmente ne ha, in quale pro-

40

porzione rispetto al sesso (simile o diverso da quello della persona che risponde al Test), in che ordine di genitura ecc. Il che complica notevolmente la rilevazione.

Abbiamo realizzato una rilevazione con una Scala di Atteggiamenti verso il matrimonio (125 item) presso 300 soggetti tendenzialmente rappresentativi della fascia di età fra 18 e 35 anni (Graziani, 1998). Abbiamo quindi sviluppato diverse analisi fattoriali, su Scale relative a Matrimonio, Convivenza, qualità del Partner. Alcuni degli item più significativi sono risultati essere i seguenti:

Il matrimonio è l'unica forma moralmente accettabile di convivenza
Ci si sposa per il bisogno di ottenere una sicurezza economica

Identità di genere

Sviluppando alcune ricerche, tra le poche che abbiamo già pubblicato in precedenza (Perussia, 1997a; Perussia e Pravettoni, 1997), abbiamo realizzato una rilevazione con una scala sulla identità di genere (140 item) presso un campione di 400 soggetti studenti universitari (Reveane, 1999). Di fatto, si è trattato di una scala di auto-descrizione attraverso aggettivi, da cui emergono quattro Fattori principali, per i quali abbiamo ricavato i tre item a più elevata saturazione fattoriale, prendendo, all'interno dell'analisi fattoriale sul totale del campione, quelli a maggiore saturazione fattoriale per i due sub-campioni maschile e femminile:

Ho una forte personalità
Mi faccio valere
Sono intraprendente
Sono affettuoso
Sono dolce
Sono sentimentale
Sono aggressivo
Sono dispotico
Sono arrogante
Sono responsabile
Sono preciso
Sono ubbidiente

Codice ingenuo

Alcune rilevazioni hanno riguardato il tema del codice ingenuo, argomento relativamente originale su cui il nostro gruppo di ricerca lavora ormai da molto tempo (Perussia, 1997b; e Benso, 1996; e Benso e Lovisolo, 1997).
Una rilevazione, presso un campione di 300 soggetti tendenzialmente rappresentativi della popolazione adulta, ha utilizzato una Scala di Atteggiamenti (92 item) nei confronti di vari aspetti del Sistema Penale, in particolare relativamente a come questo tratta, o si ritiene debba trattare, i soggetti minorenni

ovvero altre tipologie particolari di persone (quali: donne, extracomunitari ecc) in relazione a comportamenti penalmente rilevanti (Borruso, 1999).

Una delle ricerche ha utilizzato una Scala relativa ad Atteggiamenti verso la Legge (35 item), la Giustizia (16 item), la Pena (4 item) e alcuni Valori Morali significativi (16 item), più una scala di Locus of Control (20 item), di cui già abbiamo accennato, presso un campione di 480 soggetti rappresentativi di alcune fasce di età: minorenni (14-17 anni), giovani maggiorenni (18-25 anni), adulti (45-66 anni) (Pizzinato, 1998). Riportiamo dunque gli item che presentano una maggiore saturazione nei diversi Fattori:

In Italia, gli errori giudiziari sono frequenti
Se la gente rispetta la legge è perché glie lo impone l'autorità
L'onestà è un valore sempre meno diffuso
Molte leggi sembrano fatte per favorire singoli gruppi di persone, più che il bene comune
Chi ha violato la legge dovrebbe soprattutto ricevere cura e sostegno
Se la gente rispetta la legge è perché è quello che ci si aspetta da tutti
Bisogna sempre rispettare la legge, anche quando sembra sbagliata o ingiusta
Se la gente rispetta la legge è perché ci crede

Teorie ingenue della personalità

Una rilevazione ha utilizzato una scala di auto-descrizione della propria personalità attraverso aggettivi, o simili, messi assieme a partire dalle descrizioni di personalità fornite in una serie di noti trattati di astrologia (96 item). Questa rilevazione (Melani, 1999), condotta presso un campione di 300 soggetti studenti universitari fra 18 e 28 anni di età ha portato a definire cinque Fattori principali di auto-descrizione, in un quadro che è risultato essere curiosamente molto simile a quello dei cosiddetti Big Five. Riportiamo dunque quattro voci, a più alta saturazione fattoriale, per ciascuno dei cinque Fattori:

Arguto
Autoritario
Perfezionista
Presuntuoso

Affidabile
Vivace
Diligente nello svolgere le mie attività
Di animo quieto

Caparbio
Sensibile
Onesto
Ponderato nelle mie azioni

Amante degli animali

Vivace
Amante dell'avventura
Comprensivo verso le debolezze altrui

Creativo
Originale
Audace nell'intraprendere iniziative rischiose
Pignolo (saturazione negativa)

In un altro lavoro, abbiamo indagato anche il modo in cui si distribuisce e si organizza il livello di accordo, da parte di un campione di giovani e giovani-adulti, su una serie di affermazioni (81 item) tipiche delle principali teorie della personalità presenti in letteratura, con il fine di definire la struttura della Psicologia Ingenua (versione "scientifica") della Personalità (Musso, 1999).

Vissuto del lavoro

Abbiamo prodotto anche una rilevazione, con una Scala di Atteggiamenti e Valori connessi con il Lavoro (114 item), presso un campione di 400 soggetti universitari fra i 18 e i 30 anni d'età (Zumpano, 1998). Ne sono emersi sei Fattori, da ciascuno dei quali riportiamo l'item a maggiore saturazione:

Chi ha un lavoro è sicuro di sé
E' fondamentale avere un lavoro socialmente importante e rispettato
Nel lavoro regneranno sempre, fra colleghi, gelosie e invidie
Per trovare un buon lavoro non è importante un buon cammino scolastico
Per trovare lavoro è importante frequentare stage e fare tirocinii
Per avere successo nel lavoro occorre rinunciare a qualcosa degli altri aspetti della propria vita

Comunicazione e comportamenti di consumo

Un'altra rilevazione, presso un campione di 400 soggetti tendenzialmente rappresentativi della popolazione adulta, ha utilizzato una Scala di Atteggiamenti (89 item) relativi alla Televisione e a diversi suoi aspetti (Sardo, 2000). Riportiamo dunque un item altamente significativo per ciascun Fattore identificato:

Mi piace guardare la televisione
In televisione si usano troppe volgarità e battute a doppio senso
Mi diverto di più a navigare in internet che a guardare la tv

Un'altra rilevazione è stata dedicata al Consumatore Innovativo, utilizzando una Scala relativa ad Atteggiamenti e comportamenti innovativi specie, ma non solo, nell'ambito appunto dei comportamenti di consumo (91 item), presso un campione di 300 soggetti tendenzialmente rappresentativi della popolazione adulta (Ferro, 1999). Ne sono risultati tre Fattori principali di innovatività, da cui riprendiamo un item ad elevata saturazione per ciascuno:

Mi diverte comprare cose nuove e diverse
E' importante che ai miei amici piaccia quello che acquisto
Mi incuriosiscono le novità nell'ambito tecnologico

Un'altra rilevazione, presso un campione di 302 soggetti tendenzialmente rappresentativi della popolazione adulta ha utilizzato delle Scale di Atteggiamento relative ai Comportamenti di Consumo e alla Pubblicità (79 item) ovvero relative alla Identità di Genere (26 item) (Marchini, 1999). Tra gli item più rappresentativi:

Quando compro un indumento, preferisco sia alla moda
Per principio compro prodotti poco reclammizzati
In generale, preferisco acquistare prodotti di marca

Abbiamo sviluppato anche, con un campione di 328 universitari, una complessa ricerca multi-variata che mette in relazione vari Tratti, Valori, Atteggiamenti e Stili di Vita del pubblico con alcuni comportamenti di scambio (Viano, 1999).

Invidia, aggressività ecc

Abbiamo realizzato ancora una rilevazione con una scala di Invidia-Gratitudine (100 item), presso 400 studenti universitari (Sterzi, 1999).

Un'altra rilevazione è stata effettuata impiegando una scala sulla percezione e la Attribuzione di Atteggiamenti Aggressivi in uomini e donne, con un campione di 470 studenti universitari fra i 18 e i 30 anni d'età (Rossi, 1998).

Abbiamo condotto anche una rilevazione con Scale di Atteggiamento nei confronti del Gioco d'Azzardo (82 item), Locus of Control (20 item) e livello di Autostima (15 item) presso un campione di 320 soggetti studenti universitari tra 18 e 30 anni d'età (Felmini, 1998).

Nel complesso, come si vede, il gruppo di lavoro riunito attorno al Personality Psychology Workshop di Torino, ovvero al Laboratorio di Ricerca sulla Personalità e sul Counseling, ha realizzato indagini piuttosto svariate, ma tutte indirizzate a verificare e approfondire, con strumenti empirici e tentativamente oggettivi (o almeno: definiti tali nella letteratura scientifica), tanti aspetti della struttura della personalità nel suo complesso, ovvero di singoli Tratti psicologici.

Come abbiamo già accennato più sopra: sarebbe impossibile descrivere nel dettaglio il modo in cui ciascuna di queste ricerche ha contribuito a perfezionare questo o quell'aspetto del lavoro preliminare per la realizzazione di ITAPI. Riteniamo tuttavia che qualcosa si possa almeno intuire anche solo confrontando gli item più rappresentativi derivati da ciascuna ricerca (cui si fa cenno nella rassegna sviluppata appena qui sopra) e gli item effettivamente presenti nella composizione finale del pool (di cui si parla appena qui oltre).

Speriamo comunque di avere sufficientemente reso l'idea di come il lavoro preliminare sia stato piuttosto lungo e preciso; ovvero del fatto che, in sostanza, si può dire che non ci sia un solo item, dei 218 che costituiscono il pool di partenza per ITAPI, che non sia stato a lungo soppesato e valutato e limato, anche alla luce di specifiche ricerche sul campo, prima di convincersi che si trattava di un item almeno un poco promettente, in quanto potenzialmente utile: tanto sul piano della analisi di Costrutto, quanto sul piano della verifica campionario-statistica, quanto sul piano della possibilità di contribuire ad una efficace segmentazione dei soggetti in tipologie personologiche significative.

4. Antecedenti di ITAPI nella letteratura scientifica

Pur avendo lavorato a lungo con strumenti elaborati autonomamente, il Personality Psychology Workshop ha comunque sempre fatto riferimento in modo ampio e costante anche alla letteratura scientifica internazionale. A questo proposito, sarà quasi inutile ricordare (anche alla luce dei dati ricavati da PsychINFO riportati qualche pagina sopra) che la produzione di articoli e di libri nel campo della psicologia sociale e della personalità è decisamente molto vasta e vede prevalere largamente i contributi di matrice statunitense.

Questa non è però la sede adatta per entrare nel dettaglio di tale sconfinata letteratura. La quale, anche limitandosi al solo tema della misurazione psicometrica e quindi dei Test e degli Inventari di personalità ovvero delle Scale psicologiche o psicografiche o simili, che ci interessano maggiormente in relazione a ITAPI, resta comunque imponente.

Non appare del resto facile nemmeno stabilire con sicurezza che cosa sia propriamente un Test di personalità.[21] Ma possiamo fare riferimento, in primo luogo, a Laura Boncori, che nel suo fondamentale trattato sui Test (1993), dedica un'ampia sezione (la Parte quarta, tra le pagine 571 e 836) alla misurazione della personalità, intitolando la sezione dedicata a questo tema: "Misurazione delle strutture e dinamiche «non cognitive» della personalità". Mentre subito dopo precisa che si tratta di una definizione "In gran parte di comodo", ancorché abbastanza utile tanto per capirsi.

Boncori, rifacendosi anche a Nunnally (1978), rileva che: "Le variabili misurate dai Test di personalità e d'interesse sono estremamente diversificate e variano a seconda della teoria di riferimento – quindi ne sintetizza le cinque principali categorie: - 1) Tratti sociali, cioè caratteristiche che un individuo manifesta quando interagisce con altri: per esempio, timidezza, dominanza, sincerità, responsabilità sociale. (...) 2) Motivazioni, bisogni, tendenze, quali il bisogno di affermazione, di aggressione, di affiliazione; si riferiscono a uno strato della personalità più interno dei tratti sociali (...) 3) Concezioni personali o modalità con cui un individuo si pone nei confronti della realtà: per esempio, se considera gli

---

21 Ricordiamo, per inciso che, come normalmente avviene oggi con riferimento alla generalità dei termini tecnico-scientifici, la parola Test è di origine decisamente latina antica, benché il medio studioso (specie, ovviamente, negli Stati Uniti) ritenga generalmente che si tratti di un'idea anglo-americana. *Test* viene infatti dal verbo latino *testor-testari* (testimoniare, mostrare, dimostrare, mettere in luce, rendere chiaro ed evidente, attestare, provare). Da cui discendono anche termini quali: testo, teste, testamento, testimone, attestazione ecc Non ne deriva però, se non indirettamente, la parola "testa" (che in latino indica qualsiasi oggetto di coccio, specie se concavo, tipo: vaso, pentola; ma anche: mattone). "Personalità", come (forse non) tutti sanno, viene invece dall'etrusco "phersu" (il danzatore-sciamano-therapone della tradizione tungusa e mesopotamica), poi latinizzato nel latino "persona" (che può indicare anche l'attore ovvero i travestimenti che impiega con lo scopo di impersonare i vari ruoli: trucchi e maschere compresi).

altri come prevalentemente amici o nemici, se pensa che nella vita conti più la fortuna o l'impegno personale, se per lo più agisce dopo aver fatto una programmazione o improvvisando giorno per giorno, e così via. (...) 4) Adattamento-disadattamento e psicopatologie. Gli strumenti che riguardano in qualche modo psicopatologie si riferiscono a variabili che, nel corso degli anni, sono cambiate col mutare delle nosografie culturalmente dominanti. Al momento, sono simultaneamente presenti strumenti che si riferiscono a qualsiasi nosografia da Kraepelin al DSM, con continue acquisizioni e riformulazioni. 5) Dinamiche della personalità, organizzate in strutture di livello profondo o comunque di elevata complessità, quali «Io», «Super-Io», «Concetto di sé»." (1993, 575-576).

Se si prende invece la prima edizione pubblicata in Italia del più classico trattato statunitense sui Test, che è quello di Anne Anastasi (1968) e che rappresenta un buon punto di riferimento per la versione internazionale (ovvero. più propriamente: statunitense) ufficiale e classica della materia, si trova una descrizione maggiormente operativa del tema, ovvero più pragmaticamente legata all'elencazione dei Test psicologici più usati che non a qualche tentativo di definizione epistemologica o concettuale della questione.

I Test di personalità citati da Anastasi sono decine e decine, ma quelli con un minimo di approfondimento risultano essere invece decisamente pochi. Quelli disponibili al tempo, vengono suddivisi in quattro categorie principali: questionari di personalità; misure degli interessi e degli atteggiamenti; tecniche proiettive; altre tecniche per la valutazione della personalità. Nella prima categoria, i Test cui viene dedicato almeno un piccolo paragrafo specifico sono quattro: Minnesota Multiphasic Personality Inventory, California Psychological Inventory, Edwards Personal Preference Schedule, Myers-Briggs Type Indicator. Quelli elencati nella seconda categoria sono: lo Strong Vocational Interest Blank e i questionari di interessi di Kuder. Nella terza: il Rorschach e il Tat. Nella quarta: il Character Education Inquiry e il Role Construct Repertory Test.

Nella edizione di venti anni dopo (Anastasi, 1988), le cose cambiano di poco. I Test cui viene dedicato uno specifico paragrafo sono ancora i medesimi, eventualmente in edizioni aggiornate. Vi si aggiungono però, benché con minore rilievo: nella prima categoria: il Millon Clinical Multiaxial Inventory, il Comrey Personality Scales e il Personality Research Form and Jackson Personality Inventory. Nella seconda categoria, con modesto spazio, si aggiungono: Jackson Vocational Interest Survey, Career Assessment Inventory, Self-Directed Search. Vengono però aggiunte altre quattro piccole categorie di rilevazioni varie, connesse alla psicologia della personalità, che non hanno un Test principale di riferimento ma appaiono significative come aree emergenti di ricerca e di approfondimento: assessment of values, opinion surveys and attitude scales, locus of control, masculinity-femininity scales.

Ci limitiamo dunque (nel presente contesto) a rendere l'idea in accenno, ricordando, a puro titolo d'esempio, che al ben noto sito internet del Buros Institute of Mental Measurement, ovvero della più importante multinazionale statunitense specializzata nella distribuzione e nell'impiego commerciale dei Test (buros.unl.edu), si possono attualmente acquistare oltre 4.000 Test diversi (non solo, ma anche, di Personalità), tutti considerati ben vivi e vegeti.

Si tratta peraltro di un campione assai rappresentativo, ma non certo esaustivo. Consideriamo infatti, quanto meno: le (varie) versioni precedenti, che molti di questi Test hanno avuto (e che a volte, anche per ragioni economiche o di comparabilità, circolano tutt'ora ampiamente); i molti Test prodotti localmente, specie in sede formativa o aziendale (e magari molto utilizzati benché mai pubblicati sistematicamente); i molti Test scolastici, per lo più "di livello", prodotti in contesti educativi molto specifici o circoscritti (e mai pubblicati); i Test prodotti in contesti sanitari con scopi particolari (e mai pubblicati); i Test realizzati in ambienti scientifici a scopo di ricerca di base e non organizzati sotto forma di Test per la valutazione ecc

Per cui possiamo calcolare che il numero dei Test o degli Inventari attualmente in circolazione sia certamente superiore ai 10.000; ammesso che non siano in effetti molti di più. E infatti, per non fare che un altro esempio, la biblioteca-archivio della ETS (Educational Testing Service: www.ets.org), istituzione privata con sede maggiore a Princeton nel New Jersey, ma operante da decenni in qualche decina di Paesi nel mondo, contiene più di 20.000 Test.

Occorre insomma avere presente, in sostanza (venendo al caso più specifico della ricerca sulla personalità), che nella letteratura scientifica internazionale sono state pubblicate parecchie decine (e forse, anche: qualche centinaio) di Test-Inventari generali di personalità nonché parecchie centinaia (e forse, anche: alcune migliaia) di Scale, più o meno sistematiche, relative a singoli Tratti. Mentre, se si considera la ormai dominante tendenza a ragionare in termini di "personality and social psychological attitudes", come estensione epistemologicamente più corretta del concetto di Tratto (e si vedano in proposito, a puro titolo di autorevole esempio: Robinson e Shaver, 1973; Robinson, Shaver e Wrightsman, 1991; Krahé, 1992), il loro numero è probabilmente anche maggiore.

Per non parlare di quell'ampia serie di Reattivi che sono stati costruiti dichiarando intenti diversi da quello di identificare dei Tratti di personalità, ma che pure, almeno nella impostazione scientifica e nei fatti, presentano i titoli richiesti per appartenere alla categoria. E' il caso di tutte quelle ricerche le quali, pur riferendosi di fatto a caratteristiche personologiche, preferiscono intitolarsi a concetti quali gli Atteggiamenti e gli Stili di Vita ovvero soprattutto i Valori. A tale tipologia, non sempre immediatamente rilevabile come ricerca sulla personalità (almeno per un lettore che non sia molto specializzato e competente), appartengono anche tutte quelle ricerche che si sforzano di definire delle tipologie di persone proponendosi come delle psicografie. Tutto questo tema è peraltro troppo vasto per questo Manuale, per cui rimandiamo ad altra sede per un approfondimento in materia (Perussia, 2005b).

Abbiamo preso in considerazione anche diverse importanti raccolte di strumenti psicometrici e di item che sono risultate utili in tante fasi del Programma ITAPI. Tra queste, a parte quanto raccolto (e continuamente aggiornato al già citato sito: ipip.ori.org) nell'ambito del Programma IPIP (International Personality Item Pool), ricordiamo ancora una volta i lavori di: Aiken (1997; e Aiken, 1996); Bonjean, Hill e McLemore (1967); Bowling (1991); Fayers e Machin (2000); Fetzer Institute (1999); Fredman e Sherman (1987); Gordon (2004); Hill e Hood (1999); Lester e Bishop (2001); Lopez e Snyder (2003); Miller (1991); Robinson, Athanasiou e Head (1969); Robinson e Shaver (1973); Robinson, Shaver e Wrightsman (1991, 1999); Rubin, Palmgreen e Sypher (1994); Salek (1998); Schutte e Malouff (1995); Serebriakoff (1988); Shaw e

Wright (1967); Touliatos, Perlmutter e Straus (2001).

Sullo sfondo, abbiamo mantenuto, come sempre all'interno del Programma ITAPI, la letteratura scientifica internazionale in tema di Test di Personalità. Per cui in particolare, vogliamo ricordare ancora una volta, quanto meno (in semplice ordine alfabetico): Aiken (1999, 2000); Allison, Blatt e Zimet (1968); Angleitner e Wiggins (1986); Beutler e Groth-Marnat (2003); Butcher (1995); Byrne (1996); Cattell (1946); Cattell e Warburton (1967); Craig (1999); Craik, Hogan e Wolfe (1993); Cronbach (1949-1960); Dana (2000); Del Corno e Lang (1997); Eysenck (1992); Ferguson (1952); Graham, Naglieri e Weiner (2003); Granieri (1998); Gregory (2003); Groth-Marnat (2003); Hilsenroth, Segal e Hersen (2003); Horst (1968); Kellerman e Burry (1997); Kleinmuntz (1967, 1982); Kline (1983, 1993; 1999); Lanyon e Goodstein (1997); Lombardo e Foschi (2002); Maloney e Ward (1976); Matthews e Deary (1998); Megargee e Spielberger (1992); Mischel (1968); Ogdon (1977); Osterlind (1997); Pale e Impara (2003): Rubini (1975); Sanavio e Sica (1999); Saraceni e Montesarchio (1988); Schinka e Greene R.L. (1997); Shrout e Fiske (1995); Watkins e Campbell (2000); Wiggins (1973; et Al, 2003).

Né possiamo dimenticare completamente, per completezza, alcuni importanti testi di carattere più teorico e generale sulla personalità. Tra questi, merita richiamare (di nuovo: solo nel titolo; il che non rende loro giustizia, per i riflessi che hanno avuto sulla definizione del piano di lavoro complessivo di ITAPI, ma almeno questo gli è dovuto) quanto meno: Allport (1937); Attili (1993); Biasi e Bonaiuto (2003); Brody e Ehrlichman (1997); Bruzzi, Chattat e Ugolini (2004); Capello (1993); Caprara (1988; e Cervone, 2003; e Gennaro, 1999; e Luccio, 1986-1992; e Van Heck, 1992); Carotenuto (1991); Ciotti (1996); Cohen e Swerdlik (2002); Cook (1993); Derlega, Winstead e Jones (1999) Di Blas (2002); Dogana (1993, 1999, 2002); Dorfman e Hersen (2001); Ercolani e Perugini (1997); Eysenck e Eysenck (1985); Fiora, Pedrabissi e Salvini (1988); Funder et Al (1993); Galeazzi e Porzionato (2000); Gennaro (2004); Gergen e Davis (1985); Girard (1999); Gius e Cavanna (1978-1979); Hall e Lindzey (1957); Heatherton e Weinberger (1994); Lombardo e Foschi (2000, 2002); Lombardo e Pedone (1998); Lostia (1994); Maffei, Battaglia e Fossati (2002); Mc Martin (1999); Mucciarelli, Chattat e Celani (2002); Murphy e Davidshofer (2001); Pedrabissi e Santiniello (1997); Pervin (1990; e Oliver, 1996-2001); Salvini (1977); Siri (1996); Sirigatti (1978); Sorokin (1956); Spagnuolo Lobb (1982); Stagner (1937); Zavalloni e Montuschi (1973).

E' evidentemente impossibile rendere conto dei vari modi in cui tutta questa specifica letteratura ha influito, e influisce, sul Programma ITAPI. D'altra parte, il lavoro del Personality Psychology Workshop procede da troppi anni perché, anche mettendoci tutta la migliore volontà, se ne possa rendere conto pure nelle più piccole sfumature. Nel contempo: fare finta che tutto questo non ci sia stato, ovvero che non abbiamo contratto, da parte nostra, un debito scientifico e intellettuale nei confronti di tutti questi lavori, sarebbe ingeneroso e scorretto.

Rimandiamo dunque ad eventuali occasioni future (oltre che alle già citate pubblicazioni realizzate dal nostro gruppo di lavoro) per cercare di spiegare anche solo indicativamente, ma con maggiore dettaglio di quanto non possa accadere qui, il peso dei vari contributi.

Il primo passo, per la costruzione dell'Inventario ITAPI-G, è comunque consistito nel costituire un pool di item di partenza, i quali fossero ampiamente rappresentativi di quanto emerso dalla (ormai secolare) tradizione della ricerca scientifica in tema di psicologia della personalità, ovvero relativa ai Tipi e ai Tratti psicologici.

In estrema sintesi, posto che gli Inventari, i Test, le Scale ecc di cui abbiamo tenuto conto sono davvero molto numerosi, ne ricordiamo almeno i principali alla Tavola 1 (con funzioni di quadro sinottico introduttivo e di sintesi didascalica), riportando anche le principali fonti pubblicamente disponibili cui abbiamo potuto riferirci (nonostante i molti limiti nella diffusione dei dati cui abbiamo già accennato più volte).

Sviluppiamo poi, nel capitolo seguente, un'analisi più dettagliata dei contenuti di questi Test, con almeno qualche accenno al contributo che in qualche modo hanno fornito allo sviluppo di ITAPI.

Tavola 1 – I principali Test, in ordine alfabetico di denominazione e con le relative fonti bibliografiche principali, che hanno fatto, almeno in parte, da sfondo alla realizzazione del pool di item di partenza per ITAPI-G (cfr: Perussia, 2004).

DENOMINAZIONE DEL REATTIVO	FONTI DI RIFERIMENTO
Abridged Big Five-dimensional Circumplex model (AB5C); ovvero: The 45 Preliminary IPIP Scales Measuring the 45 AB5C Facets	Hofstee, de Raad e Goldberg (1992); http:// ipip.ori.org
Adjective Check List (ACL)	Gough (1979); Gough, Fioravanti e Lazzari (1979); Gough e Heilbrun (1980); Gough, Heilbrun e Fioravanti (1980)
Big Five o Grossi Cinque o NEO o NEO-PI-R o BFA, BFQ o BFO o BFQ-C ecc ecc (è un insieme molto vasto di Test assai diversi tra di loro, ma che si propongono sotto una bandiera comune)	Costa e McCrae (1985, 1992a, 1992b, 1992c); Goldberg (1992); Caprara, Barbaranelli e Borgogni, (1993); Caprara, Barbaranelli, Borgogni e Perugini (1994) Barbaranelli, Caprara e Rabasca (1998); Barbaranelli, Caprara e Steca (2002)
California Psychological Inventory (CPI)	Gough (1957, 1996)
Cattell Personality Tests (16PF ed altri, prima e dopo)	Cattell (1935; 1944, 1946, 1950, 1951); Cattell, Day e Meeland, 1953); Cattell, Day e Meeland (1953); Cusin e Novaga (1962); Cattell, Ever e Tatsuoka (1970);Novaga e Pedon (1977); Cattell, Sirigatti e Stefanile (1994); Conn e Rieke (1994); Russell e Karol (1994)
Center for Epidemiologic Studies Depression Scale (CES-D)	Radloff (1977)
Cloninger's Temperament and Character Inventory (TCI)	Cloninger (1986, 1994); Cloninger, Przybeck e Svrakic (1991); Cloninger, Przybeck, Svrakic e Wetzel (1994)
Cognitive Behavioural Assessment (CBA)	Sanavio, Bertolotti, Michielin, Vidotto e Zotti (1986); Vidotto, Bertolotti, Michielin, Sanavio e Zotti (1987); Bertolotti, Sanavio, Vidotto e Zotti (1992); Vidotto (1995); Cilia e Sica, (1996); Bertolotti, Michielin, Sanavio, Vidotto e Zotti (1997, 1998); Sanavio (2002)
Comrey Personality Scales (CPS)	Comrey (1970, 1980); Caprara, Barbaranelli, Perugini e Comrey (1991)
Dissociative Experiences Scale (DES)	Bernstein e Putnam (1986); Goldberg (1999b)
Edwards Personal Preference Schedule (EPPS)	Edwards (1959, 1967)

DENOMINAZIONE DEL REATTIVO	FONTI DI RIFERIMENTO
Gordon Personal Profile e/o Gordon Personal Inventory (GPP e GPI)	Gordon, Pedrabissi e Santinello (1999)
Guilford-Zimmerman Temperament Survey (GZTS)	Guilford, Zimmerman e Rivolta (1981)
Hogan Personality Inventory (HPI)	Hogan (1986); Hogan e Hogan (1995)
International Personality Item Pool (IPIP)	Goldberg (1999a); http:// ipip.ori.org
Jackson Personality Inventory Revised (JPI-R)	Jackson (1976, 1994)
Maudsley Medical Questionnaire o Maudsley Personality Inventory o Eysenck Personality Questionnaire o Eysenck Personality Inventory o Eysenck Personality Scales (ovvero: EPQ, EPQ-R, EPI, EPS ecc; sono tutte evoluzioni attorno a un nucleo di base comune)	Eysenck (1952, 1959); Eysenck e Eysenck (1964, 1975, 1991, 1993); Eysenck, Eysenck e Barrett (1985); Eysenck, Dazzi, Pedrabissi e Santinello (2004)
Millon Clinical Multiaxial Inventory (MCMI-III)	Millon (1983, 1987, 1997); Millon, Millon e Davis (1994); Craig (1993); Choca e Van Denburg (1996)
Minnesota Multiphasic Personality Inventory: MMPI e MMPI-2	Hathaway e Mc Kinley (1943, 1989); MMPI (1951); Hathaway, Mc Kinley, Nencini e Banissoni (1957); Mosticoni e Chiari (1977); Butcher, Dahlstrom, Graham, Tellegen e Kaemmer (1989); Butcher e Williams (1996); Hathaway, Pancheri e Sirigatti (1995)
Multidimensional Personality Questionnaire (MPQ)	Tellegen (1982, in press); Patrick, Curtin e Tellegen (2002); Tellegen e Waller (in press)
Multidimensional Self Concept Scale (MSCS)	Bracken (1992)
Myers Briggs Type Indicator (MBTI)	Myers Briggs (1962); Myers Briggs e McCaulley (1985); Myers Briggs e Saggino (1991a, 1991b); Myers Briggs et Al (1998)
Personal Data Sheet	Woodworth (1919, 1920)
Seven Factors	Goldberg e Saucier (1995); Saucier (1997); Saucier, Hampson e Goldberg (2000)
Six Factor Personality Questionnaire (6FPQ)	Jackson, Paunonen e Tremblay (2000)

5. Genesi di ITAPI: Selezione dei Costrutti ovvero dei Tratti-Fattori di riferimento

La strategia per la costruzione degli item di partenza per questo nuovo Inventario-Test generale di personalità (ITAPI-G) è consistita dunque, in primo luogo, nell'identificare una serie di Tratti-Costrutti-Fattori di personalità, cui fare riferimento per la identificazione specifica dei singoli item. In un certo senso: abbiamo utilizzato, come giuria di selezione dei Costrutti più importanti, la letteratura scientifica nel campo della psicologia della personalità (e più in particolare in quello della psicologia dei Tratti, dei Tipi e dei Test-Inventari) attraverso una specie di analisi del contenuto di quanto vi ricorre più frequentemente o con maggiore sistematicità.

Ne è derivata così una rassegna di Tratti-Fattori-Costrutti che rappresenta un campione altamente rappresentativo di quello che gli psicologi studiano e considerano rilevante, a livello internazionale, in tema di psicologia della personalità. Questo elenco è sicuramente limitato e migliorabile, mentre può naturalmente apparire anche incompleto o impreciso, almeno da un qualche punto di vista, ma è comunque il prodotto di un lavoro che è stato coltivato, meditato e sviluppato a lungo, con grande attenzione e sistematicità.

Prima di entrare maggiormente nel merito dei Costrutti di riferimento, vogliamo però ricordare (ancorché solo come accenno) alcuni ulteriori dati di fondo, relativi al tema dei Test mentali, che riteniamo utili per cogliere meglio il modo (scientifico) caratteristico in cui solitamente ci si muove nello specifico settore. Questi, che si aggiungono alle considerazioni generali già sviluppate nelle prime pagine di questo Manuale, sono dati abbastanza noti, ma che abbiamo l'impressione non sempre vengano tenuti nella giusta considerazione.

Un aspetto fondamentale, quanto molto sottovalutato (talvolta non senza malizia), è che i Test di personalità non misurano affatto "la personalità" (qualunque cosa possa significare tale espressione) bensì, nella generalità dei casi, solo alcune dichiarazioni che un soggetto rilascia in relazione al proprio carattere.

In altre parole: quello che vogliamo ricordare una volta di più è che i Test di personalità (come tendenza generale) non sono degli strumenti di misura, come possono esserlo un metro o un manometro (dove è l'apparecchio, applicato al suo oggetto, che per così dire "parla" di lui, dicendo: "è largo 30 centimetri" o "la pressione è 120"), bensì delle forme sottili di autocertificazione (dove è il soggetto stesso che testimonia direttamente di sé).

Il fraintendimento che ne consegue (tra misurazione oggettiva e auto-descrizione soggettiva) viene accentuato dal modo in cui spesso si presenta tutta la procedura. In particolare: nella descrizione del Reattivo, si parla del soggetto in terza persona (si legge nel Manuale, ad esempio: "Il Test rileva la tendenza alla socialità del candidato"), quasi si trattasse di una rilevazione-misurazione dall'esterno; mentre in realtà: i dati riguardano appunto il soggetto che parla di sé in prima persona. Per cui la situazione effettiva, in cui il soggetto X ha dichiarato ad esempio "Mi piace essere un leader", viene di fatto un po' travisata (almeno potenzialmente) col fatto che la si traduce spesso, almeno implicitamente, nella rilevazione della presenza di una sua attitudine alla leadership (la quale potrebbe invece essere solo un'illusione del soggetto che la dichiara). Per cui spesso lo psicologo dice: "X ha attitudini da leader", mentre, ad essere più precisi, si è piuttosto limitato a dichiarare di averle (anche se, così facendo, ha convinto lo psicologo).

Tanto per fare un esempio (ma se ne potrebbero citare mille altri), possiamo pensare al Test detto Adjective Check List o ACL (di cui riferiamo meglio poco oltre), ovvero al Test da cui discende direttamente il movimento detto dei Big Five. Il Test consiste nel fatto che il soggetto, posto di fronte a un elenco di aggettivi, proclama quanto ciascuno di questi è caratteristico della sua persona. Ovvero, il soggetto dichiara (più o meno): "Sono poco nevrotico", "Sono molto estroverso", "Sono abbastanza aperto all'esperienza", "Sono molto socievole", "Non sono per nulla coscienzioso" ecc. Sulla base delle sue affermazioni, relative a una serie di item del genere, gli viene dunque attribuito un punteggio alto oppure basso di: nevroticismo, estroversione, apertura all'esperienza, socievolezza, coscienziosità ecc. In qualche caso (tutt'altro che raro), sulla base delle sue dichiarazioni all'Adjective Check List (o anche ad altri item del genere, contenuti in Test definiti come di personalità), lo si accredita anche di un determinato livello di intelligenza (o, quanto meno, di apertura mentale).

Un altro aspetto rilevante, su cui sembra esistere una certa confusione (almeno negli ambienti psicologici), sta nel fatto che la gran parte dei Costrutti-Tratti-Fattori utilizzati nella ricerca sulla personalità ha in effetti carattere potenzialmente bipolare (presenza, rispetto ad assenza, della variabile), ma viene talvolta presentato come mono-polare. E' un po' come la contrapposizione, a livello del singolo item, tra scala "di likert" e scala a "differenziale semantico". Che differenza c'è infatti tra la voce di una scala likert con l'item "freddo" e una voce del differenziale semantico con l'item "caldo/freddo"? Possono senz'altro intervenire alcune variazioni connotative tra le due forme (di cui sarebbe interessante ragionare a lungo, benché non sia il caso di farlo qui); ma in tanti casi riesce ben difficile sostenere che esiste una chiara e rilevante differenza, ad esempio, tra la definizione di "freddo" e quella di "per nulla caldo" (o viceversa).

Il dato può tuttavia produrre effetti un po' confusivi, in quanto capita che lo stesso Tratto-Fattore si presenti di fatto sotto forma di due Tratti diversi, oppure all'intero di due sub-Scale dello stesso Tratto-Fattore. Ma in qualche caso i due Tratti, o le due sub-Scale, contengono in effetti item che sono semplicemente uno l'inverso dell'altro.

Esasperando un poco (ma non tanto) si possono trovare in letteratura vari esempi sul tipo di un Test che contiene, poniamo (più o meno): un Tratto-Fattore di introversione o di tendenza alla solitudine o di ansia sociale (il nome può variare di molto) con al proprio interno l'item "Mi trovo a disagio con la gente"; dove lo stesso Test contiene anche un altro Tratto-Fattore, separato, di estroversione o di tendenza alla socialità o alla leadership, con al proprio interno l'item "Mi trovo bene con le altre persone". Il risultato, anche in termini di analisi fattoriale, può suonare ambiguo, visto che si possono avere Costrutti di riferimento diversi per misurare in fondo la stessa cosa. Come anche viceversa.

Lo stesso concetto di Tratto-Fattore unipolare o bipolare è oggetto di lunghe controversie. Un ottimo esempio al riguardo è il caso del Costrutto-Tratto di mascolinità-femminilità (Perussia, 1997a). In letteratura vi è infatti chi lo considera bipolare, nel senso che la mascolinità sarebbe sostanzialmente complementare o inversa alla femminilità; e chi invece lo considera come la somma di due Tratti unipolari, nel senso che sia la femminilità che la mascolinità sarebbero Tratti autonomi, ciascuno dei quali può essere presente in varia misura (in ciascun singolo soggetto) oppure assente, in modi reciprocamente indipendenti.

E sarà quasi inutile sottolineare che la scelta dell'una strada piuttosto che dell'altra è molto più una questione ideologica che non una questione statistica. Tant'è che la versione a due Fattori, con tutta la conferma delle pari opportunità tra uomini e donne che suggerisce tra le righe, ha vinto largamente, in termini di diffusione (e di citation index e di impact factor) nella letteratura scientifica; specie per il fatto di spostare l'accento dalla dimensione biologica o costituzionale a quella ideologica o sociale delle variabili connesse al ruolo di genere, con tutte le conseguenze politiche, specie in senso dichiaratamente democratico, del caso.

Un altro fatto di cui tenere conto è che la definizione (in parole) dei Tratti-Costrutti-Fattori nasce per lo più dalla fervida fantasia degli studiosi e non rappresenta certo un dato, o anche solo un oggetto di descrizione su cui vi sia una solida chiarezza o almeno un certo accordo tra i ricercatori. E' normale che uno stesso Tratto (più o meno) si chiami in un modo all'interno di un Inventario e in un altro modo, anche abbastanza diverso, all'interno di un altro Inventario. Anche nelle diverse versioni dello stesso Test possono cambiare (nei successivi Manuali) i nomi dei Tratti-Fattori e subire aggiustamenti anche notevoli, magari anche senza che il nome del Test cambi.

E può capitare che tali variazioni di nome possano subire a volte l'influenza di variabili molto contingenti, quali ad esempio la maggiore attrattiva esercitata da certi termini specie su quel particolare pubblico che potrebbe essere interessato ad acquistare il Test o il suo uso (a pagamento). Per cui, ad esempio, nel campo delle applicazioni alla selezione aziendale avrebbe certo maggiore successo un Test che dichiarasse di misurare (poniamo) il Tratto-Fattore relativo a quanto una persona è cooperativa e collaborativa ovvero portata all'interazione assertiva nel gruppo di lavoro, rispetto a un Test che dichiarasse di valutare (poniamo) il Tratto-Fattore relativo a quanto detta persona è un tipo che da solo combina poco ovvero è un attaccabottoni cui piace passare il tempo in compagnia. Anche se magari i due diversi Inventari utilizzano item molto simili per rilevare tali due differenti Tratti-Fattori.

C'è poi un'ulteriore questione, piuttosto sottile, che riguarda il valore per così dire classificatorio da attribuire ai Costrutti-Tratti-Fattori che compaiono in letteratura. Nella stragrande maggioranza, i Test psicologici si esprimono infatti in termini di Tratti personologici. Ma poi, in molte occasioni, finiscono col fare riferimento, anche solo implicitamente, a questi Tratti come se fossero dei Tipi. Anche perché, non di rado, si usa la stessa definizione per riferirsi ad entrambi.

La distinzione fra Tipi e Tratti, che (lo sappiamo bene, per esperienza) è un concetto davvero difficile da spiegare adeguatamente agli studenti di psicologia, può essere esemplificata, a livello statistico (in termini operazionali), dalla distinzione tra Analisi dei Fattori e Analisi dei Cluster. Infatti: se rilevo (con la Factor Analysis) un Fattore-Tratto-Atteggiamento di Estroversione e un un Fattore-Tratto-Atteggiamento di Introversione, ottengo qualcosa di differente da quando rilevo (con la Cluster Analysis) la presenza di un Segmento-Cluster-Tipo Estroverso e di un Segmento-Cluster-Tipo Introverso.

La letteratura scientifica è invece piena di fraintendimenti (nel testo) o di rischi che si producano fraintendimenti (nel lettore o nell'utilizzatore del Reattivo) di questo genere. E mi limito a ricordare, a puro titolo di esempio, il caso del Test di personalità che è ritenuto essere il più utilizzato al mondo: il Minnesota Multiphasic Personality Inventory o MMPI (di cui vedremo meglio il dettaglio fra poco).

Ricordo peraltro che il MMPI è stato prodotto, e successivamente aggiornato, solo sulla base della validità di Costrutto quale appare agli occhi dei suoi autori e senza alcun riferimento ad analisi fattoriali o statistiche in genere. benché produca un profilo (numerico) di personalità, con riferimento ad alcune Scale-Tratti, che un osservatore o un utente ingenuo potrebbe facilmente scambiare per un profilo fattoriale. Ma soprattutto, in questo elenco-profilo di Scale, ci sono riferimenti a entrambi i concetti (Tipi e Tratti) senza una chiara distinzione tra loro.

Ci sono infatti elencati dei caratteristici Tratti, quali ad esempio: scala Cyn (Cinismo): convinzioni misantropiche; scala Si (Introversione sociale): difficoltà sperimentate in situazioni sociali; scala Fam (Problemi familiari): presenza di conflitti familiari. Ma ci sono anche riferimenti a dei caratteristici Tipi, quali ad esempio: scala Hy (Isteria): problemi somatici e paure, tipici degli isterici; scala Hs (Ipocondria): problemi caratteristici dei nevrotici ipocondriaci; Sc (Schizofrenia): esperienze insolite e sensibilità particolari tipiche degli schizofrenici.

Il che complica le cose più di quanto non sembri. Poiché, ad esempio, se un soggetto ha un punteggio alto alla scala Hy e a quella Sc (teoricamente: due Scale diverse), risulta essere contemporaneamente isterico e schizofrenico; il che può suonare piuttosto strano e paradossale sul piano concettuale, benché non inconsueto nei fatti (almeno secondo le classificazioni che ricorrono in alcuni manuali di psichiatria).

Un altro problema, di grande rilievo, è rappresentato dalla notevole complessità di consultazione della letteratura relativa ai Test, cui abbiamo già accennato ampiamente ma che merita sempre di essere ben sottolineata nei suoi molti risvolti (specie: negativi). Le complicazioni al riguardo sono infatti molte e di diversa natura, producendo non poche delle molte difficoltà, ma soprattutto imprecisioni e talvolta contraddizioni, che si presentano inesorabilmente nel lavoro con i Reattivi mentali.

La letteratura sui Test infatti, come già ricordato, non sempre si adegua a quei principi di esaustività nelle informazioni fornite, di trasparenza e di ampia diffusione che pure si ritiene generalmente stia alla base della ricerca scientifica e che certo non può realizzarsi se le memorie scientifiche di riferimento non vengono messe nella adeguata disposizione della comunità degli studiosi, degli studenti in formazione e dei ricercatori (ovvero anche degli utenti).

E' del tutto normale, ad esempio, che la versione pubblicata di un Inventario (in un Rapporto Tecnico, in una rivista, in un libro ecc) non contenga affatto la versione intera del questionario, ma solo alcuni esempi di item (e talvolta nemmeno quelli). Mentre non di rado riesce difficile addirittura citare questi Reattivi con un riferimento bibliografico sicuro, visto che il loro Manuale spesso non segue il normale iter di circolazione nelle biblioteche scientifiche, ma può solo essere richiesto (generalmente: a caro prezzo) all'editore e talvolta pure con molte difficoltà ed ostacoli o limitazioni.

I Test vengono poi aggiornati con una certa frequenza, a volte con ritocchi minimi, ma tendono a mantenere sempre lo stesso nome nel tempo, ancorché magari aggiungendovi il numero 2 o magari 3 (visto che spesso sono un marchio commerciale cui giustamente non si vuole rinunciare), per cui non riesce sempre facile capire a quale precisa versione si stia riferendo il lavoro. E c'è anche il caso di chi continua a usare la vecchia forma benché ne siano state presentate successivamente di nuove.

Altre volte (spesso per analoghe ragioni di marchio), specie se il Test ha avuto successo, esistono delle versioni con variazioni molto lievi (ovvero anche: senza nessuna variazione) nel nome ma a cui corrispondono Reattivi piuttosto diversi nella sostanza. La cosa viene complicata dalle traduzioni e dalle edizioni locali (peraltro: assai ricorrenti del nostro Paese), dove talvolta il Test viene variamente modificato con riferimento a lavori successivi dello stesso Autore, il quale magari fornisce elementi di aggiornamento attraverso comunicazioni personali ai curatori della edizione locale (non verificabili da nessun'altro), per cui a volte non si capisce proprio a quale versione ci si riferisca.

Riesce spesso difficile anche datare i Manuali dei Test. Il già citato Buros Institute, ad esempio, presenta delle schede abbastanza precise dei molti Reattivi che custodisce, compresi alcuni estremi bibliografici dell'originale (luogo ed editore), ovvero gli estremi della recensione apparsa sul Mental Measurement Yearbook, ma solitamente, nonostante la grande cura che pone nei dettagli, non riporta la data (l'anno) di edizione originale del Test stesso. E non pochi Test vengono tradizionalmente pubblicati prima in edizioni a carattere di Rapporto Tecnico un po' provvisorio (sul tipo di quelli che, seguendo la classica tradizione della ricerca scientifica, pubblichiamo anche noi nell'ambito di ITAPI) e solo in un secondo tempo presso editori nazionali (come anche noi facciamo con questo Manuale). Il che rende a volte difficile capire quando (e come) sono usciti in effetti. Anche perché può capitare che le prime edizioni vengano fatte in pratica sparire, perché meno precise delle successive o per non farsi concorrenza da soli sul piano commerciale.[22]

Per rendere concretamente l'idea di almeno qualcuno tra questi aspetti, ricordiamo il caso macroscopico (peraltro: solo uno fra i mille) del lavoro di Cattell, che rappresenta un punto di riferimento fondativo per tutta la storia e la teoria dei Test, soprattutto di personalità.

Cattell è studente di Wundt a Lipsia. Si interessa, al contrario del suo Maestro, alla variabilità osservata tra soggetti, che egli dimostra essere abbastanza stabile. Cattell viene anche considerato il primo autore (1890) ad aver definito "Mental Tests" (scriveva in anglo-americano) le prove che aveva costruito per studiare tali differenze inter-individuali. Al suo lavoro si ispira

---

22 Giusto per chiarire: nell'ambito del Programma ITAPI, preferiamo piuttosto metterne almeno gli aspetti principali a disposizione su internet.

esplicitamente anche la leggendaria "Scheda personale" di Woodworth (1919, 1920), considerata il primo Inventario di personalità nell'ambito della cosiddetta Nuova Psicologia Scientifica di fine Ottocento.

Cattell (1935), quando decide una prima volta di passare in rassegna la ricerca sulla personalità, conclude che il metodo (da lui definito: "inglese") dell'analisi fattoriale è troppo grossolano per fornire un'idea utile e interessante dei Tratti di personalità. E quindi suggerisce di non usarlo affatto, benché lo definisca interessante sul piano statistico.

Dopo di che, propone un Test di personalità basato su un'analisi fattoriale a dodici Fattori (Cattell, 1944) e conferma che i Fattori sono 12 anche nel suo primo manuale sull'analisi fattoriale per la ricerca sulla personalità (1946). Successivamente dimostra che i Fattori principali della personalità sono invece 19 (Cattell, 1950), ma sostiene anche che quattro di questi non valgono molto; e quindi decide che il numero giusto dei Fattori è 15. Successivamente ancora identifica sette Fattori principali come molto chiari e altri tre come meno chiari (Cattell, 1951).

In effetti: la prima volta in cui abbiamo trovato un riferimento ai famosi 16 Fattori di Cattell è solo negli anni '50 e peraltro in un lavoro (Cattell, Day e Meeland, 1953) in cui si parla dello "I.P.A.T. 16 personality factors questionnaire Test". Dove I.P.A.T. sta per Institute for Personality and Ability Testing di Champaign Illinois: società azionaria per commercializzare la psicologia, e i Test in particolare, che Cattell aveva costituito da poco.

Un altro recente caso interessante (sempre: tra mille altri) è quello del Multidimensional Personality Questionnaire (MPQ), sviluppato da Auken Tellegen, che vede una buona diffusione negli Stati Uniti e rispetto al quale si possono trovare pubblicati molti riferimenti nella letteratura di ricerca, che con qualche frequenza lo utilizza o vi si richiama.

Il Test viene normalmente indicato, nei riferimenti bibliografici, come "Tellegen, in press" da oltre vent'anni; senza che apparentemente sia mai stato pubblicato, pur essendo normalmente citato e utilizzato (ed essendocene una versione almeno indicativa su IPIP). Tanto che il suo stesso Autore, che lo utilizza da decenni ma indicandolo sempre come "unpublished manuscript" (Tellegen, 1982), continua a citarlo solo come "in press" ancora nell'ultima sua pubblicazione che abbiamo trovato in proposito (Patrick, Curtin e Tellegen, 2002).

In tale sede viene presentata anche una Short form del Test. Questa volta però pubblicandola per davvero benché, come da tradizione, solo in modo tale che non se ne possano conoscere né il questionario originale né molti dettagli.

Nel frattempo, l'Autore ha affiancato al Manuale del Test anche un secondo libro, cui fa riferimento (lui come altri Autori, anche in altre sedi scientifiche), benché in effetti non sia stato pubblicato nemmeno questo (Tellegen e Waller, in press). E si noti che Auken Tellegen non è certo uno sprovveduto (benché forse sia un po' un burlone ovvero un autore propenso a performance futuriste) visto che è uno dei co-Autori principali ufficiali dello MMPI-2 (Butcher, Dahlstrom, Graham, Tellegen e Kaemmer, 1989).

Un ulteriore caso notevole (sempre: fra i tanti) è quello di Hans Eysenck (i cui riferimenti bibliografici riportiamo più oltre). Questi ha infatti passato parte della sua vivace esistenza a pubblicare più o meno sempre lo stesso Inventario, pur con variazioni, che però compare in almeno cinque versioni diverse, da quanto si chiamava Maudsley Medical Questionnaire fino al nome di Eysenck Personality Questionnaire (EPQ; eventualmente, anche nella versione: Revised o EPQ-R), passando per il Maudsley Personality Inventory, lo Eysenck Personality Inventory (EPI), le Eysenck Personality Scales (EPS) e quant'altro, cui si aggiunge una serie di altre sue Scale parziali o in nuove versioni, più o meno sempre del medesimo tono.

Per citare un altro tipo di esempio curioso (ma ce ne sono, lo abbiamo già detto e ripetuto, innumerevoli altri a disposizione) di come ci si possa trovare in difficoltà nel fare riferimento alla ricerca sui Test, indichiamo infine il caso di quando lo stesso Test, cambiando di Paese, cambia pure di sigla oltre che di nome. Capita ad esempio, tra gli altri, al Test MSCS (Multidimensional Self Concept Scale), che non riesce così immediato citare come TMA (Test di valutazione Multidimensionale dell'Autostima), benché il secondo sia semplicemente la traduzione in italiano della prima (Bracken, 1992).

6. Genesi di ITAPI: Antecedenti e fonti di ispirazione in Test e Inventari già esistenti

Siamo dunque partiti dalla letteratura scientifica disponibile, cercando di esaminarne con la massima cura (pur nei limiti delle circostanze) la maggior parte possibile, per identificare i punti di riferimento più studiati e più accreditati dalla ricerca internazionale.

E' stato naturalmente un lavoro piuttosto lungo, che (come abbiamo già ricordato) riesce quasi impossibile descrivere nel dettaglio, ma che può essere evocato attraverso il riferimento a una parte (se possibile: la principale) degli Inventari, ovvero dei progetti di ricerca, cui in parte ci siamo ispirati.

Passando in rassegna i molti Tratti-Costrutti identificati in letteratura, si coglie subito la poliedricità dei loro nomi, che spesso variano (magari solo di una sfumatura, ma continuamente), oppure il fatto che alcuni Tratti compaiono in letteratura con nomi simili o uguali benché a volte siano il prodotto di analisi fattoriali mentre altre volte siano una pura fantasia dell'Autore. E si noti, in quelli che hanno una edizione italiana: come a volte la traduzione suoni spesso formalmente simile all'originale (benché in anglo-americano possa avere un significato differente) o come invece a volte suoni piuttosto diversa (benché il Tratto e gli item relativi siano proprio quelli). Mentre, anche nelle diverse edizioni degli originali, non sempre i nomi risultano essere proprio gli stessi da una volta all'altra.

Per cui, tra l'altro, anche noi abbiamo deciso di mantenere, all'interno di questo Manuale (per quanto possibile), la dizione originale precisa dei diversi Tratti indicati in letteratura, anche se questa è nella gran parte dei casi in lingua anglo-americana. Cercare di tradurre le loro etichette in italiano (anche considerando il loro enorme numero e le molte sfumature presenti) avrebbe infatti rischiato di comprometterne completamente la correttezza e la effettiva comprensibilità della pur breve rassegna che cerchiamo di presentare qui.

Un primo nostro punto di riferimento iniziale, volendo circoscrivere ad un numero limitato di voci bibliografiche uno sforzo che si sviluppa in realtà da decenni, è stato quel libro che probabilmente è il principale e più sistematico testo generale di riferimento della letteratura di ricerca sui Tratti di personalità (Robinson, Shaver e Wrightsman, 1991), il quale a sua volta è la ponderata e ampia revisione sistematica di un analogo testo prodotto in precedenza con gli stessi obiettivi (Robinson e Shaver, 1973).

I Tratti identificati come rappresentativi dalla sua ultima versione (appunto: Robinson, Shaver e Wrightsman, 1991) sono, nell'ordine: subjective well-being (Andrews e Robinson, 1991); self-esteem (Blascovich e Tomaka, 1991); social anxiety, shyness and related constructs (Leary, 1991); depression and loneliness (Shaver e Brennan, 1991); alienation and anomie (Seeman, 1991); interpersonal trust and attitudes toward human nature (Wrightsman, 1991); locus of control (Lefcourt, 1991); authoritarianism and related constructs (Christie, 1991); sex roles (Lenney, 1991); values (Braithwaite e Scott, 1991).

Il lavoro di Robinson, Shaver e Wrightsman rappresenta di fatto una prima analisi del contenuto su cui basarsi per scegliere appunto i Costrutti-Tratti-Fattori principali di cui tenere conto per cercare di sondare in modo esaustivo un profilo di personalità. Una caratteristica delle loro pubblicazioni, per cui appunto merita citarli come premessa, è che contengono anche un buon campionario di questionari completi, con tutti (o almeno molti) gli item utilizzati nel singolo Test, riportati letteralmente. La quale, come già abbiamo accennato, è una circostanza davvero piuttosto rara, e quindi preziosa, nella letteratura scientifica.

Le altre fonti cui ispirarsi sono rappresentate, naturalmente, dai Test completi che sono stati realizzati dal movimento psicologico e che si sono maggiormente diffusi nel contesto scientifico e professionale della disciplina. Ne riportiamo dunque qui di seguito una selezione (di quelli cui ci siamo maggiormente interessati) indicando i diversi Costrutti-Tratti-Fattori che utilizzano come riferimento, poiché questi hanno aiutato nel definire i Costrutti-Tratti-Fattori che vengono selezionati per ITAPI.

PsychINFO: ovvero la banca dati sulle pubblicazioni scientifiche in psicologia della American Psychological Association. Per capire quali sono i Tratti-Costrutti-Fattori maggiormente accreditati dalla letteratura scientifica internazionale, una ottima fonte è rappresentata dai Tratti che vengono utilizzati, ciascuno come voce autonoma e indipendente, nell'elenco che sta sotto la voce "personality traits" all'interno del Thesaurus of Psychological Index Terms nella banca dati PsychINFO.

Alla data in cui scriviamo (2005), PsychINFO (già più volte citata in precedenza) classifica, sotto le voci del Thesaurus, in totale (da metà Ottocento a oggi) circa diecimila abstract al capitolo "personality measures", circa quattromila al capitolo "personality theory" e oltre venticinquemila al capitolo "personality traits" o "personality factors" (le quali ultime vengono trattate come espressioni pressoché sinonimiche).

I Tratti-Fattori considerati, con un numero di abstract ciascuno che varia, da uno all'altro, tra una cinquantina e diverse migliaia (essendo per lo più di alcune centinaia per ciascun termine), comprende 95 capitoli relativi ad altrettanti Tratti-Costrutti-Fattori. E varrà la pena di notare che, nonostante il numero elevato delle voci selezionate, queste comprendono solo una parte limitata dei Costrutti-Tratti-Fattori cui pure si riferiscono i Test di personalità maggiormente stimati ed utilizzati nella stessa cultura statunitense di cui la American Psychological Association è espressione ufficiale.

PsychINFO segue del resto una curiosa classificazione, per cui tanti altri Costrutti-Tratti di personalità (peraltro: a volte piuttosto simili a qualcuno dei 91 appena citati) vengono collocati in altre aree (tipicamente: in quella della psicopatologia) invece che qui. Per cui, ad esempio: PsychINFO colloca, tra quelli indicati appunto come Tratti di personalità, la "instabilità emozionale", il "nevroticismo", la "paranoia" e lo "psicoticismo", ma non la "ipocondria" o la "isteria" (che compaiono in altri capitoli). Mentre non pochi altri Costrutti di personalità sono assenti nell'elenco (basti pensare a un termine come "Super-Io"), ma vengono collocati sotto altre voci, di natura psicodinamica o clinica o storica o quant'altro. Il che rende bene l'idea di come il numero dei Tratti per cui si trova qualche specifico riferimento (diciamo: almeno 50), in almeno un certo numero di lavori che vengono inscritti in questa banca dati molto ufficiale, ammonta in effetti a centinaia e centinaia.

Le voci analitiche o capitoli (Tratti-Fattori-Costrutti) del Thesaurus di PsychINFO rappresentano comunque, di fatto, una forma di analisi del contenuto (basata sulle parole chiave scelte per indicare i Costrutti di riferimento in ciascun articolo) relativa ai concetti cui la letteratura psicologica fa maggiore e più frequente riferimento.

Alcuni di questi Tratti-Fattori sono uno l'antonimo dell'altro. Altri sono dei quasi sinonimi l'uno dell'altro. Altri hanno nomi pure molto diversi, ma che vengono rilevati con item quasi identici. Altri ancora: sotto lo stesso nome, in ricerche diverse, possono contenere item totalmente differenti. Comunque: queste voci sono state scelte consapevolmente dalla American Psychological Association come termini che si riferiscono ai Costrutti di personalità più rappresentativi, per cui vanno prese in considerazione con tutto il dovuto rispetto.

Ne forniamo qui l'elenco, rimandando a PsychINFO per i lavori cui fanno riferimento (e che abbiamo cercato, nei limiti del possibile, di consultare durante lo sviluppo di ITAPI). I Tratti-Fattori elencati dal Thesaurus di PsychINFO come Tratti di personalità sono dunque, in ordine alfabetico: adaptability (personality); aggressiveness; agreeableness; altruism; androgyny; assertiveness; authoritarianism; charisma; codependency; cognitive style; conformity (personality); conscientiousness; conservatism; coronary prone behavior; courage; creativity; cruelty; curiosity; cynicism; defensiveness; dependency (personality); dishonesty; dogmatism; egalitarianism; egocentrism; egotism; emotional Immaturity; emotional Inferiority; emotional instability; emotional maturity; emotional security; emotional stability; emotional superiority; emotionality (personality); empathy; extraversion; femininity; gregariousness; honesty; hypnotic susceptibility; independence (personality); individuality; initiative; instrumentality; integrity; internal external locus of control; introversion; irritability; leadership qualities; liberalism; likability; loyalty; machiavellianism; masculinity; misanthropy; moodiness; narcissism; need for approval; need for cognition; negativism; nervousness; neuroticism; nonconformity (personality); nurturance; obedience; objectivity; omnipotence; openmindedness; openness to experience; optimism; paranoia; passiveness; perceptiveness (personality); perfectionism; persistence; pessimism; positivism; psychoticism; rebelliousness; repression rensitization; resilience (psychological); rigidity (personality); risk taking; self control; selfishness; sensation seeking; sensitivity (personality); seriousness; sexuality; sincerity; sociability; subjectivity; suggestibility; timidity; tolerance.

IPIP: International Personality Item Pool. IPIP non è il nome di un Test, bensì un ampio Programma di cooperazione internazionale fra ricercatori e studiosi per la ricerca scientifica sulla personalità. IPIP si presenta ufficialmente come: "A scientific collaboratory for the development of advanced measures of personality and other individual differences".

IPIP si propone, in uno spirito che è molto simile a quello di ITAPI, di immettere nel cosiddetto public domain, specie utilizzando le opportunità offerte da internet, molto materiale che sia di facile accesso per studiosi, studenti e ricercatori interessati all'indagine sulla personalità. Tra i suoi obiettivi vi è, in primo luogo, quello di fare da banca dati che renda immediatamente raggiungibile il maggior numero di item effettivamente usati dalla ricerca scientifica nel settore.

Sull'International Personality Item Pool esistono anche dei testi a stampa (Goldberg, 1999a). Ma IPIP si configura essenzialmente come un Programma legato alla rete internet, ed è lì soprattutto che vanno cercati i dati e gli aggiornamenti (ipip.ori.org).

IPIP sviluppa la visibilità di molti Inventari di personalità, tra cui in particolare (indicando, tra parentesi, il testo scritto cui viene fatto riferimento): 16PF ovvero il Cattell's 16 Personality Factor Questionnaire (Conn e Rieke, 1994); 6FPQ ovvero il Six Factor Personality Questionnaire (Jackson, Paunonen e Tremblay, 2000); AB5C ovvero lo Abridged Big Five-dimensional Circumplex model (Hofstee, de Raad e Goldberg, 1992); CES-D ovvero il Center for Epidemiologic Studies Depression Scale (Radloff, 1977); CHS ovvero il Comprehensive Health Survey; CPI ovvero il California Psychological Inventory (Gough, 1996); DES ovvero il Dissociative Experiences Scale (Bernstein e Putnam, 1986; Goldberg, 1999b); Health-PQ ovvero lo Health Practices Questionnaire; HPI ovvero lo Hogan Personality Inventory (Hogan e Hogan, 1995); JPI ovvero il Jackson Personality Inventory Revised (Jackson, 1994); MPQ ovvero il Multidimensional Personality Questionnaire (Tellegen, in press); NEO ovvero la Revised version of the NEO Personality Inventory (NEO-PI-R: Costa e Mc Crae, 1992); PAS ovvero il Personal Attributes Survey; PEA ovvero il Personality, Emotions, and Attitudes; TCI ovvero il Temperament and Character Inventory (Cloninger et Al, 1994).

Da tutto questo insieme (con altri contributi che sarebbe troppo lungo dettagliare qui e per cui rimandiamo di nuovo al sito) nell'ambito di IPIP sono presenti attualmente (2005) quasi 300 Inventari-Scale-Test diversi (più o meno completi e tutti un po' in divenire), riferibili a quasi 200 Costrutti-Tratti-Fattori di personalità diversi. Attraverso un lungo lavoro di analisi (legato tanto a elaborazioni statistiche quanto a considerazioni di Costrutto), i curatori del Programma hanno però estratto un complesso di 45 voci, che sono risultate essere le più adatte a definire i Costrutti-Tratti-Fattori più significativi della letteratura internazionale attuale. Questo gruppo viene definito come: "The 45 Preliminary IPIP Scales Measuring the 45 AB5C Facets".

Tali 45 Costrutti sono, in ordine alfabetico (nell'originale): assertiveness, calmness, cautiousness, competence, conscientiousness, cool-headedness, cooperation, creativity, depth, dutifulness, efficiency, empathy, friendliness, gregariousness, happiness, imagination, imperturbability, impulse control, ingenuity, intellect, introspection, leadership, moderation, morality, nurturance, orderliness, organization, perfectionism, pleasantness, poise, provocativeness, purposefulness, quickness, rationality, reflection, self-disclosure, sociability, stability, sympathy, talkativeness, tenderness, toughness, tranquility, understanding, warmth.

MMPI: Minnesota Multiphasic Personality Inventory (Hathaway e Mc Kinley, 1942, 1958; Hathaway, Mc Kinley, Nencini e Banissoni, 1957; Mosticoni e Chiari, 1977; Butcher, Dahlstrom, Graham, Tellegen e Kaemmer, 1989; Butcher e Williams, 1996; Hathaway, Pancheri e Sirigatti, 1995, 1998). Nasce negli anni Quaranta in una clinica psichiatrica del Minnesota (est degli Stati Uniti), a opera di un fisiologo e di un ingegnere elettronico. Il sistema di definizioni delle voci nello MMPI, Test per nulla fattorializzato ma fondato solo su una convinzione di Costrutto, è piuttosto vario e complesso.

Lo MMPI utilizza 566 (o 567; o altri numeri in versioni ridotte) item a risposte dicotomiche: Vero contro Falso. Il numero di Scale, ovvero di Costrutti, su cui si basa o cui fa riferimento varia da una edizione all'altra e da un Manuale all'altro (ce ne sono in circolazione molti, redatti da diversi autori), con varie Scale aggiunte o dedotte a posteriori sulla base di nuove ipotesi e nuove ricerche sviluppate anche da vari altri studiosi, diversi dagli Autori originari del Test. I punti di riferimento indicati dagli editori delle versioni italiane sono attualmente: sei Scale di validità, dieci Scale di base, dodici Scale supplementari e quindici Scale di contenuto.

Le principali dimensioni di personalità rilevate (Scale di base) sono comunque (riprendendo in sostanza, quasi letteralmente, quanto descritto nella presentazione dell'editore che commercializza questo Test in Italia): Hs (Ipocondria): problemi fisici caratteristici dei nevrotici ipocondriaci; D (Depressione): varie forme sintomatiche di depressione; Hy (Isteria): problemi somatici e paure, tipici di soggetti definiti isterici; Pd (Deviazioni psicopatiche): personalità psicopatiche, sociopatiche, caratterizzate da carenza di controllo sulle risposte emotive; Mf (Mascolinità-femminilità): insieme degli interessi maschili o femminili; Pa (Paranoide): sintomi paranoidi (ideazioni deliranti, fragilità psicologica, manie di grandezza); Pt (Psicoastenia): fobie e comportamenti ossessivo-compulsivi; Sc (Schizofrenia): esperienze insolite e sensibilità particolari tipiche degli schizofrenici; Ma (Mania): stati maniacali di moderata entità (idee di grandezza, alto livello di attività); Si (Introversione sociale): difficoltà sperimentate in situazioni sociali.

A queste voci, vanno aggiunte le Scale di contenuto: Anx (Ansia): sintomi generali di ansia, problemi somatici, difficoltà di sonno e concentrazione; Frs (Paure): fobie; Obs (Ossessività): ossessività; Dep (Depressione): pensieri significativamente depressivi; Hea (Preoccupazioni per la salute): soggetti che dichiarano sintomi fisici su tutto il corpo; Biz (Pensiero bizzarro): processi di pensiero di tipo psicotico; Ang (Rabbia): problemi di controllo della rabbia; Cyn (Cinismo): convinzioni misantropiche; Asp (Comportamenti antisociali): soggetti che hanno avuto problemi di comportamento antisociale nel passato; Tpa (Tipo A): soggetti del Tipo A; Lse (Bassa autostima): persone con bassa opinione di sé; Sod (Disagio sociale): disagio a stare in gruppo; Fam (Problemi familiari): presenza di conflitti familiari; Wrk (Difficoltà di lavoro): contrasti sul lavoro; Trt (Indicatori negativi di trattamento): atteggiamenti negativi verso i trattamenti di salute mentale.

Ci sono poi anche: La Scala L, che misura la tendenza a fornire un'immagine di sé socialmente accettabile; la Scala F, che è un indice della validità del Test; la Scala K, che evidenzia l'atteggiamento difensivo verso le indagini psicologiche; la Scala Fb, che permette di valutare il mantenimento dell'attenzione durante la somministrazione; le Scale VRIN e TRIN, che misurano la tendenza a rispondere vero o falso alle domande per dare un'immagine non credibile di sé.

CPI: California Psychological Inventory (Gough, 1957, 1996). Prodotto negli anni '50 negli Stati Uniti, in particolare da Harrison G. Gough, esplicitamente come sviluppo dello MMPI ma in primo luogo con soggetti "normali" e con una dichiarata maggiore attenzione agli aspetti interpersonali.

Consiste di 480 item a risposte dicotomiche: Vero oppure Falso. Contiene 18 Scale di misura. Le voci originali, seguite tra parentesi dalle eventuali diverse dizioni delle Scale equivalenti di IPIP, sono: dominance (assertiveness); capacity for status (complexity); sociability; social presence (adventurousness); self-acceptance (insight); independence (self-efficacy); empathy (depth); responsibility; socialization (stability); self-control; good impression (temperance); well-being (optimism); tolerance; achievement via conformance (planfulness); achievement via independence (intellect); intellectual efficiency (comprehension); psychological-mindedness (competence); flexibility (disorder); femininity (sentimentality); vector 1 (introversion); vector 2 (dutifulness); vector 3 (good-nature); managerial potential (happiness); work orientation (calmness); creative temperament (liberalism); leadership (security); amicability (amiability); law enforcement orientation (discipline); tough-mindedness (poise); masculinity (forcefulness); femininity (timidity); narcissism (dominance); social desirability (politeness).

16PF: Cattell Sixteen Personality Factors Test (Cattell, 1946; Cusin e Novaga, 1962; Cattell, Ever e Tatsuoka, 1970; Novaga e Pedon, 1977; Russell e Karol, 1994; Cattell, Sirigatti e Stefanile, 1994; Butcher e Williams, 1996). Il lavoro di Cattell, come già abbiamo ricordato, ha dato luogo ad una serie piuttosto ampia di Test relativamente diversi tra loro. La versione più diffusa degli Inventari di personalità da lui sviluppati è comunque il 16PF, che utilizza: 187 item nella versione A; 105 item nella versione D; 105 item, ma diversi da quelli della versione D, anche nella versione C. Sono item a scelta tricotomica: vero, falso, incerto. Il 16PF rileva 12 più 4 dimensioni o Fattori bipolari; per cui è possibile, di fatto, espanderlo fino a 32 Fattori-Costrutti-Tratti complessivi (diciamo: unipolari).

Riportiamo dunque l'elenco dei Tratti-Fattori di Cattell, indicando prima il più ufficiale dei nomi originali (posto che non sempre questi coincidono tra una versione e l'altra), con tra parentesi l'eventuale variazione da IPIP, seguito dalle versioni italiane più accreditate. Dimensioni della personalità: A. warmth o espansività o distacco o orientamento agli altri; B. reasoning (intellect) o ragionamento, ovvero alta o bassa intelligenza; C. emotional stability o stabilità emozionale o emotività o forza dell'Io; E. dominance (assertiveness) o dominanza contrapposta a sottomissione o umiltà; F. liveliness (gregariousness) o vivacità, ovvero riservatezza o silenziosità contrapposta a estroversione o apertura; G. rule consciousness (dutifulness) o coscienziosità, ovvero incostanza contrapposta a scrupolo; H. social boldness (friendliness) o audacia sociale contrapposta a prudenza; I. sensitivity o sensibilità contrapposta a cinismo; L. vigilance (distrust) o vigilanza, ovvero fiducia contrapposta a sospetto; M. abstractedness (imagination) astrattezza, ovvero conformismo contrapposto a eccentricità; N. privateness (reserve) o prudenza, ovvero semplicità contrapposta a sofisticheria; O. apprehension (anxiety) o apprensività, ovvero sicurezza contrapposta a insicurezza; Q1. openness to change (complexity) o apertura al cambiamento, ovvero: conservatore contro radicale; Q2. Self-reliance (introversion) o fiducia in sé, ovvero: dipendente contro autonomo; Q3. Perfectionism (orderliness) o perfezionismo, ovvero: basso contro alto autocontrollo; Q4. Tension (emotionality) o tensione, ovvero: rilassato contro irritabile.

MCMI-III: Millon Clinical Multiaxial Inventory (Millon, 1983, 1987, 1997; Millon, Millon e Davis, 1994; Craig, 1993; Choca e Van Denburg, 1996). E' un Inventario prodotto una ventina di anni fa dallo psichiatra Theodore Millon, sulla base di una sua complessa teoria della personalità, e poi sviluppato in varie edizioni. E' uno dei Test più famosi in assoluto e più utilizzati negli Stati Uniti (tendenzialmente: dopo lo MMPI) specie in ambito psichiatrico, dove ha dato stimolo a una letteratura esplicativa, critica e di ricerca davvero ampia. Di un manuale su questo Test (Choca e Van Denburg, 1996) esiste una traduzione italiana solo dal 2004, ma si tratta comunque di un Inventario che ha influenzato vari studiosi e ricercatori operanti nel campo dei Test anche nel nostro Paese.

L'Inventario Millon utilizza 175 item a risposta bipolare: vero o falso. E' strettamente legato al movimento psichiatrico del DSM. Si struttura in 28 punteggi di personalità a base clinica, così definiti per famiglie: Modified Indices (4: Disclosure, Desirability, Debasement, Validity), Clinical Personality Patterns (11: Schizoid, Avoidant, Depressive, Dependent, Histrionic, Narcissistic, Antisocial, Aggressive or Sadistic, Compulsive, Passive-Aggressive or Negativistic, Self-Defeating), Severe Personality Pathology (3: Schizotypal, Borderline, Paranoid), Clinical Syndromes (7: Anxiety, Somatoform, Bipolar: Manic, Dysthymia, Alcohol Dependence, Drug Dependence, Post-Traumatic Stress Disorder), Severe Clinical Syndromes (3: Thought Disorder, Major Depression, Delusional Disorder).

MBTI: Myers Briggs Type Indicator (Myers Briggs, 1962; e McCaulley, 1985; e Saggino, 1991a, 1991b; et Al, 1998). Ideato dalla coppia composta da Isabel Myers e da sua madre Katharine Cook Briggs, dichiara di ispirarsi alla teoria junghiana. E' relativamente poco conosciuto in Italia, ma di straordinario successo negli Stati Uniti, specie in ambienti psicologici (più che psichiatrici).

Si basa su 126 item a scelta forzata tra due affermazioni diverse (di un antagonismo spesso un po' discutibile). Non ha alcuna pretesa di fattorializzazione, ma solo di essere efficace dal punto di vista del Costrutto. Classifica secondo le quattro bipolarità della teoria tipologica di Jung: estroversione-introversione; sensazione-intuizione; pensiero-sentimento; giudizio-percezione. Incrociando tra loro le variabili, se ne ricava una matrice 4x4 da cui derivano 16 Tipi psicologici principali.

EP: Eysenck Personality Questionnaire (EPQ) ovvero Eysenck Personality Inventory (EPI) ecc (Eysenck, 1952, 1959; Eysenck e Eysenck, 1964, 1975, 1991, 1993; Eysenck, Eysenck e Barrett, 1985; Eysenck, Dazzi, Pedrabissi e Santinello, 2004). Il problema maggiore per uno studioso-lettore, nelle ricerche di Eysenck sulla personalità, nasce dalla grande vitalità, sia come scienziato sia come persona, di questo vivace autore, considerando anche quanto già abbiamo visto più sopra. Eysenck intitola i suoi primi Test all'ospedale psichiatrico Maudsley, nel sud di Londra, dove lavora. Poi decide che è meglio dargli il proprio nome, pur facendo riferimento più o meno sempre alle stesse ricerche del Maudsley. Mentre, anche nel procedere del suo lavoro: in buona parte si tratta sempre di uno stesso Reattivo che viene sviluppato in disparate versioni.

Eysenck, nei vari Test che ha prodotto per quarant'anni, ha puntato sempre su Inventari che fossero di dimensioni assai ridotte, a partire dal Maudsley Medical Questionnaire (MMQ) che definisce il nevroticismo, prima a 56 e poi a 40 item; e dal Maudsley Personality Inventory (MPI), dove vengono aggiunte l'estroversione e l'introversione, a 48 item ma con una Short Form di 12 item; per finire con la Short Scale dello Eysenck Personality Questionnaire-R, dapprima a 12 item poi a 48 item. Va altresì notato che Eysenck ha anche prodotto una serie di Test divulgativi sulla personalità, questa volta con centinaia e centinaia di domande, editi anche in Italia (Eysenck e Wilson, 2000).

Per tutta la vita, pur nella grande varietà di strumenti creati e spesso modificati, Eysenck fa riferimento più o meno sempre agli stessi tre Costrutti principali: Extraversion, che descrive un continuum bipolare con all'estremo il polo dell'introversione e quello dell'estroversione; Neuroticism: dimensione di instabilità e labilità sentimentale, disposizione a intense reazioni emotive; Psychoticism: che indica una dimensione di anticonformismo, asocialità e/o disadattamento sociale; compare poi, a volte, anche una Scala "Lie" di desiderabilità sociale, che avrebbe caratteristiche di controllo.

Non è sempre facile capire bene che cosa misurino esattamente questi Test, peraltro di grande successo specie in Inghilterra (benché assai meno negli Stati Uniti). Tuttavia, mettendo insieme diverse fonti originali, si può fare riferimento a due tipologie principali: Introverso ed Estroverso. Questi, secondo le dichiarazioni ufficiali, sarebbero dei Tratti; ma poi vengono spesso trattati come se fossero dei Tipi.

Abbiamo dunque il Tipico Estroverso: sociable; likes parties; has many friends; likes to talk to people; does not like reading or studying by him/herself; craves excitement; takes chances; generally impulsive; fond of practical jokes; always has a ready answer; likes changes; easygoing; optimistic; likes to laugh; tends to be aggressive and lose temper quickly; altogether, feelings are not kept under tight control and not always a reliable person.

E abbiamo anche il Tipico Introverso: quiet; introspective; fond of books rather than people; reserved and distant, except to close friends; tends to plan ahead; does not like excitement; takes everyday life with proper seriousness; likes a well-ordered mode of life; keeps feelings under control; seldom behaves in an aggressive manner and does not lose temper easily; reliable; somewhat pessimistic; places great value on ethical standards.

CPS: Comrey Personality Scales (Comrey, 1970, 1980; Caprara, Barbaranelli, Perugini e Comrey, 1991). Le CPS si basano su 160 item e rilevano otto Fattori principali; ma ne esiste una diffusa Short form con 100 item. Un aspetto interessante del lavoro di Comrey è che questi ha condotto spesso ricerche anche in Italia, nell'arco di quasi cinquant'anni, per cui i suoi Test si sono spesso sviluppati anche con il contributo di noti studiosi del nostro Paese (aiutandoli una volta tanto, verosimilmente, ad essere meno centrati unicamente sulla cultura degli Stati Uniti).

I Fattori rilevati dall'Inventario di Comrey sono 8 (espandibili a 16, in quanto bipolari): fiducia vs difensività (Trust vs Defensiveness); ordine vs assenza di compulsività (Orderliness vs Lack of Compulsion); conformismo sociale vs atteggiamento ribelle (Social Conformity vs Rebelliousness); attività vs mancanza di energia (Activity vs Lack of Energy); stabilità emotiva vs neuroticismo (Emotional Stability vs Neuroticism); estroversione vs introversione (Extraversion vs Introversion); mascolinità vs femminilità (Mental Toughness vs Sensitivity); empatia vs egocentrismo (Empathy vs Egocentrism).

ACL: Adjective Check List (Gough, 1979; Gough, Fioravanti e Lazzari, 1979; Gough e Heilbrun, 1980; Gough, Heilbrun e Fioravanti, 1980). Utilizza 300 item e fa riferimento a 37 Scale. Il loro Autore è quello stesso Harrison G. Gough che ha sviluppato il California Psychological Inventory. Il Test si ispira a varie concezioni teoriche, fra cui la teoria dei bisogni di Murray e l'analisi transazionale di Berne. Si tratta peraltro di un Inventario cui hanno significativamente contribuito sin dall''inizio anche alcuni ricercatori italiani

Il Test non è nato propriamente come Test di personalità, ma lo è diventato nel tempo. Non ha un impianto fattoriale ed è stato spesso usato in Italia senza un campione normativo. Le Scale che rileva sono 37: 1. No.Ckd: Numero totale aggettivi contrassegnati 2. Fav: Numero aggettivi favorevoli contrassegnati 3. Unfav: Numero aggettivi sfavorevoli contrassegnati 4. Com: Risposte comuni 5. Ach: Bisogno di successo 6. Dom: Bisogno di dominio 7. End: Bisogno di perseverare nello sforzo 8. Ord: Bisogno di ordine 9. Int: Bisogno di comprendere gli altri 10. Nur: Bisogno di proteggere e aiutare gli altri 11. Aff: Bisogno di associarsi agli altri 12. Het: Bisogno di essere in relazione con l'altro sesso 13. Exh: Bisogno di esibizione 14. Aut: Bisogno di autonomia 15. Agg: Bisogno di aggressione 16. Cha: Bisogno di cambiamento 17. Suc: Bisogno di ricevere soccorso o aiuto 18. Aba: Bisogno di umiliarsi 19. Def: Bisogno di mostrarsi deferente 20. Crs: Disposizione a migliorarsi psicologicamente 21. S-Cn: Autocontrollo 22. S-Cfd: Fiducia in se stesso 23. P-Adj: Adattamento personale 24. Iss: Alta stima di sé 25. Cps: Personalità creativa 26. Mls: Potenziale per il comando 27. Mas: Orientamento maschile 28. Fem: Orientamento femminile 29. CP: Genitore critico 30. NP: Genitore protettivo 31. A: Adulto 32. FC: Fanciullo istintivo 33. AC: Fanciullo sottomesso 34. A-1: Alta originalità e bassa intelligenza 35. A-2: Alta originalità e alta intelligenza 36. A-3: Bassa originalità e bassa intelligenza 37. A-4: Bassa originalità e alta intelligenza.

CBA: Cognitive Behavioural Assessment (Sanavio, Bertolotti, Michielin, Vidotto e Zotti, 1986; Vidotto, Bertolotti, Michielin, Sanavio e Zotti, 1987; Bertolotti, Sanavio, Vidotto e Zotti, 1992; Vidotto, 1995; Cilia e Sica, 1996; Bertolotti, Michielin, Sanavio, Vidotto e Zotti, 1997; Sanavio, 2002). Si tratta di un'eccellente serie modulare di Scale, in parte riprese dalla letteratura scientifica e in parte prodotte o sviluppate direttamente, realizzata da un gruppo di ricercatori italiani e di buon successo anche in altri Paesi.

Non è facile sintetizzarne il contenuto in poche parole, anche considerando che si tratta di un ampio programma in continua evoluzione, che si modifica nel tempo in seguito alle successive ricerche. Fornisce tuttavia molti spunti teorici e di ricerca i quali, pure partendo da Scale in larga parte provenienti da altri contesti culturali, sono stati comunque confrontati puntualmente con riferimento alla nostra cultura e spesso autonomamente sviluppati.

BF: Big Five o Grossi Cinque (Costa e McCrae, 1985, 1992a, 1992b, 1992c; Goldberg, 1992). Il cosiddetto "Big Five" è un Programma, o un movimento, più che un Test specifico, visto che sotto questo nome di Grossi Cinque vanno molte misure, assai disparate tra loro, cui hanno lavorato decine di Autori diversi (talvolta ciascuno per conto proprio) nell'arco di qualche diecina di anni.

I Grossi Cinque discendono direttamente dalle analisi psicolessicali di Cattell. Ma, più che un Test ben definito, rappresentano una idea coordinatrice e catalizzatrice di successo, che si propone di ridurre, come scelta di principio, i Costrutti-Tratti-Fattori della personalità a cinque voci sole, magari un po' grossolane (big) ma facili da ricordare, semplici da maneggiare ed efficaci nel descrivere rapidamente e a grandi linee ciascun individuo.

Sul piano internazionale, la voce "Big Five" su PsychINFO (1872-2004) è comparsa un migliaio di volte, più o meno tonde. Il che non è poi moltissimo, se si considera che la voce "MMPI" compare circa diecimila volte nello stesso arco di tempo. Se però si restringe il periodo di osservazione (1985-2004) Big Five resta a 1.088, mentre MMPI scende a 4.955. E se si restringe ulteriormente (2000-2004) le presenze diventano invece, rispettivamente: 538 a 858. In altre parole: il concetto dei Big Five sembra essere quello emergente nel sistema psicologico anglo-americano.

Sotto la voce, più o meno, di "Big Five" si raccoglie in effetti un coacervo di misure psicologiche abbastanza disparate. Dove il successo del Costrutto sembra derivare a volte più dalla fortunata genericità del nome-marchio (sotto il cui ampio ombrello vanno ricerche anche notevolmente diverse) che non da una chiara definizione delle variabili in gioco. Mentre, un po' curiosamente, la più famosa tra queste, nella sua versione più nota, si chiama in un modo diverso: NEO Personality Inventory o NEO-PI-R (Costa e McCrae, 1992).

Riportiamo qui di seguito l'elenco delle 5 sotto-Scale del NEO-PI-R o Big Five o quant'altro, con tra parentesi l'eventuale nome diverso presente nell'ambito di IPIP. L'elenco rende bene l'idea delle connotazioni differenti che si possono dare a ciascuno dei Grossi Cinque, specie nel senso di suggerire Costrutti di base relativamente simili, da un certo punto di vista, ma che tuttavia possono essere letti anche in termini abbastanza diversi, da un punto di vista altro.

Big 1: Neuroticism: anxiety, angry hostility (anger), depression, self-consciousness, impulsiveness (immoderation), vulnerability. Big 2: Extraversion: warmth (friendliness), gregariousness, assertiveness, activity (activity level), excitement-seeking, positive emotions (cheerfulness). Big 3: Openness to Experience: fantasy (imagination), aesthetics (artistic interests), feelings (emotionality), actions (adventurousness), ideas (intellect), values (liberalism). Big 4: Agreeableness: trust, straightforwardness (morality), altruism, compliance (cooperation), modesty, tender-mindedness (sympathy). Big 5: Conscientiousness: competence (self-efficacy), order (orderliness), dutifulness, achievement striving, self-discipline, deliberation (cautiousness).

Anche nel contributo italiano, che si è sviluppato nell'alveo del movimento Big Five, si mantiene la tradizione di indicare sotto questo nome una serie di misure differenti, legate da un Programma complessivo di ricerca sulla personalità, più che uno specifico Inventario in particolare. Il "Big Five" italiano esiste infatti in almeno quattro versioni diverse, che si richiamano più o meno allo stesso nome ma che si somigliano solo fino a un certo punto (Caprara, Barbaranelli e Borgogni, 1993; e Perugini, 1994; Barbaranelli, Caprara e Rabasca, 1998; Barbaranelli, Caprara e Steca, 2002). Queste sono: BFA, BFQ, BFO, BFQ-C.

Il BFA, o Big Five Adjectives, si propone come figlio diretto della Adjective Check List di Gough, ma con una certa attenzione al CPS di Comrey. Utilizza 175 aggettivi in scala likert a 7 punti (da "Per nulla" a "Moltissimo" e con valutazione di indifferenza intermedia). Esempi riportati: "Dinamico/a"; "Colto/a"; "Disponibile": "Creativo/a"; "Equilibrato/a" ecc. Il soggetto, sottoposto al Test, dichiara se ciascun aggettivo corrisponde oppure no alla sua personalità, almeno dal suo punto di vista.

Il BFQ o Big Five Questionnaire preferisce indicare, come proprio punto di partenza, il 16PF, benché sempre in connessione anche con la teoria psico-lessicale di Cattell. Anche il BFQ è fondato sull'auto-valutazione e si basa su 132 item con risposta a scala likert (questa volta: a 5 punti) rispetto a cui dichiararsi più o meno d'accordo. Fra i materiali riferiti al BFQ abbiamo potuto trovare pub-blicati complessivamente: 10 item nel Manuale e altri 12 in una successiva pubblicazione; che riportiamo qualche pagina più avanti.

Il BFO o Big Five Observer si basa su 40 coppie di aggettivi bipolari, tipo differenziale semantico; questa volta: ancora a 7 punti. La procedura, in questo caso, viene impostata però in termini di etero-valutazione, attuata sul soggetto da parte di un altro osservatore (in contesti di selezione o di assessment). Esempi pubblicati: "Energico vs fiacco"; "Nervoso vs tranquillo"; "Accurato vs trascurato" ecc.

Il BFQ-C o Big Five Questionnaire Children utilizza 65 item per etero-valutazione, facendo riferimento ai quali un osservatore esterno (nella presen-tazione si suggerisce: psicologo, insegnante, genitore) può indicare quanto al bambino capita di attuare taluni comportamenti tra cui (esempi pubblicati): "Dico le cose che penso"; "Rispetto le regole e l'ordine"; "Ho poca pazienza" ecc.

Benché siano strumenti chiaramente piuttosto diversi, si dichiarano però tutti riferiti agli stessi Cinque Fattori principali (espandibili a 10). Riprendendo, con poche variazioni, le descrizioni fornite nell'adattamento italiano (che peraltro fa riferimento anche ad altre versioni anglo-americane dei Big Five), le dimensioni principali della personalità sono: 1) energia o estroversione o surgenza: modalità di comportamento dinamica, attiva, dominante che è inerente ad un orientamento fiducioso ed entusiasta nei confronti delle varie circostanze della vita, anche in chiave interpersonale; 2) amicalità o gradevolezza o cordialità: che include, ad un polo, caratteristiche come l'altruismo, il prendersi cura, il dare supporto emotivo, e, al polo opposto, caratteristiche come l'ostilità, l'indifferenza verso gli altri, l'egoismo; 3) coscienziosità o riflessività: che fa riferimento a caratteristiche come la precisione e l'accuratezza, l'affidabilità, la responsabilità, la volontà di avere successo e la perseveranza; 4) stabilità emotiva: che è una dimensione molto ampia e comprende una varietà di caratteristiche collegate all'ansia, al controllo delle reazioni emotive, alla presenza di problemi di vulnera-bilità alla depressione, all'instabilità di umore, all'irritabilità, ecc; 5) apertura mentale o intelletto o immaginazione: che fa riferimento alla curiosità verso nuove idee, verso la cultura, i valori degli altri e i propri sentimenti. Vi sono poi ulteriori sottodimensioni quali: dinamismo; dominanza; cooperatività; cordialità; scrupolosità; perseveranza; controllo dell'emozione; controllo degli impulsi; apertura alla cultura; apertura all'esperienza.

TCI: Cloninger's Temperament and Character Inventory (Cloninger, 1986, 1994; Cloninger, Przybeck e Svrakic, 1991; Cloninger, Przybeck, Svrakic e Wetzel, 1994). Parte da una complessa teoria bio-psico-sociale e si sviluppa attorno a 3 dimensioni principali, dapprima come Tridimensional Personality Questionnaire (TPQ) con 100 item; affiancato da una versione Short a 54 item.

Diventa quindi il Temperament and Character Inventory (TCI), di 240 item a scelta forzata: sì/no. Questo si porta a 7 dimensioni della personalità, di cui quattro legate al temperamento (Harm Avoidance; Novelty Seeking; Reward Dependence; Persistence) e tre legate al carattere (Self-Directedness; Cooperativeness; Self-Transcendence). Non mi risulta che ce ne sia una edizione italiana, anche solo come traduzione. Però negli Stati Uniti è molto discusso e considerato assai originale.

Le Scale cui fa riferimento l'Inventario di Cloninger sono più numerose delle sette dimensioni principali appena citate. Ne riportiamo qui di seguito le definizioni, seguite tra parentesi dalle eventuali diverse dizioni delle Scale equivalenti di IPIP: Exploratory excitability (Variety-seeking); Impulsiveness (Recklessness); Extravagance; Disorderliness (Rebelliousness); Worry and pessimism (Neuroticism); Fear of uncertainty (Harmavoidance); Shyness with strangers (Social discomfort); Fatigability and asthenia (Low self-efficacy); Sentimentality; Warm communication (Friendliness); Attachment (Self-disclosure); Dependence; Eagerness of effort (Initiative); Work hardened (Competence); Ambitious (Achievement-striving); Perfectionist (Hard-working); Responsibility (Satisfaction); Purposefulness (Optimism); Resourcefulness; Self-acceptance; Enlightened second nature (Impulse control); Social acceptance (Tolerance); Empathy; Helpfulness (Trust); Compassion; Pure-hearted conscience (Morality); Self-forgetful (Imagination); Transpersonal identification (Romanicism); Spiritual acceptance; Enlightened (Conservatism); Idealistic (Femininity).

HPI: Hogan Personality Inventory (Hogan, 1986; Hogan e Hogan, 1995). Inventario che utilizza 206 item, sviluppati alla luce della teoria socio-analitica di Hogan, a risposta dicotomica: vero/falso.

Le Scale primarie originali del Test, seguite tra parentesi dalle eventuali diverse dizioni delle Scale equivalenti di IPIP, con le sub-Scale principali in cui si suddividono, sono: adjustment (stability): self-confidence, self-esteem, composure under pressure; ambition (leadership): initiative, competitiveness, and the desire for leadership roles; sociability: extraversion, gregariousness, and a need for social interaction; likeability or interpersonal sensitivity (friendliness): warmth, charm, ability to maintain relationships; prudence (dutifulness): being planful, self-disciplined, responsible, and conscientious; intellectance or inquisitive (creativity): imagination, curiosity, vision, creative potential; school success or learning approach (quickness): enjoying learning, staying current on business and technical matters; service orientation (calmness): being attentive, pleasant, courteous to customers; stress tolerance (happiness): being able to handle stress, even-tempered, calm under fire; reliability (cooperation): honesty, integrity, and positive organizational citizenship; clerical potential (toughness): following directions, attention to detail, and communicating clearly; sales potential (gregariousness): energy, social skills, and the ability to solve problems for customers; managerial potential (competence): leadership ability, planning, and decision-making skills.

Lo stesso HPI fa poi riferimento anche a 44 Scale di livello inferiore: Empathy; Not Anxious; No Guilt; Calmness; Even-tempered; No Somatic Complaints; Trusting; Good Attachment; Competitive; Self-Confidence; No Depression; Leadership; Identity; No Social Anxiety; Likes Parties; Likes Crowds; Experience-seeking; Exhibitionistic; Entertaining; Easy To Live With; Sensitive; Caring; Likes People; No Hostility; Moralistic; Mastery; Virtuous; Not Autonomous; Not Spontaneous; Impulse Contro; Avoids Trouble; Science Ability; Curiosity; Thrill-seeking; Intellectual Games; Generates Ideas; Culture; Education; Math Ability; Good Memory; Reading; Self Focus; Impression Management; Appearance.

MPQ: Tellegen's Multidimensional Personality Questionnaire (Tellegen, 1982). Abbiamo già accennato più sopra agli aspetti assai curiosi di questo Test, che praticamente non è mai stato pubblicato pur venendo utilizzato con una certa frequenza da diversi studiosi. Vedendone comunque la struttura, almeno secondo quanto ne testimonia l'Autore: la versione originale si componeva di 300 item, a risposta dicotomica vero/falso, ma nel tempo questo numero è stato portato a 276. In seguito ne è stata prodotta anche una Short form di 155 item, con una struttura base di 11 Scale con 12 item ciascuna (di 132 item), cui si affiancano alcune rilevazioni sostanzialmente accessorie.

L'Inventario di Tellegen fa riferimento a tre "dimensioni di ordine superiore": Positive Emotionality, Negative Emotionality, Constraint. Ma è espandibile a 11 Scale originali. Indichiamo dunque le definizioni dei diversi Costrutti-Tratti-Fattori, seguite tra parentesi dalle eventuali diverse dizioni delle Scale equivalenti di IPIP: Wellbeing (joifulness); Social Potency (power seeking); Achievement (achievement seeking); Social Closeness (friendliness); Stress Reaction (emotional instability); Aggression (belligerence); Alienation (distrust); Control (planfulness); Harm Avoidance (risk-avoidance); Traditionalism (conservatism); Absorption (imagination).

Ne riportiamo anche la sintesi (cioè: non la loro versione letterale, ma una loro discreta evocazione), fornita dall'autore, dei contenuti principali degli item presenti nel questionario. WELLBEING: - Does fun things; Has a happy disposition; Has interesting experiences; Optimistic, hopeful. SOCIAL POTENCY Enjoys visibility, dominance; Likes to be in charge; Persuasive; Strong, a leader - ACHIEVEMENT – Ambitious; Enjoys effort; Likes challenging tasks; Perfectionistic; Persistent; Works hard - SOCIAL CLOSENESS – Sociable; Values close relationships; Warm, affectionate; Welcomes support – STRESS REACTION - Easily upset; Has unaccountable mood changes; Nervous, tense; Prone to feel guilty; Sensitive, vulnerable; Worry-prone, anxious – ALIENATION - Feels betrayed, deceived; Feels exploited; Feels mistreated; Believes others wish him/her to fail; Sees self as target of false rumors; Feels unlucky – AGGRESSION - Enjoys distressing others; Enjoys observing violence; Physically violent; Vengeful, vindictive; Victimizes others for own gain – CONTROL- Cautious, careful; Plans ahead; Reflective; Sensible, rational, organized; Tries to anticipate events – HARM AVOIDANCE - Avoids risks of injury; Dislikes dangerous emergencies; Dislikes disaster areas; Dislikes risky adventures – TRADITIONALISM - Advocates high moral standards; Condemns selfishness; Endorses religion; Endorses strict child rearing; Has positive regard for parents; Opposes permissiveness; Values propriety – ABSORPTION - Can imagine vividly; Can relive the past; Engrossed in own thoughts; Has "cross-modal" experiences; Episodes of altered awareness; Episodes of expanded awareness; Responsive to evocative stimuli; Responsive to involving stimuli; Thinks in images.

JPI-R: Jackson Personality Inventory (Jackson, 1976, 1994). L'Inventario si basa su 300 item, a risposta dicotomica: vero o falso. Le 15 voci originali delle Scale su cui si basa, seguite tra parentesi dalle eventuali diverse dizioni delle Scale equivalenti di IPIP, sono: Complexity (intellectual complexity); Breadth of Interest (intellectual breadth); Innovation (ingenuity); Tolerance; Empathy; Anxiety; Cooperativeness (conformity); Sociability; Social Confidence; Energy Level (activity level); Social Astuteness (machiavellianism); Risk Taking; Organization; Traditional Values (traditionalism); Responsibility

GPP e **GPI**: Gordon Personal Profile e/o Gordon Personal Inventory (Gordon, Pedrabissi e Santinello, 1999). Consiste di diciotto gruppi di quattro frasi, chiamati "tetradi", all'interno di ciascuna delle quali il soggetto indica l'item che ritiene più adatto e quello che ritiene meno adatto a descrivere la propria personalità. Rileva 4 dimensioni bipolari della personalità, espandibili quindi a 8: ascendenza; responsabilità; stabilità emotiva; socievolezza; cautela; pensiero originale; relazioni personali; vigore; stima di sé.

GZTS: Guilford-Zimmerman Temperament Survey (Guilford, Zimmerman e Rivolta, 1981). Si basa su 300 affermazioni a risposta tricotomica: vero, falso, non so. Rileva 10 Tratti di personalità: attività generale, tendenza a dominarsi, socievolezza, stabilità emozionale, oggettività, tendenza alla riflessione, benevolenza, relazioni personali, ascendenza, mascolinità.

(E)PPS: Edwards Personal Preference Schedule (Edwards, 1959, 1967). E' strettamente legato alla teoria della personalità di Murray. In effetti esiste la Edwards Personal Preference Schedule, con 64 coppie di item e lo Edwards Personality Inventory, che utilizza 210 coppie di affermazioni tra cui scegliere; mentre ne circolano attualmente, almeno negli Stati Uniti, anche altre versioni un po' modificate. Nei diversi casi rileva comunque, più o meno, i medesimi 14 Fattori: bisogno di successo, interesse a come pensano gli altri, lavorare in modo accurato, dire cose spiritose, esporre la propria opinione, bisogno di far parte di gruppi, analizzare le proprie motivazioni, cercare incoraggiamento, perorare il proprio punto di vista, sentirsi colpevole quando si sbaglia, aiutare gli altri, fare cose nuove, persistere in un lavoro, criticare gli altri.

SFPQ: Six Factor Personality Questionnaire (Jackson, Paunonen e Tremblay, 2000). Stretto parente del Jackson Personality Inventory e della Personality Research Form, da cui riprende il pool di item da cui partire, è un Inventario di 108 item, valutati a scala tipo likert a 5 punti. Rileva 6 Fattori di livello superiore, ma anche altri 18 di livello inferiore.

Le voci originali delle 6 Scale superiori, seguite tra parentesi dalle eventuali diverse dizioni delle Scale equivalenti di IPIP, sono: Extraversion; Agreeableness; Methodicalness; Independence; Openness to Experience (intellectual-openness); Industriousness. La definizione delle 18 Scale inferiori (sempre con tra parentesi l'eventuale variazione di IPIP) sono: Affiliation (gregariousness); Dominance (leadership); Exhibition (exibitionism); Abasement (docility); Even-tempered or Aggression (calmness); Good-natured or Defendence (adaptability); Cognitive Structure (conservatism); Deliberateness or Impulsivity; Order (orderliness); Autonomy (reclusiveness); Individualism or Social Recog. (unpretentiousness); Self Reliance or Succorance (self-sufficiency); Change (adventurousness); Understanding (comprehension); Breadth of Interest (culture); Achievement (achievement-striving); Endurance (resourcefulness); Seriousness reflected or Play (playfulness).

SF: Seven Factors (Goldberg e Saucier, 1995; Saucier 1997; Saucier, Hampson e Goldberg, 2000). Un ampio settore di IPIP (ipip.ori.org) è specificamente dedicato alle Seven Factors Scales. Non è propriamente un Test, ma un autorevole Programma di ricerca con impostazione fattorialista sviluppato da Gerard Saucier e Lewis Golberg, che ha portato a identificare in effetti sette Fattori: 1) extraversion; 2) agreeableness; 3) conscientiousness; 4) emotional stability; 5) intellect; 6) attractiveness; 7) negative valence.

7. Genesi di ITAPI: Selezione dei Tratti-Costrutti e degli item

"Un Test è uno strumento di misura solo perché ciascuno degli elementi – gli 'items' - che lo compongono può ragionevolmente essere considerato uno strumento di misura" (Boncori, 1993, 22). Volendo dunque costruire un nuovo Test, varrà dunque la pena di dedicare qualche pagina a definire il terreno in cui affondano le proprie radici i diversi item prodotti.

Lo sforzo di definire (seppure, inesorabilmente: mai in modo del tutto completo) il dettaglio della costruzione di ciascun item può certo sembrare un po' pedante e quasi maniacale. E in effetti, nella letteratura scientifica, ci si limita per lo più a dichiarare genericamente di essersi dati molto da fare e di avere fatto tutto il necessario per risultare scientificamente a posto. Mentre è molto raro che ci si diffonda in un certo dettaglio di spiegazioni sui diversi passi compiuti.

Nemmeno noi, naturalmente, pretendiamo di essere del tutto esaurienti, anche per la difficoltà a riportare nel minimo dettaglio ogni passaggio di un lavoro tanto lungo. Mentre è evidentemente piuttosto difficile rendere l'idea di quella dimensione qualitativa del processo, legata all'esperienza concreta, la quale pure gioca una parte notevole nelle innumerevoli scelte che continuamente bisogna operare ad ogni passo di questo lungo percorso. Ma cerchiamo comunque di fornire almeno qualche elemento in più dello stretto indispensabile.

Non proviamo nemmeno a dilungarci sul lungo lavoro di analisi della letteratura scientifica, soprattutto relativa agli Inventari di cui abbiamo appena riferito; considerando che nei loro Manuali e relativi testi a contorno, citati di volta in volta, se ne trova ampio rapporto. Ricordiamo peraltro che solo raramente si possono trovare pubblicati tutti gli item di cui si compone un Test specifico; dato che, per ragioni essenzialmente di riservatezza commerciale, la gran parte degli autori ne presenta solo qualche esempio. Accade però che su internet se ne possano trovare a centinaia se non a migliaia, mentre altre migliaia si trovano a vagare nella letteratura di ricerca, senza che però sia sempre possibile capire bene da dove saltino fuori.

Ci pare tuttavia abbastanza evidente, dall'insieme dei risultati di ricerca, che il numero preciso dei Tratti-Costrutti-Fattori a cui fare riferimento non sembra affatto essere un elemento così essenziale. I nomi dei Fattori utilizzati, solo considerando quelli riportati nella rassegna sviluppata qui sopra, sono infatti alcune centinaia, benché molti si somiglino e si rimandino ampiamente. Abbiamo dunque cercato in sostanza di identificare, all'interno di questo enorme serbatoio, alcuni temi assi ricorrenti, cercando di mantenerci entro un numero complessivo relativamente contenuto.

Nel complesso, per quanto riguarda i Fattori principali, nella letteratura scientifica (come abbiamo appena verificato) si va almeno da 1 a 19, comprendendo tutte le possibili misure intermedie. La gran parte degli Inventari fa comunque riferimento a un numero di Fattori che sta fra 5 e 10. Tuttavia abbiamo visto accadere spesso che, con piccoli artifici, il numero dei Costrutti che si dichiara di misurare sia di fatto espandibile a numeri molto più alti.

Va poi considerato il caso di tutte quelle Scale che non pretendono di definire l'intera personalità, ma solo un suo Tratto o una sua caratteristica. Queste possono essere anche mono-fattoriali (ad esempio: sensation seeker oppure no) o bi-fattoriali (ad esempio: masculinity e femininity) o con un numero di Fattori che varia più o meno quanto nel caso dei Test di personalità generali.

Abbiamo dunque selezionato un complesso di 61 Costrutti-Tratti-Fattori, che hanno fatto da capitoli di partenza, all'interno dei quali identificare gli item da cui partire per la realizzazione di ITAPI. Sessantuno Costrutti-Tratti-Fattori possono sembrare tanti, ma già ci siamo trovati costretti ad un sforzo di sobrietà, di sintesi e di selezione, almeno rispetto a quanto abbiamo appena visto in letteratura (e si è trattato peraltro solo di un assaggio).

Per ciascun Tratto-Fattore, abbiamo identificato alcuni item, ispirandoci anche alla letteratura scientifica disponibile, ma sempre sviluppandone una versione originale o che suonasse particolarmente adatta alla cultura italo-europea.

L'elenco dei 61 Costrutti utilizzati, riportato qui di seguito, ha naturalmente un carattere abbastanza indicativo. Avviene infatti, ad esempio, che molti fra questi sfumino uno nell'altro, per cui non è sempre stato facile collocare il singolo item sotto l'una o sotto l'altra voce. Altri Costrutti possono avere nomi molto diversi da un Test all'altro, benché magari contengano, almeno in parte, gli stessi identici item.

D'altra parte: ognuno dei 61 Costrutti si può ritrovare (con nomi simili o molto diversi e talvolta anche opposti), in forme che vanno dal singolo item fino alla Scala con decine di voci, in un gran numero di Test, sulla personalità generale o su singoli Tratti, almeno dal già citato lavoro di Heymans e Wiersma (1909) ovvero dai 200 item del leggendario *Personal Data Sheet* di Woodworth (1919, 1920) o dalla *Personality Schedule* di Thurstone e Thurstone (1928) e così via in tanti altri successivi. La scelta stessa di definire proprio 61 voci (e non 60 piuttosto che 83 o quant'altro) non è del tutto arbitraria, ma potrebbe certo essere sviluppata sensatamente anche in modi diversi.

Per ciascun Costrutto-Tratto-Fattore selezionato, abbiamo identificato, a partire dalla letteratura scientifica e dalla nostra pregressa esperienza di ricerca, alcuni item. Nel redigere tali item abbiamo posto particolare attenzione a taluni principi che possono rappresentare dei fattori relativamente importanti nel definire l'efficacia e la qualità di un Test, ma che purtroppo non sempre vengono adeguatamente curati negli Inventari attualmente in circolazione.

Si tratta di criteri abbastanza banali di ottimizzazione, riportati in qualsiasi manuale di metodologia della ricerca, ma che nella pratica (anche con tutta la buona volontà) non sono sempre così facili da rispettare quanto può sembrare a prima vista. Mentre, come si scopre subito andando a vedere i materiali disponibili in letteratura (o, quando si riesce, i fogli di somministrazione) non sono affatto rispettati così puntualmente quanto si potrebbe credere. Abbiamo dunque cercato di:

A) Produrre delle frasi-item che siano il più possibile vicine al parlato italiano, utilizzando a questo fine una forma di giuria. Abbiamo cioè evitato, per quanto possibile, quelle espressioni anche solo vagamente idiomatiche (dell'anglo-americano) che ricorrono così spesso negli Inventari in circolazione fino ad oggi.

B) Cercare di evitare le doppie affermazioni contenute in uno stesso item, poichè altrimenti può capitare che il soggetto non sappia a quale delle due affermazioni ripondere, mentre il ricercatore non può mai sapere a quale delle due affermazioni il soggetto ha scelto di rispondere (o se magari ha tentato di calcolare una specie di media tra le due). Si direbbe una regola ovvia. Ma è un fatto che non pochi Test, anche molto noti e diffusi, contengono espressioni del tipo (tanto per capirsi): "Sono un tipo intelligente e capace" (dove un soggetto può considerarsi intelligente, ma anche un po' imbranato); oppure "Voglio avere successo, anche a dispetto degli altri" (dove c'è chi aspira ad ottenere buoni risultati, ma crede anche nella solidarietà verso il prossimo) ecc.

C) Cercare di evitare che all'interno dell'item ci siano delle comparazioni; per ragioni analoghe al caso, appena visto, della doppia domanda. Se infatti il soggetto incontra item del tipo "Preferisco dormire piuttosto che fare sport" oppure "E' meglio essere grassi che avere fame" ecc, si pongono certo dei problemi per le persone che amano le lunghe dormite, tra un allenamento e l'altro, ovvero per quelle che aspirano a non essere né grasse né affamate ecc

D) Cercare di non utilizzare item che contengono una negazione (e, men che meno, una doppia negazione). Questa modalità di costruzione degli item è in realtà piuttosto diffusa (presumibilmente per via della effettiva difficoltà che si incontra, a volte, nel trovare l'inverso di certe affermazioni), ma pone alla persona degli evidenti problemi cognitivi. Il che dipende soprattutto dal fatto che il soggetto deve dichiarare il proprio accordo se si trova nella situazione contraria al tema centrale dell'item, il che favorisce i fraindendimenti. Può suonare infatti strano: rispondere "molto" all'item "Non sono un tipo aggressivo" (quando ci si considera molto miti e bonaccioni); oppure rispondere "per nulla" all'item "Non mi capita spesso di ubriacarmi" (per un astemio).

Detto altrimenti: in queste pagine compiamo uno sforzo di definizione analitica dei Costrutti selezionati e degli item ideati per cercare di rilevare tali Costrutti, rimandando ad altre fonti che hanno affrontato temi simili con strumenti simili per ogni approfondimento. Ma in realtà, merita ribadirlo (come chiunque frequenti con qualche regolarità il campo dei Test sulla personalità sa benissimo): la somiglianza degli item da un Test all'altro è notevolissima. Ci sono item che si possono ritrovare, con variazioni irrilevanti, in decine di Test diversi, tanto sulla personalità in generale quanto su singoli Tratti (dai nomi più vari), molte volte eguali benché in momenti diversi, entro un arco di tempo che ormai supera largamente il secolo.

I riferimenti che facciamo qui non pretendono dunque di attribuire una qualche paternità a un qualche Autore ovvero a un qualche gruppo-progetto di ricerca per i singoli item o per i singoli Tratti-Costrutti. Questo obiettivo risulterebbe infatti pressoché impossibile da realizzare per chiunque, specie considerando che molti Autori, di aree ed epoche disparate, hanno dichiarato esplicitamente di avere tratto i propri item dalle più diverse fonti, quali romanzi, biografie, enciclopedie, dizionari, repertori, manuali psicologici e psicopatologici, e naturalmente Inventari, Test questionari ecc che circolavano in precedenza. Si tratta dunque solo di un tentativo di richiamarsi a tradizioni molto ricorrenti, attraverso il riferimento a loro testimonianze relativamente recenti o relativamente ampie.

Per ciascun Costrutto-Tratto-Fattore che abbiamo incluso nel pool di partenza, riportiamo comunque qualche voce di approfondimento, relativa a ricerche
mediante Test, cui abbiamo fatto in qualche modo riferimento, o cui ci siamo
ispirati, per la costruzione e la selezione degli item. In effetti: per ciascun
Costrutto abbiamo studiato una serie molto più ampia di contributi, ma quelli riportati qui possono aiutare a dare un'idea e a fornire una prima direzione di
approfondimento. Si tratta comunque solo di una piccola selezione, senza pretesa di esaustività.

Per semplicità espositiva, abbiamo scelto, come primo riferimento, cinque
fonti principali (pur tra molte possibili) che mi paiono già quasi troppe, ma che
tuttavia sono familiari a molti e quindi permettono forse di riconoscere meglio i
Costrutti utilizzati. Per non ripetere continuamente i nomi in extenso e i relativi
riferimenti bibliografici, citiamo dunque i diversi Inventari solo con delle sigle (rimandando alla tavola sinottica e alla rassegna esposta poco sopra per i primi
riferimenti bibliografici):

PsychINFO = Banca dati della American Psychological Association
(Thesaurus)
IPIP = International Personality Item Pool
MMPI = Minnesota Multiphasic Personality Inventory
16PF = Cattell Sixteen Personality Factors Test
BF = Big Five (o Grossi Cinque)

Ed ecco dunque l'elenco dei 61 Costrutti-Tratti-Fattori da cui ci siamo mossi
per costruire il nuovo Inventario Italiano di Personalità. Ciascuna voce contiene
qualche riferimento ad altri Test o Inventari o Scale, in cui compare qualche
Costrutto-Tratto-Fattore simile. Vengono quindi elencati gli item relativi, che
sono stati inseriti nel pool preliminare da cui partire per la realizzazione della
forma Generale di ITAPI.

1) Introversione, Individualismo

Test che fanno riferimento al Tratto-Costrutto (con item simili): Tratti-Fattori
Extravertion e Introversion nel Thesaurus di PsychINFO; Scala D (Depressione e
apatia), Scala Si (Introversione sociale) e Scala Sod (Disagio sociale) dello
MMPI; Fattore A (Warmth o espansività vs distacco) e Fattore F (Liveliness o
riservatezza vs estroversione) del 16PF; Scala di Estroversione-Introversione, o
Tratto uno di molti BF. Lavori relativi a questo Costrutto e a Test generali o di
Tratto, che contengono item correlati e di cui abbiamo in qualche modo tenuto
conto nella realizzazione del pool di item per ITAPI, si possono trovare anche in:
Shaver e Brennan (1991).

Mi piace stare per conto mio
Rifletto continuamente sulla mia interiorità
Nelle conversazioni, tendo soprattutto ad ascoltare
Rivelo poco di me stesso agli altri
2) Solitudine

Test che fanno riferimento al Tratto-Costrutto (con item simili): Tratti-Fattori Timidity e Sociability e Misanthropy e Individuality nel Thesaurus di PsychINFO (che, stranamente, non contiene una voce Loneliness come Tratto); Scala D (depressione e apatia) dello MMPI; Scala uno (Nevroticismo) dello EPI; Scala D (Depressione) e Scala Si (Introversione sociale) del MMPI; Differential Loneliness Scale for Non-student Populations, di cui esiste anche una versione S o Short (Schmidt e Sermat, 1983). Lavori relativi a questo Costrutto e a Test generali o di Tratto, che contengono item correlati e di cui ho in qualche modo tenuto conto nella realizzazione del pool di item per ITAPI, si possono trovare anche in: Leary (1991), Seeman (1991), Shaver e Brennan (1991), Wrightsman (1991).

Faccio fatica a conoscere nuove persone
Di solito tengo gli altri a distanza
Sono timido
E' difficile fare amicizia con gli altri

3) Immaginazione

Test che fanno riferimento al Tratto-Costrutto (con item simili): Tratto-Fattore Creativity nel Thesaurus di PsychINFO; Fattore B (Reasoning o ragionamento o intelligenza) e Fattore M (Abstractedness) del 16PF; Costrutto della chiusura-apertura mentale di Rokeach (1973). Tratto Apertura-Chiusura mentale, o Tratto due di molti BF.

Sono pieno di idee
Mi lascio andare spesso alla fantasia
Ho una vivida immaginazione
Mi piace sognare

4) Estetismo

Test che fanno riferimento al Tratto-Costrutto (con item simili): Tratto-Fattore Openmindness nel Thesaurus di PsychINFO; Costrutto della chiusura-apertura mentale di Rokeach (1973); Tratto Apertura-Chiusura mentale, o Tratto due di molti BF.

Vedo la bellezza anche dove altri non la notano
L'arte è un aspetto importante della vita

5) Intelletualismo, Concettosità

Test che fanno riferimento al Tratto-Costrutto (con item simili): Tratti-Fattori Need for cognition e Self control e Seriousness nel Thesaurus di PsychINFO; Fattore B (Reasoning o ragionamento o intelligenza) e Fattore M (Abstractedness) del 16PF; Costrutto della chiusura-apertura mentale di Rokeach (1973); Tratto Apertura-Chiusura mentale, o Tratto due di molti BF.

Dedicare la vita allo studio significa viverla al meglio
Mi considero intellettualmente impegnato

Cerco di evitare la gente troppo complicata
Le discussioni filosofiche mi annoiano

6) Concretezza

Il Costrutto della concretezza-astrattezza è stato inquadrato classicamente nella psicologia della personalità, ad esempio da Harvey, Hunt e Schroeder (1961). Almeno dai loro studi, lo si collega ad una certa rigidità o tolleranza tanto cognitiva quanto interpersonale. Test che fanno riferimento al Tratto-Costrutto (con item simili): Tratti-Fattori Rigidity e Objectivity nel Thesaurus di PsychINFO

Nella vita occorre tenere i piedi ben piantati per terra
Nella vita è importante ottenere risultati concreti
Sono un tipo decisamente pratico
Per vivere bene, i soldi sono fondamentali

7) Edonismo, Appetito esistenziale

Test che fanno riferimento al Tratto-Costrutto (con item simili): Tratto-Fattore Egotism nel Thesaurus di PsychINFO; Tratto Stabilità-Instabilità emotiva, o Tratto quattro di molti BF.

Resisto facilmente alle tentazioni
Controllo bene i miei istinti
Quello che conta nella vita è divertirsi
Mi capita di spendere più di quello che mi posso permettere

8) Ansia

Test che fanno riferimento al Tratto-Costrutto (con item simili): Tratti-Fattori Emotional stability e Emotional instability e Moodness e Nervousness e Neuroticism e Psychoticism nel Thesaurus di PsychINFO; Scala D (depressione e apatia), Scala Pd (deviazioni psicopatiche) e Scala Anx (Ansia) dello MMPI; Fattore C (Emotional stability) e Fattore O (Apprehension o sicurezza vs insicurezza) del 16PF; il Test STAI (Spielberger, Gorsuche e Lushene, 1970; Spielberg, Pedrabissi e Santinello, 1996); Tratto Stabilità-Instabilità emotiva, o Tratto quattro, di molti BF. Lavori relativi a questo Costrutto e a Test generali o di Tratto, che contengono item correlati e di cui ho in qualche modo tenuto conto nella realizzazione del pool di item per ITAPI, si possono trovare anche in Leary (1991).

Ho frequenti sbalzi di umore
Mi spavento facilmente
Ho sempre paura che possa capitarmi il peggio
Ci sono molte cose che mi preoccupano

9) Depressione, Insicurezza, Alienazione

Test che fanno riferimento al Tratto-Costrutto (con item simili): Tratti-Fattori Emotional stability e Emotional instability e Moodness e Nervousness e Neuroticism e Psychoticism nel Thesaurus di PsychINFO; Scala D (depressione e apatia), Scala Pd (deviazioni psicopatiche) e Scala Dep (depressione) dello MMPI; Fattore C (Emotional stability) e Fattore O (Apprehension o sicurezza vs insicurezza) del 16PF; Tratto Stabilità-Instabilità emotiva, o Tratto quattro di molti BF; Beck Depression Inventory BDI (Beck et Al, 1961). Lavori relativi a questo Costrutto e a Test generali o di Tratto, che contengono item correlati e di cui ho in qualche modo tenuto conto nella realizzazione del pool di item per ITAPI, si possono trovare anche in: Blascovich e Tomaka (1991), Seeman (1991), Shaver e Brennan (1991).

Spesso mi sento triste
A volte mi sento proprio inutile
Spesso ho paura di sbagliare in quello che faccio
Spesse volte mi sento in colpa

10) Irritabilità

Test che fanno riferimento al Tratto-Costrutto (con item simili): Tratti-Fattori Irritability e Nervousess e Neuroticism nel Thesaurus di PsychINFO; Scala D (depressione e apatia), Scala Ang (Rabbia) e Scala Pd (Deviazioni psicopatiche) dello MMPI; Fattore C (Emotional stability) del 16PF; Tratto Stabilità-Instabilità emotiva, o Tratto quattro di molti BF.

Sono spesso di cattivo umore
Mi arrabbio facilmente

11) Tranquillità, Olimpicità

Test che fanno riferimento al Tratto-Costrutto (con item simili): Tratti-Fattori Emotional maturity e Emotional security e Emotional stability nel Thesaurus di PsychINFO; Scala D (depressione e apatia) dello MMPI; Fattore C (Emotional stability) del 16PF; Tratto Stabilità-Instabilità emotiva, o Tratto quattro di molti BF.

Sono un tipo tranquillo
Di solito resto calmo anche nelle situazioni difficili

12) Coscienziosità

Test che fanno riferimento al Tratto-Costrutto (con item simili): Tratti-Fattori Conscentiousness e Seriousness nel Thesaurus di PsychINFO; Fattore G (Rule consciousness o scrupolo) e Fattore Q3 (Perfectionism) del 16PF; Tratto Coscienziosità o Riflessività o Tratto tre di molti BF.

Nelle cose che faccio, sono un tipo preciso
Mi impegno sempre al massimo nelle cose che faccio
Prendo tutte le cose molto seriamente

Sono un tipo metodico

13) Dispersione

Test che fanno riferimento al Tratto-Costrutto (con item simili): Tratti-Fattori Conscentiousness e Neuroticism nel Thesaurus di PsychINFO; Tratto Coscienziosità o Tratto tre di molti BF; Procrastination Scale (Lay, 1986). Lavori relativi a questo Costrutto e a Test generali o di Tratto, che contengono item correlati e di cui abbiamo in qualche modo tenuto conto nella realizzazione del pool di item per ITAPI, si possono trovare anche in: Seeman (1991)

Mi capita spesso di lasciare le cose in disordine
Sono piuttosto disorganizzato
Ho la tendenza a disperdermi
Mi distraggo facilmente

14) Analisi

Test che fanno riferimento al Tratto-Costrutto (con item simili): Tratti-Fattori Conscientiousness e Cognitive style nel Thesaurus di PsychINFO; Fattore B (Reasoning o ragionamento o intelligenza) del 16PF.

Faccio attenzione soprattutto ai dettagli
Guardo soprattutto i particolari

15) Sintesi

Test che fanno riferimento al Tratto-Costrutto (con item simili): Tratto-Fattore Cognitive style nel Thesaurus di PsychINFO;

Mi piace intuire al di là delle apparenze
Mi piace la visione d'insieme

16) Emotività

Test che fanno riferimento al Tratto-Costrutto (con item simili): Tratti-Fattori Emotional immaturity e Emotional instability e Nervousness nel Thesaurus di PsychINFO; Scala Pd (deviazioni psicopatiche) dello MMPI; Fattore O (Apprehension o sicurezza vs insicurezza) del 16PF.

Nella vita, mi lascio guidare soprattutto dal cuore
Sono in grado di sentire le emozioni degli altri
Mi emoziono facilmente
In ogni decisione, do molta importanza ai sentimenti

17) Razionalità

Test che fanno riferimento al Tratto-Costrutto (con item simili): Tratti-Fattori

Cognitive style e Conformity e Conscentiousness e Perfectionism e Self control nel Thesaurus di PsychINFO; Fattore B (Reasoning o ragionamento o intelligenza) del 16PF.

Per comunicare con gli altri, uso soprattutto la logica
Nella vita è sempre meglio controllare le proprie emozioni
Guido la mia vita soprattutto usando la testa
Nelle questioni sentimentali, è bene tenere conto anche della ragione

18) Perseveranza

Test che fanno riferimento al Tratto-Costrutto (con item simili): Tratti-Fattori Persistence e Seriousness nel Thesaurus di PsychINFO; Scala Obs (Ossessività) dello MMPI; Fattore G (Rule consciousness o scrupolo) del 16PF; Tratto Coscienziosità o Tratto cinque di molti BF internazionale.

Di solito porto a termine tutti i miei compiti
Mantengo sempre quello che prometto
Finisco sempre quello che comincio
Sono un tipo ostinato

19) Incostanza, Procrastinazione

Test che fanno riferimento al Tratto-Costrutto (con item simili): Tratto-Fattore Persistence nel Thesaurus di PsychINFO; Tratto Coscienziosità o Tratto tre di molti BF; Procrastination Scale (Lay, 1986).

Spesso rimando le cose che devo fare
Vorrei avere più forza di volontà
Perdo un sacco di tempo per niente
Sono incostante nelle cose che faccio

20) Riflessività

Test che fanno riferimento al Tratto-Costrutto (con item simili): Tratti-Fattori Conscentiousness e Need for cognition e Perfectionism e Self control nel Thesaurus di PsychINFO; Fattore G (Rule consciousness o scrupolo) del 16PF; Fattore B (Reasoning o ragionamento o intelligenza) del 16PF.

Tendo a riflettere a lungo sulle cose
Medito sempre attentamente, prima di agire
Per prendere la decisione giusta, peso bene i pro e i contro
Tendo a fare piani per qualsiasi cosa

21) Impulsività

Test che fanno riferimento al Tratto-Costrutto (con item simili): Tratti-Fattori

Emotional immaturity e Emotionality e Self control nel Thesaurus di PsychINFO; Scala Pd (deviazioni psicopatiche) dello MMPI.

Quando prendo una decisione, lo faccio rapidamente
Mi piace improvvisare
Tendo ad agire in maniera impulsiva
Per prendere la decisione giusta, bisogna affidarsi all'istinto

22) Urgenza, Frenesia, Perfezionismo

Test che fanno riferimento al Tratto-Costrutto (con item simili): Tratti-Fattori Coronary prone behavior e Initiative e Perfectionism e Rigidity e Passiveness nel Thesaurus di PsychINFO; Scala Tpa (Tipo A) dello MMPI; le molte ricerche sulla cosiddetta Type A personality, inversa del Tipo B.

La vita per me è una continua battaglia per riuscire al meglio
Non ho mai abbastanza tempo per fare tutto quello che ho da fare
Sono sempre di fretta
Sono perfezionista

23) Autoritarismo, Dogmatismo, Conservatorismo, Rigidità

Test che fanno riferimento al Tratto-Costrutto (con item simili): Tratti-Fattori Authoritarianism e Conservatism e Dogmatism e Rigidity e Liberalism Rebelliousness nel Thesaurus di PsychINFO; Authoritarianism-Rebellion Scale (Kohn, 1972). In relazione con questo Costrutto, abbiamo prodotto dei materiali anche all'interno del Laboratorio di Ricerca sulla Personalità (Cannarozzi, 1999). Lavori relativi a questo Costrutto e a Test generali o di Tratto, che contengono item correlati e di cui abbiamo in qualche modo tenuto conto nella realizzazione del pool di item per ITAPI, si possono trovare anche in: Christie (1991).

La verità è una sola
Le tradizioni devono essere rispettate
La prima cosa che bisogna insegnare ai bambini è la disciplina
Seguire sempre la legge è il primo dovere di ogni persona

24) Progressismo, Relativismo

Test che fanno riferimento al Tratto-Costrutto (con item simili): Tratti-Fattori Authoritarianism e Conservatism e Dogmatism e Rigidity e Liberalism e Tolerance nel Thesaurus di PsychINFO. Lavori relativi a questo Costrutto e a Test generali o di Tratto, che contengono item correlati e di cui abbiamo in qualche modo tenuto conto nella realizzazione del pool di item per ITAPI, si possono trovare anche in: Christie (1991).

Non esistono un bene e un male assoluti, ma solo tante sfumature
Spesso mi dicono che sono un tipo strano
Bisogna garantire i diritti dei "diversi" in tutti i modi
Ognuno deve essere il più libero possibile di fare quello che gli va

25) Creatività, Innovazione

Il Costrutto della creatività è un classico. Come Tratto personologico si lega in particolare all'idea della chiusura-apertura mentale sviluppato da Rokeach (1973). Test che fanno riferimento al Tratto-Costrutto (con item simili): Tratti-Fattori Creativity e Initiative e Openmindedness nel Thesaurus di PsychINFO.

Davanti a un problema, mi vengono sempre in mente varie soluzioni
Mi piace trovare sempre nuove idee e nuovi progetti
Mi trovo bene a discutere con persone di opinione diversa dalla mia
Mi adatto facilmente alle situazioni nuove

26) Onestà, Senso del dovere

Test che fanno riferimento al Tratto-Costrutto (con item simili): Tratti-Fattori Honesty e Dishonesty e Integrity e Loyalty e Sincerity nel Thesaurus di PsychINFO.

Nella vita, è importante onorare sempre i propri principi morali
Dico sempre la verità
Rispettare la propria coscienza è un dovere assoluto
Nella mia vita, cerco a tutti i costi di essere onesto

27) Pensiero magico

Test che fanno riferimento al Tratto-Costrutto (con item simili): Tratti-Fattori Cognitive style e Onnipotence nel Thesaurus di PsychINFO; Scala Pa (paranoide) dello MMPI. In relazione con questo Costrutto, abbiamo già prodotto dei materiali anche all'interno del Laboratorio di Ricerca sulla Personalità (Frisiello, 1998).

Forse gli scongiuri non servono a molto, ma è meglio farli che non farli
Credo che alcune persone possano comunicare fra loro telepaticamente
Il movimento degli astri influenza la nostra vita
Penso che ci siano persone capaci di predire il futuro

28) Aggressività

Test che fanno riferimento al Tratto-Costrutto (con item simili): Tratti-Fattori Aggressiveness e Cruelty nel Thesaurus di PsychINFO; Scala Pd (deviazioni psicopatiche) dello MMPI; The Aggression Questionnaire, di Buss e Perry (1992) che si struttura, con 29 item, in 4 fattori: Physical Aggression (PA), Verbal Aggression (VA), Anger (A) Hostility (H); Caprara, Barbaranelli, Pastorelli e Perugini (1991).

In alcuni casi, è giusto farsi giustizia da soli
Mi è capitato di venire alle mani con altre persone
Se mi provocano, a volte rispondo molto male
A volte mi dicono che sono troppo aggressivo

29) Identità fisico-corporea

Test che fanno riferimento al Tratto-Costrutto (con item simili): Tratto-Fattore Neuroticism nel Thesaurus di PsychINFO; The Body-Esteem Scale (Franzoi e Shields, 1984; Franzoi, 1994), Body Awareness Questionnaire (Shields, Mallory e Simon, 1989).

Sono ben coordinato/a nei miei movimenti
Cerco sempre di tenermi fisicamente in forma

30) Preoccupazione per la salute, Ipocondria

Test che fanno riferimento al Tratto-Costrutto (con item simili): Tratti-Fattori Neuroticism e Narcissism nel Thesaurus di PsychINFO; scala D (depressione e apatia), Scala Hea (Preoccupazione per la salute) e Scala Hs (Ipocondria) dello MMPI.

Bisogna stare attenti alla salute, dato che basta poco per comprometterla
Soffro spesso di malattie in varie parti del corpo
Mi sento molto vulnerabile alle malattie
La mia salute è soggetta ad alti e bassi imprevedibili

31) Patologie specifiche a sfondo psicologico

Test che fanno riferimento al Tratto-Costrutto (con item simili): Tratto-Fattore Neuroticism nel Thesaurus di PsychINFO; Scala D (depressione e apatia), Scala Hea (Preoccupazione per la salute) e Scala Hy (Isteria) dello MMPI.

Soffro di insonnia
Ci sono aspetti del mio corpo che non mi piacciono
Ho problemi di digestione
Soffro di mal di testa

32) Preoccupazioni alimentari

Test che fanno riferimento al Tratto-Costrutto (con item simili): Scala D (depressione e apatia) dello MMPI; Tratto-Fattore Neuroticism nel Thesaurus di PsychINFO; scala Hy (Isteria) dello MMPI; Dieting Beliefs Scale (Stotland e Zuroff, 1990).

Mi è capitato varie volte di mettermi a dieta
A volte mangio davvero troppo
Mi piacerebbe essere più magro
A volte mi preoccupo troppo di quello che mangio

33) Ottimismo

Test che fanno riferimento al Tratto-Costrutto (con item simili): Tratti-Fattori Optimism e Positivism nel Thesaurus di PsychINFO; Satisfaction with Life Scale (Diener, Emmons, Larsen e Griffin, 1985); Satisfacion Profile SAT-P (Majani e Callegari, 1998). Lavori relativi a questo Costrutto e a Test generali o di Tratto, che contengono item correlati e di cui abbiamo in qualche modo tenuto conto nella realizzazione del pool di item per ITAPI, si possono trovare anche in: Andrews e Robinson (1991).

Anche se a volte sembra che le cose vadano male, penso che a tutto c'è rimedio
Tendo sempre a pensare che il bicchiere è mezzo pieno, invece che mezzo vuoto

34) Pessimismo

Test che fanno riferimento al Tratto-Costrutto (con item simili): Tratti-Fattori Pessimism e Negativism nel Thesaurus di PsychINFO; Scala D (depressione e apatia) e Scala Pd (deviazioni psicopatiche) dello MMPI; Fattore O (Apprehension o sicurezza vs insicurezza) del 16PF; Satisfaction with Life Scale (Diener, Emmons, Larsen e Griffin, 1985). Lavori relativi a questo Costrutto e a Test generali o di Tratto, che contengono item correlati e di cui abbiamo in qualche modo tenuto conto nella realizzazione del pool di item per ITAPI, si possono trovare anche in: Andrews e Robinson (1991), Seeman (1991).

La vita è sofferenza
Nella vita mi aspetto che le cose vadano male

35) Autostima

Test che fanno riferimento al Tratto-Costrutto (con item simili): Tratti-Fattori Emotional security e Assertiveness nel Thesaurus di PsychINFO; Scala Lse (Bassa autostima) dello MMPI; Fattore Q2 (Self-reliance) del 16PF; Rosenberg Self-Esteem Scale (Rosenberg, 1965); Current Thoughts Scale (Heatherton e Polivy, 1991); Satisfaction with Life Scale (Diener, Emmons, Larsen e Griffin, 1985; Pavrot e Diener, 1993); la Multidimensional Self Concept Scale o MSCS (Bracken, 1992). Lavori relativi a questo Costrutto e a Test generali o di Tratto, che contengono item correlati e di cui abbiamo in qualche modo tenuto conto nella realizzazione del pool di item per ITAPI, si possono trovare anche in: Blascovich e Tomaka (1991). In relazione con questo Costrutto, abbiamo già prodotto dei materiali utili anche all'interno del Laboratorio di Ricerca sulla Personalità (Riva, 1997; Felmini, 1998).

Mi sento una persona di valore almeno tanto quanto gli altri
Sono soddisfatto/a della mia vita
Sono contento di me stesso
Riesco abbastanza bene un po' in tutto quello che faccio

36) Presunzione, Pensiero grandioso

Test che fanno riferimento al Tratto-Costrutto (con item simili): Tratti-Fattori Onnipotence e Egocentrism e Narcissism nel Thesaurus di PsychINFO; Scala Pa (paranoide) dello MMPI. Lavori relativi a questo Costrutto e a Test generali o di Tratto, che contengono item correlati e di cui abbiamo in qualche modo tenuto conto nella realizzazione del pool di item per ITAPI, si possono trovare anche in: Blascovich e Tomaka (1991).

Certe volte penso davvero di essere molto migliore di tanti altri
Eccello in tutte le cose che faccio

37) Invidia

Test che fanno riferimento al Tratto-Costrutto (con item simili): Tratti-Fattori Egocentrism e Egotism e Cynicism e Selfishness nel Thesaurus di PsychINFO; Scala Cyn (cinismo) dello MMPI; Fattore L (Vigilance o fiducia vs sospetto) del 16PF. In relazione con questo Costrutto, abbiamo già prodotto dei materiali utili anche all'interno del Laboratorio di Ricerca sulla Personalità (Sterzi, 1999).

Molta gente riceve cose che non merita
Molta gente è invidiosa

38) Gratitudine

Test che fanno riferimento al Tratto-Costrutto (con item simili): Tratto-Fattore Altruism nel Thesaurus di PsychINFO. Lavori relativi a questo Costrutto e a Test generali o di Tratto, che contengono item correlati e di cui abbiamo in qualche modo tenuto conto nella realizzazione del pool di item per ITAPI, si possono trovare anche in: Andrews e Robinson (1991). In relazione con questo Costrutto, abbiamo già prodotto dei materiali anche all'interno del Laboratorio di Ricerca sulla Personalità (Sterzi, 1999).

Ho un profondo senso di gratitudine per le cose che ricevo dalla vita
Mi sento sempre un po' in debito per quello che mi trovo ad avere

39) Sospettosità

Test che fanno riferimento al Tratto-Costrutto (con item simili): Tratti-Fattori Defensiveness e Paranoia nel Thesaurus di PsychINFO; Scala Pa (paranoide) dello MMPI; Fattore A (Warmth o espansività vs distacco) e Fattore L (Vigilance o fiducia vs sospetto) del 16PF; Trust Scale (Rempel, Holmes e Zanna, 1985).

Certe volte ho l'impressione che la gente ce l'abbia con me
Spesso la gente ti mostra una faccia diversa da quella sua vera
A volte le persone cercano di manipolarti per ottenere i loro scopi
Mi fido poco degli altri
40) Dinamismo, Attivismo

Test che fanno riferimento al Tratto-Costrutto (con item simili): Tratti-Fattori Passiveness e Openness to experience e Sensation seeking nel Thesaurus di PsychINFO; Fattore Q1 (Openness to change) del 16PF; Tratto Estroversione-Introversione, o Tratto uno di molti BF; sensation seeking di Zuckerman (1979).

Mi appassiono facilmente alle cose
Sono sempre occupato e pieno di cose da fare
Sono un tipo intraprendente
Cerco di darmi da fare per non perdere tempo

41) Staticità, Passività

Test che fanno riferimento al Tratto-Costrutto (con item simili): Tratto-Fattore Passiveness e Openness to experience Thesaurus di PsychINFO; Tratto Estroversione-Introversione, o Tratto uno di molti BF. Lavori relativi a questo Costrutto e a Test generali o di Tratto, che contengono item correlati e di cui abbiamo in qualche modo tenuto conto nella realizzazione del pool di item per ITAPI, si possono trovare anche in: Seeman (1991), Shaver e Brennan (1991).

Mi piace fare le cose con calma
Spesso non ho voglia di fare niente
Sono un tipo contemplativo
Spesso faccio fatica a prendere decisioni

42) Sicurezza, Sensation seeking, Sperimentazione

Test che fanno riferimento al Tratto-Costrutto (con item simili): Tratti-Fattori Openness to experience e Sensation seeking e Risk taking e Courage nel Thesaurus di PsychINFO; Fattore Q1 (Openness to change) del 16PF; Costrutto della chiusura-apertura mentale di Rokeach (1973); Tratto Apertura-Chiusura mentale, o Tratto due di molti BF; il lavoro di Zuckerman (1979).

Mi interesso sempre a un sacco di cose
Mi piace sperimentare nuove cose e nuove situazioni
Mi piacciono le sfide
Mi piace l'avventura

43) Estroversione

Test che fanno riferimento al Tratto-Costrutto (con item simili): Tratti-Fattori Extravertion e Introversion nel Thesaurus di PsychINFO; Fattore A (Warmth o espansività vs distacco) e Fattore F (Liveliness o riservatezza vs estroversione) e Fattore H (Social boldness o audacia sociale) del 16PF; Tratto Estroversione-Introversione, o Tratto uno di molti BF. Lavori relativi a questo Costrutto e a Test generali o di Tratto, che contengono item correlati e di cui abbiamo in qualche modo tenuto conto nella realizzazione del pool di item per ITAPI, si possono trovare anche in Wrightsman (1991).

Mi piace essere al centro dell'attenzione
Sono un tipo esuberante

Mi piace scherzare
Sono un tipo espansivo

44) Socialità

Test che fanno riferimento al Tratto-Costrutto (con item simili): Tratti-Fattori Timidity e Sociability e Empathy e Misanthropy nel Thesaurus di PsychINFO; Scala Pd (deviazioni psicopatiche) e Scala Si (introversione sociale) e Scala Sod (Disagio sociale) dello MMPI; Fattore A (Warmth o espansività vs distacco) e Fattore F (Liveliness o riservatezza vs estroversione) e Fattore H (Social boldness o audacia sociale) del 16PF; Tratto Gradevolezza o Tratto quattro di molti BF; Trust Scale (Rempel, Holmes e Zanna, 1985); Multidimensional Scale of Perceived Social Support (Zimet, Dahlem, Zimet e Farley, 1988; Zimet et Al, 1990; Canty-Mitchell e Zimet, 2000). Lavori relativi a questo Costrutto e a Test generali o di Tratto, che contengono item correlati e di cui abbiamo in qualche modo tenuto conto nella realizzazione del pool di item per ITAPI, si possono trovare anche in: Leary (1991), Shaver e Brennan (1991), Wrightsman (1991).

Stare con la gente mi dà energia
E' bello stare a contatto con le persone
Sono un tipo dalla parlantina facile
Attacco facilmente discorso anche con quelli che non conosco

45) Egoismo, Machiavellismo, Anomia, Ostilità

Test che fanno riferimento al Tratto-Costrutto (con item simili): Tratti-Fattori Selfishness e Machiavellianism e Misanthropy nel Thesaurus di PsychINFO; Scala Cyn (Cinismo) dello MMPI; Fattore L (Vigilance o fiducia vs sospetto) del 16PF; Tratto Gradevolezza o Tratto quattro di molti BF; gli studi sul "Machiavellianism" di Christie e Geis (1970).

So bene come utilizzare gli altri per fare quello che voglio io
Spesso, occuparsi degli altri è solo una perdita di tempo
Le persone tendono solamente a curare i propri interessi
Avere a che fare con persone incompetenti è insopportabile

46) Cordialità, Sensibilità

Test che fanno riferimento al Tratto-Costrutto (con item simili): Tratti-Fattori Agreeableness e Empathy e Sociability nel Thesaurus di PsychINFO; Scala Si (introversione sociale) dello MMPI; Fattore A (Warmth o espansività vs distacco) e Fattore F (Liveliness o riservatezza vs estroversione) e Fattore I (Sensitiviy vs cinismo) del 16PF; Tratto Gradevolezza o Tratto quattro di molti BF; Trust Scale (Rempel, Holmes e Zanna, 1985). Lavori relativi a questo Costrutto e a Test generali o di Tratto, che contengono item correlati e di cui abbiamo in qualche modo tenuto conto nella realizzazione del pool di item per ITAPI, si possono trovare anche in: Leary (1991), Wrightsman (1991).
Di solito, la gente è a suo agio con me
Tutto sommato: ho fiducia negli altri

Sono molto sensibile alle emozioni altrui
Mi riesce facile prendere la gente così com'è

47) Assertività, Tolleranza

Il concetto di assertività è stato sviluppato sin dagli anni '50 nel quadro della ricerca di Wolpe. Fa riferimento alla capacità di interagire con gli altri, ovvero di rispondere, riconoscendo ed esprimendo appropriatamente le proprie emozioni e i propri punti di vista, ma senza lasciarsene sopraffare e senza prevaricare gli altri, in una posizione intermedia tra comportamento aggressivo e comportamento passivo.

Test che fanno riferimento al Tratto-Costrutto (con item simili): Tratti-Fattori Assertiveness e Charisma e Leadership qualities nel Thesaurus di PsychINFO; Fattore E (Dominance o assertiveness) e Fattore I (Sensitiviy vs cinismo) del 16PF; lo Assertion Inventory (Gambrill e Richey, 1975); la Scale for Interpersonal Behaviour o SIB (Arrindell et Al, 2001). Lavori relativi a questo Costrutto e a Test generali o di Tratto, che contengono item correlati e di cui abbiamo in qualche modo tenuto conto nella realizzazione del pool di item per ITAPI, si possono trovare anche in: Wrightsman (1991).

Esprimo le mie opinioni stando attento a non offendere gli altri
In una discussione animata, cerco di capire le opinioni di tutti

48) Ostinazione, Pertinacia

Test che fanno riferimento al Tratto-Costrutto (con item simili): Tratti-Fattori Persistence e Perfectionism nel Thesaurus di PsychINFO; Scala Obs (Ossessività) dello MMPI; Fattore G (Rule consciousness o scrupolo) del 16PF.

Dico quello che mi viene da dire, non mi interessa come la prendono gli altri
Nelle discussioni, quello che conta è fare vincere le proprie ragioni

49) Cooperatività, Collaborazione

Test che fanno riferimento al Tratto-Costrutto (con item simili): Tratti-Fattori Adaptability e Altruism e Egalitarianism e Need for approval e Likability nel Thesaurus di PsychINFO; Fattore A (Warmth o espansività vs distacco) del 16PF; Tratto Gradevolezza o Tratto quattro di molti BF; Trust Scale (Rempel, Holmes e Zanna, 1985); Multidimensional Scale of Perceived Social Support (Zimet, Dahlem, Zimet e Farley, 1988; Zimet et Al, 1990; Canty-Mitchell e Zimet, 2000). Lavori relativi a questo Costrutto e a Test generali o di Tratto, che contengono item correlati e di cui abbiamo in qualche modo tenuto conto nella realizzazione del pool di item per ITAPI, si possono trovare anche in: Shaver e Brennan (1991), Wrightsman (1991).

Mi piace dare una mano alle altre persone
Cerco di avere sempre una buona parola per tutti
Sento grande solidarietà con chi è più povero o sfortunato di me
Le altre persone mi interessano molto

50) Remissività, Succubità

Test che fanno riferimento al Tratto-Costrutto (con item simili):Tratti-Fattori Gregariousness e Passiveness e Obedience nel Thesaurus di PsychINFO; Fattore E (Dominance o assertiveness) del 16PF; Type C personality. Lavori relativi a questo Costrutto e a Test generali o di Tratto, che contengono item correlati e di cui abbiamo in qualche modo tenuto conto nella realizzazione del pool di item per ITAPI, si possono trovare anche in: Seeman (1991).

Finisco col fare quello che la gente mi chiede, anche se non ne ho voglia
Spesso metto le esigenze degli altri davanti alle mie
Di solito, tengo per me le mie emozioni
Penso sia giusto sacrificarsi per gli altri

51) Leadership (Dominanza)

Test che fanno riferimento al Tratto-Costrutto (con item simili): Tratti-Fattori Leadership qualities e Gregariousness nel Thesaurus di PsychINFO; Fattore E (Dominance o assertiveness) del 16PF. Lavori relativi a questo Costrutto e a Test generali o di Tratto, che contengono item correlati e di cui abbiamo in qualche modo tenuto conto nella realizzazione del pool di item per ITAPI, si possono trovare anche in: Wrightsman (1991).

Mi piace prendere decisioni utili per chi mi sta intorno
Prendo facilmente la responsabilità anche di altre persone
Sono spesso un punto di riferimento per gli altri
Almeno qualche volta, mi piace dire agli altri cosa devono fare

52) Gregarismo

Test che fanno riferimento al Tratto-Costrutto (con item simili): Tratti-Fattori Dependency e Leadership qualities e Gregariousness nel Thesaurus di PsychINFO; Fattore E (Dominance o assertiveness) del 16PF. Lavori relativi a questo Costrutto e a Test generali o di Tratto, che contengono item correlati e di cui abbiamo in qualche modo tenuto conto nella realizzazione del pool di item per ITAPI, si possono trovare anche in: Leary (1991).

Preferisco che le decisioni difficili le prendano altri
Nelle situazioni di gruppo, spesso rimango sullo sfondo

53) Individualismo

Test che fanno riferimento al Tratto-Costrutto (con item simili): Tratti-Fattori Individuality e Egocentrism e Egotism e Independence nel Thesaurus di PsychINFO. Lavori relativi a questo Costrutto e a Test generali o di Tratto, che contengono item correlati e di cui abbiamo in qualche modo tenuto conto nella realizzazione del pool di item per ITAPI, si possono trovare anche in: Shaver e Brennan (1991).

Mi piace fare le cose da solo
Cerco sempre di prendere le mie decisioni per conto mio

54) Ambizione

Test che fanno riferimento al Tratto-Costrutto (con item simili): Tratti-Fattori Assertiveness and Initiative nel Thesaurus di PsychINFO; Scala Pa (paranoide) dello MMPI; Fattore Q1 (Openness to change) del 16PF. Lavori relativi a questo Costrutto e a Test generali o di Tratto, che contengono item correlati e di cui abbiamo in qualche modo tenuto conto nella realizzazione del pool di item per ITAPI, si possono trovare anche in: Blascovich e Tomaka (1991).

Mi sono posto grandi mete nella vita
Nella vita è importante sapersi accontentare di quello che si ha

55) Internalismo/Esternalismo, Locus of Control

Test che fanno riferimento al Tratto-Costrutto (con item simili): Tratto-Fattore Internal external locus of control nel Thesaurus di PsychINFO. Lavori relativi a questo Costrutto e a Test generali o di Tratto, che contengono item correlati e di cui abbiamo in qualche modo tenuto conto nella realizzazione del pool di item per ITAPI, si possono trovare anche in: Lefcourt (1991). Sul tema del Locus of Control e derivati conduciamo altresì da molto tempo diverse verifiche e approfondimenti all'interno del Laboratorio di Ricerca sulla Personalità e sul Counseling (Perussia, 1995; Garavello, 1997; Frisiello, 1998; Pizzinato, 1998; Felini, 1998; Cannarozzi, 1999).

Le persone potrebbero fare molto di più, se solo ci provassero veramente
Dipende solo da te se riesci a sfruttare le occasioni che la vita ti offre
C'è chi nasce fortunato e chi no
Senza le occasioni giuste, è difficile avere successo nella vita
Sono gli altri che decidono se riesci nella tua vita oppure no
La mia vita è controllata soprattutto dall'influenza esercitata dalle altre persone

56) Mascolinità/Femminilità, Identità di Genere

Test che fanno riferimento al Tratto-Costrutto (con item simili): Tratti-Fattori Masculinity e Femininity e Androginy nel Thesaurus di PsychINFO; Scala Mf (mascolinità-femminilità) dello MMPI; il Personal Attributes Questionnaire (PAQ) e lo Attitudes toward Women Scale (AWS), entrambi di Spence, Helmreich e Stapp (1973). In relazione con questo Costrutto, abbiamo già prodotto dei materiali anche all'interno del Laboratorio di Ricerca sulla Personalità (Perussia, 1997a; Perussia e Pravettoni, 1997; Reveane, 1999). Lavori relativi a questo Costrutto e a Test generali o di Tratto, che contengono item correlati e di cui abbiamo in qualche modo tenuto conto nella realizzazione del pool di item per ITAPI, si possono trovare anche in: Spence e Helmreich (1978), Lenney (1991).

Ho una forte personalità

Mi faccio valere
Ho un carattere affettuoso
Ho un carattere dolce
Ho un carattere aggressivo
Ho un carattere dispotico
Sono un tipo responsabile
Sono un tipo preciso

57) Attaccamento, Relazioni familiari

Test che fanno riferimento al Tratto-Costrutto (con item simili): Tratti-Fattori Independence e Need for approval e Codependency nel Thesaurus di PsychINFO; Scala Fam (Problemi familiari) dello MMPI. In relazione con questo Costrutto, abbiamo già prodotto dei materiali anche all'interno del Laboratorio di Ricerca sulla Personalità (Norscia, 1997; Riva, 1997; Donatone, 1998).

I miei genitori sono sempre stati piuttosto freddi e scostanti
Sono soddisfatto del rapporto che ho (ho avuto) con i miei genitori
I miei genitori hanno sempre avuto difficoltà a manifestarmi i loro veri sentimenti

58) Giustizia

Test che fanno riferimento al Tratto-Costrutto (con item simili): Tratti-Fattori Dogmatism e Loyalty e Obedience nel Thesaurus di PsychINFO. In relazione con questo Costrutto, abbiamo già prodotto dei materiali anche all'interno del Laboratorio di Ricerca sulla Personalità (Perussia, 1997b; e Benso, 1996; e Benso e Lovisolo, 1997; Pizzinato, 1998; Borruso, 1999).

La gente rispetta la legge perché glie lo impone l'autorità
La gente rispetta la legge perché è quello che ci si aspetta da tutti
La gente rispetta la legge perché ci crede veramente

59) Sessofilia-Sessofobia

E' piuttosto diffusa, in psicologia, l'idea che la dimensione del sesso rappresenti, assieme a quella dell'aggressività, un aspetto rilevante della vita emotiva. Esistono molte Scale che si propongono di rilevare i diversi atteggiamenti verso la pratica sessuale (verosimilmente un indicatore significativo dell'atteggiamento verso il tema nel suo insieme). Test che fanno riferimento al Tratto-Costrutto (con item simili): Tratto-Fattore Sexuality nel Thesaurus di PsychINFO. In relazione con questo Costrutto, abbiamo già prodotto dei materiali anche all'interno del Laboratorio di Ricerca sulla Personalità (Perussia e Grohrock, 1997).

I rapporti sessuali sono un modo come un altro per comunicare tra due persone
I rapporti sessuali sono normali ogni volta che due persone si amano
I rapporti sessuali sono accettabili solo se due persone hanno intenzione di

sposarsi

60) Stili cognitivi

In letteratura è presente l'ipotesi secondo cui esistono sostanzialmente tre modalità principali di rappresentarsi le immagini mentali: visiva, uditiva e tattile-cenestesica. Il tema è di grande interesse ma piuttosto carente di dimostrazioni empiriche. Ho comunque introdotto tre item per ciascuno degli ipotetici stili cognitivi, sviluppando originalmente sulla base dell'esperienza del counseling e delle tecniche attive ma anche ispirandoci a un paio di Test che hanno cercato di rilevare queste tre modalità. Test che fanno riferimento al Tratto-Costrutto (con item simili): Tratto-Fattore Cognitive style e Sensitivity nel Thesaurus di PsychINFO.

Quando penso a qualcosa, è come se la vedessi davanti agli occhi
Quando penso a una persona, mi viene subito alla mente il suo viso
Mi ricordo meglio le cose se prendo appunti
Quando penso a qualcosa, è come se ne sentissi il suono
Quando penso a una persona, mi viene subito alla mente la sua voce
Durante la giornata, ascolto spesso qualcosa in sottofondo
Quando penso a qualcosa, è come se la stessi vivendo
Quando penso a una persona, mi vengono subito alla mente le sensazioni che mi dà
Faccio fatica a restare seduto a lungo nella stessa posizione

61) Competenze razionali-cognitive

Ratio, in latino, è il calcolo matematico. Il Costrutto delle competenze razionali è stato introdotto in relazione ad aspetti cognitivi che vengono talvolta indicati in letteratura come connessi con tratti di personalità. In particolare: il tema della competenza matematico-statistica viene spesso collegato alla memoria e alla capacità di risolvere problemi logici. L'eventuale significatività di questi item è comunque lasciata alla analisi statistica sui risultati. The Cognitive Failures Questionnaire (Broadbent, Cooper, FitzGerald e Parkes, 1982) presenta il lato negativo di quello che qui è in positivo.

Ho un'ottima memoria
Sono portato alla matematica
Mi trovo a mio agio nel risolvere problemi

La procedura presentata nelle pagine precedenti ha portato dunque alla selezione-redazione di un elenco di 61 Costrutti-Tratti-Fattori, con i loro relativi 218 item.

Non ho certo la pretesa che rappresentino la perfezione. Penso tuttavia che possano essere un buon campione rappresentativo, in termini non troppo arbitrari, dei Tratti principali che nella letteratura scientifica vengono proposti con maggiore sistematicità.

L'idea perseguita attraverso ITAPI non è però quella di rilevare i Costrutti così identificati, bensì di sottoporre il pool di item a un vasto campione di popolazione adulta e quindi di ricavare, attraverso una analisi fattoriale temperata dal continuo riferimento ai valori di Costrutto, un numero di fattori che siano in numero limitato, ma rappresentativi dei Tratti rilevanti per segmentare la popolazione in profili personologici rappresentativi.

8. Genesi di ITAPI: Identificazione della struttura fattoriale e di Costrutto

Alla luce di tutto questo, abbiamo dunque realizzato un elenco di 218 item, riferiti a 61 Costrutti-Tratti-Fattori (Perussia, 2004); ovvero quello che abbiamo dettagliatamente descritto nel capitolo appena concluso.

Il pool di tali 218 item di partenza è stato dunque somministrato a un primo campione nazionale (quasi definitivo, ma ancora in divenire), piuttosto diversificato, di 2.165 soggetti adulti, così da poterne derivare, con adeguate elaborazioni statistiche (fondate principalmente sull'analisi fattoriale), la struttura definitiva di ITAPI-G. Questa consiste di 7 Scale di Tratto-Fattore, con 15 voci ciascuna, per un totale di 105 item. Di tale passaggio, abbiamo ampiamente reso conto nel precedente Rapporto Tecnico n.3 (Perussia, 2005a).

Tale lavoro di elaborazione intermedia (tra il primo Report e il presente Rapporto) è risultato molto utile, se non indispensabile, per permettere al Programma ITAPI di progredire nel modo più adeguato. Si presentava infatti l'opportunità di somministrare l'Inventario in diverse situazioni, per cui meritava disporre di una struttura ben definita dello strumento (anche se eravamo ancora in assenza della norma di riferimento nazionale, che viene appunto pubblicata qui).

La somministrazione del pool preliminare dei 218 item è nel frattempo regolarmente proceduta, per cui si è giunti al più ampio numero di soggetti cui facciamo riferimento, come campione, in questa sede. Le modalità di somministrazione sono ovviamente le medesime di cui si riferisce più avanti.

L'insieme dei 218 item di partenza è stato somministrato a un campione di soggetti italiani adulti, a partire dal maggio 2004 fino al marzo 2005. Nell'arco di quasi un anno di rilevazioni è stato così possibile sottoporre il pool preliminare di item per ITAPI a un vasto campione di 2.165 soggetti.

Tale campione preliminare era composto di 2.165 soggetti, di cui: 908 uomini (41.9%) e 1.257 donne (58.1%). La distribuzione per età era: 710 soggetti di 18/28 anni (32.9 %); 537 soggetti di 29/38 anni (24.9 %); 397 soggetti di 39/48 anni (18.4 %); 310 soggetti di 49/58 anni (14.4 %); 148 soggetti di 59/68 anni (6.9 %); 55 soggetti di 69 anni e più (2.5 %); con 8 soggetti che non hanno indicato l'età. La distribuzione in base alle scuole compiute era: Elementari, 68 (3.2 %); Medie Inferiori, 428 (19.9 %); Medie Superiori, 1.198 (55.8 %); Università, 453 (21.1 %); con 18 soggetti che non hanno indicato il titolo di studio. Il campione era anche piuttosto diversificato in base allo stato civile e alla professione svolta, oltre che sulla base dei punti di campionamento, che comprendevano diverse regioni d'Italia.

Trattandosi peraltro dello stesso campione di base (solo un poco più ristretto) cui facciamo riferimento per definire la norma di ITAPI-G, rimandiamo dunque alle pagine successive (cfr: Tabella 8 e 9) per un quadro più preciso. Anche considerando che comunque il campione per la definizione della struttura di ITAPI-G è ampiamente descritto con dettaglio nel già citato Rapporto Tecnico n.3 (Perussia, 2005a).

L'età media del campione nel suo insieme era comunque di 37.7 anni (Deviazione standard: 14.3; Varianza: 204.7); l'età media degli uomini era di 38.1 anni (Deviazione standard: 14.5; Varianza: 210.5); l'età media delle donne era di 37.4 anni (Deviazione standard: 14.2; Varianza: 200.4).

La procedura di selezione degli item per ITAPI-G, a partire dai 218 del pool di partenza, si è basata su di una serie di passaggi, a partire dalla distribuzione delle risposte che il campione dei 2.165 soggetti ha fornite all'intera serie di voci. La procedura viene minuziosamente descritta nel già più volte citato Rapporto Tecnico n.3, cui rimandiamo per tutti i dettagli (Perussia, 2005a).

Qui ci limitiamo a ricordare, in estrema sintesi, che il primo passaggio è consistito nell'eliminare gli item per i quali la distribuzione delle risposte fornite dal campione presentava una varianza molto bassa. E' stata quindi realizzata una serie di analisi fattoriali di prova (sui 203 item selezionati dopo il primo passaggio), che ha portato a scegliere una struttura a Sette Fattori, la quale si è dimostrata essere quella statisticamente più efficace.

La prima analisi a carattere definitivo (metodo di estrazione: componenti principali; rotazione: varimax; normalizzazione di Kaiser; la rotazione ha raggiunto i criteri di convergenza in 13 iterazioni) spiegava una varianza totale del 27.36% (Fattore 1: 5.09%; Fattore 2: 4.75%; Fattore 3: 3.88%; Fattore 4: 3.78%; Fattore 5: 3.70%; Fattore 6: 3.48%; Fattore 7: 2.68%).

Sono stati quindi eliminati gli item che non presentavano, rispetto a nessuno dei 7 Fattori, un livello di saturazione fattoriale che fosse superiore ad almeno .25. Sono rimasti dunque 190 item complessivi.

A questo punto abbiamo condotto una seconda analisi (metodo di estrazione: componenti principali; rotazione: varimax; normalizzazione di Kaiser; la rotazione ha raggiunto i criteri di convergenza in 11 iterazioni) che spiegava una varianza totale del 28.39% (Fattore 1: 5.31%; Fattore 2: 4.91%; Fattore 3: 4.02%; Fattore 4: 3.97%; Fattore 5: 3.75%; Fattore 6: 3.63%; Fattore 7: 2.78%).

A questo punto, per ciascun Fattore-Tratto, abbiamo dunque realizzato una specifica analisi fattoriale su tutti gli item caratterizzanti per ciascun Tratto-Costrutto; vale a dire: quelli con saturazione fattoriale superiore a .25 rispetto a quel Tratto. Tali elaborazioni sono state tutte impostate sui medesimi criteri: analisi delle componenti principali con l'indicazione di estrarre un solo fattore.

Per ciascun Fattore-Tratto-Costrutto sono dunque stati estratti i primi 15 item a maggiore saturazione. Mentre sono stati definiti dei nomi evocativi per ciascuno di essi.

Presentiamo dunque qui di seguito la sintesi dei risultati ottenuti con tale operazione, che viene descritta con maggiore dettaglio all'interno dello specifico Rapporto Tecnico cui rimandiamo (Perussia. 2005a). Nel seguito di questo capitolo, la numerazione riportata per gli item è quella originaria all'interno del pool di 218 item di partenza.

Tratto-Fattore 1: Dinamicità

L'analisi fattoriale a un solo Fattore, all'interno del pool di item che sono risultati essere particolarmente caratteristici di quel Fattore (e che risulta spiegare ulteriormente il 21.32% della varianza al suo interno), viene descritta nella Tabella 1.

Tabella 1 – Analisi fattoriale (a un solo Fattore), sul pool di item risultati essere più saturi del Fattore 1.

19 Sono un tipo intraprendente	.657
69 Sono un tipo esuberante	.621
197 Sono pieno di idee	.617
190 Mi piace sperimentare nuove cose e nuove situazioni	.589
136 Mi piace trovare sempre nuove idee e nuovi progetti	.585
214 Mi piacciono le sfide	.583
191 Sono un tipo dalla parlantina facile	.579
28 Mi faccio valere	.578
118 Sono un tipo espansivo	.574
1 Ho una forte personalità	.561
215 Attacco facilmente discorso anche con quelli che non conosco	.537
167 Mi interesso sempre a un sacco di cose	.536
182 Mi piace improvvisare	.533
45 Mi piace essere al centro dell'attenzione	.506
21 Mi piace l'avventura	.490
48 Mi sono posto/a grandi mete nella vita	.485
122 Sono spesso un punto di riferimento per gli altri	.472
189 Eccello in tutte le cose che faccio	.455
184 Mi adatto facilmente alle situazioni nuove	.455
95 Mi piace scherzare	.441
115 Sono contento/a di me stessa/o	.416
27 So bene come utilizzare gli altri per fare quello che voglio io	.410
213 Sono sempre occupata/o e pieno di cose da fare	.382
160 Quando prendo una decisione, lo faccio rapidamente	.381
66 Mi sento una persona di valore almeno tanto quanto gli altri	.380
162 Mi trovo bene a discutere con persone di opinione diversa dalla mia	.377
89 Prendo facilmente la responsabilità anche di altre persone	.350
166 Certe volte penso davvero di essere molto migliore di tanti altri	.349
4 Dico quello che mi viene da dire, non mi interessa come la prendono gli altri	.318
152 Mi considero intellettualmente impegnata/o	.315
146 Almeno qualche volta, mi piace dire agli altri cosa devono fare	.307
158 Sono un tipo ostinato	.306
90 Cerco di tenermi fisicamente in forma	.296
130 Quello che conta nella vita è divertirsi	.293
209 Mi è capitato di venire alle mani con altre persone	.284
211 Tendo sempre a pensare che il bicchiere è mezzo pieno, invece che mezzo vuoto	.279
124 Ho un carattere dispotico	.203

Estraendo dunque i primi 15 item (in ordine discendente di saturazione fattoriale) ed escludendo quelli a saturazione negativa, questo Fattore-Tratto-Costrutto risulta essere rappresentato dai seguenti stimoli:

19 *Sono un tipo intraprendente*
69 *Sono un tipo esuberante*
197 *Sono pieno di idee*
190 *Mi piace sperimentare nuove cose e nuove situazioni*
136 *Mi piace trovare sempre nuove idee e nuovi progetti*
214 *Mi piacciono le sfide*
191 *Sono un tipo dalla parlantina facile*
28 *Mi faccio valere*
118 *Sono un tipo espansivo*
1 *Ho una forte personalità*
215 *Attacco facilmente discorso anche con quelli che non conosco*
167 *Mi interesso sempre a un sacco di cose*
182 *Mi piace improvvisare*
45 *Mi piace essere al centro dell'attenzione*
21 *Mi piace l'avventura*

Tratto-Fattore 2: Vulnerabilità

L'analisi fattoriale a un solo Fattore, all'interno del pool di item che sono risultati essere particolarmente caratteristici di quel Fattore (e che risulta spiegare ulteriormente il 21.38% della varianza al suo interno), viene descritta nella Tabella 2.

Tabella 2 – Analisi fattoriale (a un solo Fattore), sul pool di item risultati essere più saturi del Fattore 2.

56 Spesso mi sento triste	.660
131 Spesse volte mi sento in colpa	.638
176 Ho frequenti sbalzi di umore	.627
154 Sono spesso di cattivo umore	.599
81 A volte mi sento proprio inutile	.590
105 Spesso ho paura di sbagliare in quello che faccio	.580
35 Ci sono molte cose che mi preoccupano	.578
8 Ho sempre paura che possa capitarmi il peggio	.571
93 Certe volte ho l'impressione che la gente ce l'abbia con me	.562
186 La mia salute è soggetta ad alti e bassi imprevedibili	.548
142 Spesso faccio fatica a prendere decisioni	.540
201 Mi spavento facilmente	.536
138 Soffro spesso di malattie in varie parti del corpo	.529
178 Ho la tendenza a disperdermi	.518
42 Nella vita mi aspetto che le cose vadano male	.497
163 Mi sento molto vulnerabile alle malattie	.487

177 Mi arrabbio facilmente	.486
169 Preferisco che le decisioni difficili le prendano altri	.452
20 Ci sono aspetti del mio corpo che non mi piacciono	.426
165 Mi preoccupo troppo di quello che mangio	.384
192 Finisco col fare quello che la gente mi chiede, anche se non ne ho voglia	.376
17 Ho problemi di digestione	.373
210 Soffro di insonnia	.372
139 Mi piacerebbe essere più magro/a	.350
100 Sono gli altri che decidono se riesci nella tua vita oppure no	.340
164 Penso che ci siano persone capaci di predire il futuro	.321
91 Mi è capitato varie volte di mettermi a dieta	.310
65 Soffro di mal di testa	.309
149 I miei genitori sono sempre stati piuttosto freddi e scostanti	.304
196 I miei genitori hanno sempre avuto difficoltà a manifestarmi i loro veri sentimenti	.299
137 Il movimento degli astri influenza la nostra vita	.276
67 Mi sento sempre un po' in debito per quello che mi trovo ad avere	.265
125 Mi capita spesso di lasciare le cose in disordine	.205
147 La gente rispetta la legge perché ci crede veramente	.101

Estraendo dunque i primi 15 item (in ordine discendente di saturazione fattoriale) ed escludendo quelli a saturazione negativa, questo Fattore-Tratto-Costrutto risulta essere rappresentato dai seguenti stimoli:

56 *Spesso mi sento triste*
131 *Spesse volte mi sento in colpa*
176 *Ho frequenti sbalzi di umore*
154 *Sono spesso di cattivo umore*
81 *A volte mi sento proprio inutile*
105 *Spesso ho paura di sbagliare in quello che faccio*
35 *Ci sono molte cose che mi preoccupano*
8 *Ho sempre paura che possa capitarmi il peggio*
93 *Certe volte ho l'impressione che la gente ce l'abbia con me*
186 *La mia salute è soggetta ad alti e bassi imprevedibili*
142 *Spesso faccio fatica a prendere decisioni*
201 *Mi spavento facilmente*
138 *Soffro spesso di malattie in varie parti del corpo*
178 *Ho la tendenza a disperdermi*
42 *Nella vita mi aspetto che le cose vadano male*

Tratto-Fattore 3: Empatia

L'analisi fattoriale a un solo Fattore, all'interno del pool di item che sono risultati essere particolarmente caratteristici di quel Fattore (e che risulta spiegare ulteriormente il 18.61% della varianza al suo interno), viene descritta nella Tabella 3.

Tabella 3 – Analisi fattoriale (a un solo Fattore), sul pool di item risultati essere più saturi del Fattore 3.

97 Mi piace dare una mano alle altre persone	.643
121 Cerco di avere sempre una buona parola per tutti	.603
145 Sento grande solidarietà con chi è più povero o sfortunato di me	.566
159 Sono molto sensibile alle emozioni altrui	.531
43 Ho un profondo senso di gratitudine per le cose che ricevo dalla vita	.512
144 Tutto sommato: ho fiducia negli altri	.484
216 Esprimo le mie opinioni stando attento a non offendere gli altri	.480
143 Stare in mezzo alla gente mi dà energia	.455
23 In una discussione animata, cerco di capire le opinioni di tutti	.446
50 Ho un carattere affettuoso	.442
187 Anche se a volte sembra che le cose vadano male, penso che a tutto c'è rimedio	.438
185 Le altre persone mi interessano molto	.437
41 Rispettare la propria coscienza è un dovere assoluto	.430
179 Mi riesce facile prendere la gente così com'è	.427
47 Penso sia giusto sacrificarsi per gli altri	.425
75 Ho un carattere dolce	.412
200 Nella vita, è importante onorare sempre i propri principi morali	.398
71 Nella vita è importante sapersi accontentare di quello che si ha	.375
83 Mi piace la visione d'insieme	.354
61 Bisogna garantire i diritti dei "diversi" in tutti i modi	.353
92 Sono soddisfatto/a della mia vita	.316
161 Tutte le tradizioni devono essere rispettate	.292
99 Ho un carattere aggressivo	-.276
207 Seguire sempre la legge è il primo dovere di ogni persona	.274
172 Sono soddisfatto del rapporto che ho (ho avuto) con i miei genitori	.273
120 A volte mi dicono che sono troppo aggressiva/o	-.263

Estraendo dunque i primi 15 item (in ordine discendente di saturazione fattoriale) ed escludendo quelli a saturazione negativa, questo Fattore-Tratto-Costrutto risulta essere rappresentato dai seguenti stimoli:

97 *Mi piace dare una mano alle altre persone*
121 *Cerco di avere sempre una buona parola per tutti*
145 *Sento grande solidarietà con chi è più povero o sfortunato di me*
159 *Sono molto sensibile alle emozioni altrui*
43 *Ho un profondo senso di gratitudine per le cose che ricevo dalla vita*
144 *Tutto sommato: ho fiducia negli altri*
216 *Esprimo le mie opinioni stando attento a non offendere gli altri*
143 *Stare in mezzo alla gente mi dà energia*
23 *In una discussione animata, cerco di capire le opinioni di tutti*
50 *Ho un carattere affettuoso*
187 *Anche se a volte sembra che le cose vadano male, penso che a tutto c'è rimedio*

185 *Le altre persone mi interessano molto*
41 *Rispettare la propria coscienza è un dovere assoluto*
179 *Mi riesce facile prendere la gente così com'è*
47 *Penso sia giusto sacrificarsi per gli altri*

Tratto-Fattore 4: Coscienziosità

L'analisi fattoriale a un solo Fattore, all'interno del pool di item che sono risultati essere particolarmente caratteristici di quel Fattore (e che risulta spiegare ulteriormente il 24.54% della varianza al suo interno), viene descritta nella Tabella 4.

Tabella 4 – Analisi fattoriale (a un solo Fattore), sul pool di item risultati essere più saturi del Fattore 4.

171 Sono un tipo preciso	.675
36 Nelle cose che faccio, sono un tipo preciso	.666
133 Finisco sempre quello che comincio	.658
84 Di solito porto a termine tutti i miei compiti	.649
155 Sono piuttosto disorganizzato/a	-.616
110 Sono perfezionista	.581
181 Spesso rimando le cose che devo fare	-.564
204 Mi distraggo spesso	-.562
125 Mi capita spesso di lasciare le cose in disordine	-.539
44 Cerco di darmi da fare per non perdere tempo	.500
37 Guido la mia vita soprattutto usando la testa	.498
38 Sono incostante nelle cose che faccio	-.485
13 Perdo un sacco di tempo per niente	-.472
82 Prendo tutte le cose molto seriamente	.454
94 Spesso non ho voglia di fare niente	-.415
106 Sono un tipo metodico	.410
109 Per prendere la decisione giusta, peso bene i pro e i contro	.392
134 Tendo a fare piani per qualsiasi cosa	.371
34 Sono un tipo decisamente pratico	.367
11 Faccio attenzione soprattutto ai dettagli	.360
206 Vorrei avere più forza di volontà	-.340
153 Mi capita di spendere più di quello che mi posso permettere	-.337
16 Dico sempre la verità	.324
29 Guardo soprattutto i particolari	.322

Estraendo dunque i primi 15 item (in ordine discendente di saturazione fattoriale) ed escludendo quelli a saturazione negativa, questo Fattore-Tratto-Costrutto risulta essere rappresentato dai seguenti stimoli:

171 *Sono un tipo preciso*
36 *Nelle cose che faccio, sono un tipo preciso*
133 *Finisco sempre quello che comincio*

103

84 *Di solito porto a termine tutti i miei compiti*
110 *Sono perfezionista*
44 *Cerco di darmi da fare per non perdere tempo*
37 *Guido la mia vita soprattutto usando la testa*
82 *Prendo tutte le cose molto seriamente*
106 *Sono un tipo metodico*
109 *Per prendere la decisione giusta, peso bene i pro e i contro*
134 *Tendo a fare piani per qualsiasi cosa*
34 *Sono un tipo decisamente pratico*
11 *Faccio attenzione soprattutto ai dettagli*
16 *Dico sempre la verità*
29 *Guardo soprattutto i particolari*

Tratto-Fattore 5: Immaginazione

L'analisi fattoriale a un solo Fattore, all'interno del pool di item che sono risultati essere particolarmente caratteristici di quel Fattore (e che risulta spiegare ulteriormente il 22.15% della varianza al suo interno), viene descritta nella Tabella 5.

Tabella 5 – Analisi fattoriale (a un solo Fattore), sul pool di item risultati essere più saturi del Fattore 5.

52 Quando penso a qualcosa, è come se la stessi vivendo	.625
33 Ho una vivida immaginazione	.611
54 Mi piace sognare	.582
6 Mi lascio andare spesso alla fantasia	.556
127 Quando penso a una persona, mi vengono subito alla mente le sensazioni che mi dà	.554
32 Rifletto continuamente sulla mia interiorità	.551
31 Quando penso a qualcosa, è come se ne sentissi il suono	.535
180 In ogni decisione, do molta importanza ai sentimenti	.530
132 Sono in grado di sentire le emozioni degli altri	.510
58 Mi piace intuire il senso nascosto delle cose, al di là delle apparenze	.491
79 Vedo la bellezza anche dove altri non la notano	.483
3 Quando penso a qualcosa, è come se la vedessi davanti agli occhi	.477
156 Mi emoziono facilmente	.469
107 Nella vita, mi lascio guidare soprattutto dal cuore	.466
101 Quando penso a una persona, mi viene subito alla mente la sua voce	.445
112 Credo che alcune persone possano comunicare fra loro telepaticamente	.443
117 Sono un tipo contemplativo	.432
195 Mi appassiono facilmente alle cose	.393
77 Quando penso a una persona, mi viene subito alla mente il suo viso	.391
103 L'arte è un aspetto importante della vita	.365
40 Spesso mi dicono che sono un tipo strano	.339
173 Durante la giornata, ascolto spesso qualcosa in sottofondo	.270
61 Bisogna garantire i diritti dei "diversi" in tutti i modi	.248

Estraendo dunque i primi 15 item (in ordine discendente di saturazione fatto-riale) ed escludendo quelli a saturazione negativa, questo Fattore-Tratto-Costrutto risulta essere rappresentato dai seguenti stimoli:

52 *Quando penso a qualcosa, è come se la stessi vivendo*
33 *Ho una vivida immaginazione*
54 *Mi piace sognare*
6 *Mi lascio andare spesso alla fantasia*
127 *Quando penso a una persona, mi vengono subito alla mente le sensazioni che mi dà*
32 *Rifletto continuamente sulla mia interiorità*
31 *Quando penso a qualcosa, è come se ne sentissi il suono*
180 *In ogni decisione, do molta importanza ai sentimenti*
132 *Sono in grado di sentire le emozioni degli altri*
58 *Mi piace intuire il senso nascosto delle cose, al di là delle apparenze*
79 *Vedo la bellezza anche dove altri non la notano*
3 *Quando penso a qualcosa, è come se la vedessi davanti agli occhi*
156 *Mi emoziono facilmente*
107 *Nella vita, mi lascio guidare soprattutto dal cuore*
101 *Quando penso a una persona, mi viene subito alla mente la sua voce*

Tratto-Fattore 6: Difensività

L'analisi fattoriale a un solo Fattore, all'interno del pool di item che sono risultati essere particolarmente caratteristici di quel Fattore (e che risulta spie-gare ulteriormente il 19.54% della varianza al suo interno), viene descritta nella Tabella 6.

Tabella 6 – Analisi fattoriale (a un solo Fattore), sul pool di item risultati essere più saturi del Fattore 6.

212 Molta gente riceve cose che non merita	.565
70 Le persone tendono solamente a curare i propri interessi	.564
183 La prima cosa che bisogna insegnare ai bambini è la disciplina	.545
51 C'è chi nasce fortunato e chi no	.526
116 Spesso la gente ti mostra una faccia diversa da quella sua vera	.517
10 Molta gente è invidiosa	.509
76 Senza le occasioni giuste, è difficile avere successo nella vita	.498
55 Per vivere bene, i soldi sono fondamentali	.495
157 Mi fido poco degli altri	.488
203 Nella vita occorre tenere i piedi ben piantati per terra	.476
135 La verità è una sola	.455
7 Nella vita è importante ottenere risultati concreti	.447
72 Nelle discussioni, quello che conta è fare vincere le proprie ragioni	.433
22 La vita è sofferenza	.428
39 La vita per me è una continua battaglia per riuscire al meglio	.425

188 In alcuni casi, è giusto farsi giustizia da soli	.410
175 Cerco di evitare la gente troppo complicata	.410
141 A volte le persone cercano di manipolarti per ottenere i loro scopi	.406
113 Bisogna stare attenti alla salute, dato che basta poco per comprometterla	.401
18 Se mi provocano, a volte rispondo molto male	.378
87 Forse gli scongiuri non servono a molto, ma è meglio farli che non farli	.354
199 Le discussioni filosofiche mi annoiano	.339
96 Avere a che fare con persone incompetenti è insopportabile	.327
98 La gente rispetta la legge perché glielo impone l'autorità	.323
59 Nelle questioni sentimentali, è bene tenere conto anche della ragione	.305
86 Ognuno deve essere il più libero possibile di fare quello che gli va	.279

Estraendo dunque i primi 15 item (in ordine discendente di saturazione fattoriale) ed escludendo quelli a saturazione negativa, questo Fattore-Tratto-Costrutto risulta essere rappresentato dai seguenti stimoli:

212 *Molta gente riceve cose che non merita*
70 *Le persone tendono solamente a curare i propri interessi*
183 *La prima cosa che bisogna insegnare ai bambini è la disciplina*
51 *C'è chi nasce fortunato e chi no*
116 *Spesso la gente ti mostra una faccia diversa da quella sua vera*
10 *Molta gente è invidiosa*
76 *Senza le occasioni giuste, è difficile avere successo nella vita*
55 *Per vivere bene, i soldi sono fondamentali*
157 *Mi fido poco degli altri*
203 *Nella vita occorre tenere i piedi ben piantati per terra*
135 *La verità è una sola*
7 *Nella vita è importante ottenere risultati concreti*
72 *Nelle discussioni, quello che conta è fare vincere le proprie ragioni*
22 *La vita è sofferenza*
39 *La vita per me è una continua battaglia per riuscire al meglio*

Tratto-Fattore 7: Introversione

L'analisi fattoriale a un solo Fattore, all'interno del pool di item che sono risultati essere particolarmente caratteristici di quel Fattore (e che risulta spiegare ulteriormente il 18.48% della varianza al suo interno), viene descritta nella Tabella 7.

Tabella 7 – Analisi fattoriale (a un solo Fattore), sul pool di item risultati essere più saturi del Fattore 7.

24 Di solito, tengo per me le mie emozioni	.599
78 Rivelo poco di me stessa/o agli altri	.538
104 Controllo bene i miei istinti	.482
85 Medito sempre attentamente, prima di agire	.472
5 Mi piace stare per conto mio	.452
102 Faccio fatica a conoscere nuove persone	.448

198 E' difficile fare amicizia con gli altri	.431
193 Nelle situazioni di gruppo, spesso rimango sullo sfondo	.429
128 Di solito tengo gli altri a distanza	.428
217 Mi piace fare le cose da solo/a	.428
202 Sono un tipo tranquillo	.427
53 Nelle conversazioni, tendo soprattutto ad ascoltare	.416
12 Nella vita è sempre meglio controllare le proprie emozioni	.405
205 Per comunicare con gli altri, uso soprattutto la logica	.390
68 Mi piace fare le cose con calma	.370
25 Cerco sempre di prendere le mie decisioni per conto mio	.322
9 Di solito resto calmo anche nelle situazioni difficili	.296
208 Tendo ad agire in maniera impulsiva	-.289

Estraendo dunque i primi 15 item (in ordine discendente di saturazione fattoriale) ed escludendo quelli a saturazione negativa, questo Fattore-Tratto-Costrutto risulta essere rappresentato dai seguenti stimoli:

24 *Di solito, tengo per me le mie emozioni*
78 *Rivelo poco di me stessa/o agli altri*
104 *Controllo bene i miei istinti*
85 *Medito sempre attentamente, prima di agire*
5 *Mi piace stare per conto mio*
102 *Faccio fatica a conoscere nuove persone*
198 *E' difficile fare amicizia con gli altri*
193 *Nelle situazioni di gruppo, spesso rimango sullo sfondo*
128 *Di solito tengo gli altri a distanza*
217 *Mi piace fare le cose da solo/a*
202 *Sono un tipo tranquillo*
53 *Nelle conversazioni, tendo soprattutto ad ascoltare*
12 *Nella vita è sempre meglio controllare le proprie emozioni*
205 *Per comunicare con gli altri, uso soprattutto la logica*
68 *Mi piace fare le cose con calma*

9. Contenuti di ITAPI-G e modalità di somministrazione

La procedura di estrazione dei Fattori e di identificazione dei 105 item che caratterizzano ITAPI-G è stata già descritta nel precedente Rapporto Tecnico, cui rimandiamo (Perussia, 2005a). Riportiamo comunque, qui di seguito, quello che nella tradizione testistica può essere indicato come il "quadernetto" di ITAPI-G; il quale si compone, nella forma che ci è apparsa più efficace, di 3 pagine formato A4. Di cui riportiamo una versione graficamente gradevole nelle pagine seguenti, mentre sul sito www.itapi.org il modulo di somministrazione è riportato in formato .pdf.

Stante la propensione decisamente internazionale di ITAPI, sul sito www.itapi.org sono pubblicate anche diverse altre versioni complete (e confrontabili tra loro) di ITAPI-G, oltre a quella italiana, tra cui (al momento) quelle: anglo-americana, spagnola, portoghese-brasiliana, francese, tedesca, albanese.

La tradizione dell'impiego dei Test di personalità, che (come abbiamo appena ricordato) generalmente hanno carattere commerciale e vengono dunque mantenuti sostanzialmente segreti, si fonda su un uso costante di fotocopie. Benché la pratica sia esecrabile, corre voce che spesso, dovendo pagare cifre salate (e talvolta sottoporsi a complesse procedure di filtro corporativo) per poter utilizzare un Inventario, molti operatori tagliano, per così dire, la testa al toro fotocopiandoli o comunque riproducendoli in modalità piratesca.

Poiché appunto a noi questa pratica (tra l'altro: illegale) non piace, preferiamo fornire il modulo definitivo già bell'e pronto, oltre che in libero uso (qualsiasi utilizzo commerciale escluso). Naturalmente: ITAPI-G può essere somministrato anche all'interno di un questionario più ampio, ma la forma grafica che ne offriamo sembra essere comunque efficace, almeno per alcuni usi.

Ed ecco dunque la struttura finale dell'Inventario Italiano di Personalità ITAPI (Italia Personality Inventory) nella sua forma più completa o forma "G" (Generale o Grande o Great): 7 Scale di Tratto con 15 item ciascuna, per un totale di 105 stimoli complessivi.

Tale versione è stata ottenuta alternando un item per ognuno dei sette Fattori: il primo gruppo (di 7) è rappresentato dal primo item di ciascuno dei sette Fattori; il secondo gruppo (sempre di 7) è rappresentato dal secondo item di ciascuno dei sette Fattori; e così via per quindici volte (e si veda anche la Tabella 42, più oltre).

Il tempo si somministrazione di ITAPI-G è fra i 10 e i 15 minuti. La compilazione di ITAPI-G è prevista per auto-compilazione; e può essere in forma sia individuale sia collettiva.

ITAPI ® G - Italia Personality Inventory (Forma G)

Le chiediamo di indicare quanto ciascuna delle affermazioni che seguono è vera per lei oppure no. Risponda, per favore, facendo una crocetta sul numero, accanto alla risposta, che la convince di più. Non ci sono valutazioni giuste o sbagliate. Ogni giudizio va bene purché si addica alla sua persona. E' importante rispondere a tutte le domande. Legga una domanda alla volta e dia sempre e comunque una sola risposta per ciascuna affermazione, senza correggere successivamente. Basi le riposte su come lei è di solito, in situazioni reali, anche se differisce da come vorrebbe essere. Per ogni affermazione, le viene chiesto di esprimere la risposta su una scala a quattro punti, che indicano: **4 = COMPLETAMENTE** d'accordo; **3 = ABBASTANZA** d'accordo; **2 = POCO** d'accordo; **1 = PER NULLA** d'accordo. Grazie per la collaborazione.

1 Sono pieno di idee	4	3	2	1	1
2 Spesso mi sento triste	4	3	2	1	2
3 Cerco di avere sempre una buona parola per tutti	4	3	2	1	3
4 Nelle cose che faccio, sono un tipo preciso	4	3	2	1	4
5 Mi piace sognare	4	3	2	1	5
6 Nella vita è importante ottenere risultati concreti	4	3	2	1	6
7 Mi piace stare per conto mio	4	3	2	1	7
8 Mi piace trovare sempre nuove idee e nuovi progetti	4	3	2	1	8
9 Spesse volte mi sento in colpa	4	3	2	1	9
10 Sento grande solidarietà con chi è più povero o sfortunato di me	4	3	2	1	10
11 Sono perfezionista	4	3	2	1	11
12 Mi lascio andare spesso alla fantasia	4	3	2	1	12
13 La prima cosa che bisogna insegnare ai bambini è la disciplina	4	3	2	1	13
14 Mi piace fare le cose da solo/a	4	3	2	1	14
15 Mi piacciono le sfide	4	3	2	1	15
16 Ho frequenti sbalzi di umore	4	3	2	1	16
17 Esprimo le mie opinioni stando attento a non offendere gli altri	4	3	2	1	17
18 Prendo tutte le cose molto seriamente	4	3	2	1	18
19 Ho una vivida immaginazione	4	3	2	1	19
20 Per vivere bene, i soldi sono fondamentali	4	3	2	1	20
21 Rivelo poco di me stessa/o agli altri	4	3	2	1	21
22 Sono un tipo intraprendente	4	3	2	1	22
23 Ci sono molte cose che mi preoccupano	4	3	2	1	23
24 Ho un profondo senso di gratitudine per le cose che ricevo dalla vita	4	3	2	1	24
25 Finisco sempre quello che comincio	4	3	2	1	25
26 Quando penso a qualcosa, è come se la stessi vivendo	4	3	2	1	26
27 Molta gente riceve cose che non merita	4	3	2	1	27
28 Di solito, tengo per me le mie emozioni	4	3	2	1	28
29 Mi piace sperimentare nuove cose e nuove situazioni	4	3	2	1	29
30 Sono spesso di cattivo umore	4	3	2	1	30
31 Mi piace dare una mano alle altre persone	4	3	2	1	31
32 Sono un tipo preciso	4	3	2	1	32
33 Quando penso a qualcosa, è come se la vedessi davanti agli occhi	4	3	2	1	33

34 Molta gente è invidiosa	4	3	2	1	34
35 Nelle conversazioni, tendo soprattutto ad ascoltare	4	3	2	1	35
36 Mi interesso sempre a un sacco di cose	4	3	2	1	36
37 A volte mi sento proprio inutile	4	3	2	1	37
38 Sono molto sensibile alle emozioni altrui	4	3	2	1	38
39 Di solito porto a termine tutti i miei compiti	4	3	2	1	39
40 Quando penso a qualcosa, è come se ne sentissi il suono	4	3	2	1	40
41 Le persone tendono solamente a curare i propri interessi	4	3	2	1	41
42 Controllo bene i miei istinti	4	3	2	1	42
43 Sono un tipo dalla parlantina facile	4	3	2	1	43
44 Nella vita mi aspetto che le cose vadano male	4	3	2	1	44
45 Penso sia giusto sacrificarsi per gli altri	4	3	2	1	45
46 Faccio attenzione soprattutto ai dettagli	4	3	2	1	46
47 Quando penso a una persona, mi vengono subito alla mente le sensazioni che mi dà	4	3	2	1	47
48 Spesso la gente ti mostra una faccia diversa da quella sua vera	4	3	2	1	48
49 Sono un tipo tranquillo	4	3	2	1	49
50 Attacco facilmente discorso anche con quelli che non conosco	4	3	2	1	50
51 Certe volte ho l'impressione che la gente ce l'abbia con me	4	3	2	1	51
52 Tutto sommato: ho fiducia negli altri	4	3	2	1	52
53 Tendo a fare piani per qualsiasi cosa	4	3	2	1	53
54 Rifletto continuamente sulla mia interiorità	4	3	2	1	54
55 Senza le occasioni giuste, è difficile avere successo nella vita	4	3	2	1	55
56 Per comunicare con gli altri, uso soprattutto la logica	4	3	2	1	56
57 Sono un tipo esuberante	4	3	2	1	57
58 Spesso ho paura di sbagliare in quello che faccio	4	3	2	1	58
59 Stare in mezzo alla gente mi dà energia	4	3	2	1	59
60 Cerco di darmi da fare per non perdere tempo	4	3	2	1	60
61 In ogni decisione, do molta importanza ai sentimenti	4	3	2	1	61
62 C'è chi nasce fortunato e chi no	4	3	2	1	62
63 Medito sempre attentamente, prima di agire	4	3	2	1	63
64 Mi faccio valere	4	3	2	1	64
65 Ho sempre paura che possa capitarmi il peggio	4	3	2	1	65
66 In una discussione animata, cerco di capire le opinioni di tutti	4	3	2	1	66
67 Guido la mia vita soprattutto usando la testa	4	3	2	1	67
68 Sono in grado di sentire le emozioni degli altri	4	3	2	1	68
69 Mi fido poco degli altri	4	3	2	1	69
70 Faccio fatica a conoscere nuove persone	4	3	2	1	70
71 Sono un tipo espansivo	4	3	2	1	71
72 La mia salute è soggetta ad alti e bassi imprevedibili	4	3	2	1	72
73 Ho un carattere affettuoso	4	3	2	1	73
74 Sono un tipo metodico	4	3	2	1	74
75 Mi piace intuire il senso nascosto delle cose, al di là delle apparenze	4	3	2	1	75
76 Nella vita occorre tenere i piedi ben piantati per terra	4	3	2	1	76
77 E' difficile fare amicizia con gli altri	4	3	2	1	77

78 Ho una forte personalità	**4**	**3**	**2**	**1**	78
79 Spesso faccio fatica a prendere decisioni	**4**	**3**	**2**	**1**	79
80 Anche se a volte sembra che le cose vadano male, penso che a tutto c'è rimedio	**4**	**3**	**2**	**1**	80
81 Per prendere la decisione giusta, peso bene i pro e i contro	**4**	**3**	**2**	**1**	81
82 Vedo la bellezza anche dove altri non la notano	**4**	**3**	**2**	**1**	82
83 La verità è una sola	**4**	**3**	**2**	**1**	83
84 Nelle situazioni di gruppo, spesso rimango sullo sfondo	**4**	**3**	**2**	**1**	84
85 Mi piace improvvisare	**4**	**3**	**2**	**1**	85
86 Mi spavento facilmente	**4**	**3**	**2**	**1**	86
87 Le altre persone mi interessano molto	**4**	**3**	**2**	**1**	87
88 Sono un tipo decisamente pratico	**4**	**3**	**2**	**1**	88
89 Mi emoziono facilmente	**4**	**3**	**2**	**1**	89
90 Nelle discussioni, quello che conta è fare vincere le proprie ragioni	**4**	**3**	**2**	**1**	90
91 Di solito tengo gli altri a distanza	**4**	**3**	**2**	**1**	91
92 Mi piace essere al centro dell'attenzione	**4**	**3**	**2**	**1**	92
93 Soffro spesso di malattie in varie parti del corpo	**4**	**3**	**2**	**1**	93
94 Rispettare la propria coscienza è un dovere assoluto	**4**	**3**	**2**	**1**	94
95 Dico sempre la verità	**4**	**3**	**2**	**1**	95
96 Nella vita, mi lascio guidare soprattutto dal cuore	**4**	**3**	**2**	**1**	96
97 La vita è sofferenza	**4**	**3**	**2**	**1**	97
98 Nella vita è sempre meglio controllare le proprie emozioni	**4**	**3**	**2**	**1**	98
99 Mi piace l'avventura	**4**	**3**	**2**	**1**	99
100 Ho la tendenza a disperdermi	**4**	**3**	**2**	**1**	100
101 Mi riesce facile prendere la gente così com'è	**4**	**3**	**2**	**1**	101
102 Guardo soprattutto i particolari	**4**	**3**	**2**	**1**	102
103 Quando penso a una persona, mi viene subito alla mente la sua voce	**4**	**3**	**2**	**1**	103
104 La vita per me è una continua battaglia per riuscire al meglio	**4**	**3**	**2**	**1**	104
105 Mi piace fare le cose con calma	**4**	**3**	**2**	**1**	105

Città di Residenza: (106)		**Provincia di:** (107)	
Età (in anni compiuti): (108)	**Sesso:** (109)	Maschio (1)	Femmina (2)
Titolo di Studio: (110)	Elementari (1) Medie Inferiori (2)	Medie Superiori (3)	Laurea (4)
Stato Civile: (111)	Celibe/Nubile (1) Separato/Divorziata (2)	Coniugato/a (3)	Vedovo/a (4)
Professione: (112)	Studente (1) Operaio (2) Impiegato (3)	Quadro (4) Dirigente (5) Professionista (6)	Imprenditore (7) Disoccupato (8) Pensionato (10) Casalinga (9)

www.itapi.org

E siamo particolarmente soddisfatti di questa esposizione, così trasparente fino al dettaglio, del questionario di ITAPI-G. Anche perché speriamo che molti altri ricercatori ci seguano su questa strada, davvero poco praticata fino ad oggi se non molto timidamente.

Giusto per riportare un solo esempio comparativo: quello che pure è probabilmente uno dei migliori e più diffusi Inventarii classici di personalità presenti fino ad oggi in Italia, ovvero il cosiddetto Big Five, nelle sue varie versioni pubblica, all'interno del Manuale ufficiale, 10 item in tutto, dei 132 di cui si dichiara composto (Caprara, Barbaranelli e Borgogni, 1993). Questi, per inciso (citando tra parentesi il Tratto-Fattore di cui fanno da esempio), sono: "Mi sembra di essere una persona attiva e vigorosa" (Dinamismo); "Generalmente tendo ad impormi piuttosto che accondiscendere" (Dominanza); "Se necessario non mi tiro indietro dal dare un aiuto a sconosciuti" (Cooperatività/Empatia); "Ritengo che in ogni persona ci sia qualcosa di buono" (Cordialità/Atteggiamento amichevole); "Di solito curo ogni cosa nei minimi particolari" (Scrupolosità); "Porto fino in fondo le decisioni che ho preso" (Perseveranza); "Di solito non mi capita di reagire in maniera esagerata anche a forti emozioni" (Controllo dell'emozione); "Di solito non perdo la calma" (Controllo degli impulsi); "Sono sempre informato su quello che accade nel mondo" (Apertura alla cultura); "Ogni novità mi affascina" (Apertura all'esperienza).[23]

Nella versione presentata a una Rivista Scientifica (Caprara, Barbaranelli, Borgogni e Perugini, 1994), che forse ha preteso un maggiore dettaglio, gli item resi pubblici aumentano però a 22 (di cui viene indicato anche il numero d'ordine nel questionario originale). Ne viene infatti aggiunto un esempio per ogni Tratto-Fattore, e precisamente: "Affronto ogni mia esperienza con grande entusiasmo" (Dinamismo); "Sono disposto ad impegnarmi a fondo pur di primeggiare" (Dominanza); "So quasi sempre come venire incontro alle esigenze altrui" (Cooperatività/Empatia); "Generalmente ho fiducia negli altri e nelle loro intenzioni" (Cordialità/Atteggiamento amichevole); "Prima di consegnare un lavoro dedico molto tempo alla sua revisione" (Scrupolosità); "Difficilmente desisto da un'attività che ho intrapreso" (Perseveranza); "Non credo di essere una persona ansiosa" (Controllo dell'emozione); "Non è facile che qualcosa o qualcuno mi facciano perdere la pazienza" (Controllo degli impulsi); "Mi piace molto vedere i programmi di informazione culturale e/o scientifica" (Apertura alla cultura); "Sono una persona che va sempre in cerca di nuove esperienze" (Apertura all'esperienza). Mentre vengono aggiunti anche due item dalla Scala Lie (che in quel Test è presente): "Non ho mai detto una bugia"; "Sono sempre andato completamente d'accordo con tutti".

---

[23]Speriamo di non andare contro qualche vincolo legale con il fatto di riportare almeno questi elementi, e quelli subito successivi, che sono magari pochi ma risultano essere largamente diffusi in normali pubblicazioni accessibili a chiunque.

10. Campione per la standardizzazione italiana di ITAPI-G (2.383 casi)

L'insieme dei 218 item di partenza per ITAPI-G è stato sottoposto diffusamente a dei soggetti italiani adulti, tra il mese di maggio del 2004 e il mese di luglio del 2005.

Nell'ambito di tale rilevazione è stato possibile somministrare il pool di item per ITAPI a un campione complessivo di 2.383 soggetti. La rilevazione è tuttavia ancora in corso e il numero dei protocolli raccolti sta ulteriormente crescendo.

Il pool preliminare dei 218 item di ITAPI è stato somministrato per auto-compilazione. I soggetti sono stati avvicinati in modo casuale. Il Test veniva consegnato a singoli soggetti o a piccoli gruppi di soggetti, chiedendo di completarlo. Terminata la somministrazione, veniva subito ritirato, numerato e messo da parte per essere riversato su computer.

La somministrazione, in molti casi, è avvenuta direttamente da parte dell'Autore, o di altri collaboratori al Programma. In altri casi, è stata realizzata da un gruppo di laureandi presso la Facoltà di Psicologia nell'Università degli Studi di Torino, cui il questionario preliminare è stato fornito come strumento di lavoro (atto a realizzare un'appendice, intesa come approfondimento di ricerca) da utilizzare nell'ambito della produzione della loro tesi di laurea in psicologia (sostenuta con Felice Perussia come relatore e, per lo più, con Renata Viano come correlatore).

Il protocollo originale riportava, in testa, l'intitolazione: "Questionario di opinione pubblica" (sempre: quella classica di Adorno e collaboratori). Si apriva con alcune istruzioni, e precisamente: "Stiamo conducendo un'indagine su vari aspetti della vita quotidiana. Le chiediamo di indicare quanto ciascuna delle affermazioni che seguono è vera per lei oppure no. Risponda per favore, con correttezza e sincerità, facendo una crocetta sul numero, accanto alla risposta, che la convince di più. Non ci sono valutazioni giuste o sbagliate. Ogni giudizio va bene purché si addica alla sua persona. E' importante rispondere a tutte le domande. Legga una domanda alla volta e dia sempre e comunque una sola risposta per ciascuna affermazione (con una crocetta), senza correggere successivamente. Basi le riposte su come lei è di solito, in situazioni reali, anche se differisce da come vorrebbe essere. Per ogni affermazione, le viene chiesto di esprimere la risposta su una scala a quattro punti, che indicano: 4 = COMPLETAMENTE d'accordo; 3 = ABBASTANZA d'accordo; 2 = POCO d'accordo; 1 = PER NULLA d'accordo. Il questionario è anonimo. Grazie per la collaborazione".

Seguendo i criteri oggi prevalenti di costruzione di Test e Inventari nella ricerca psicosociale e sulla personalità, abbiamo scelto di non presentare una voce intermedia (di incertezza sulla risposta). Si tratta dunque, in sostanza, di una scala a scelta forzata facilitata.

Il ragionamento sul tema di quante voci mettere nella scala di risposta sarebbe davvero lungo, per cui lo rimandiamo ad altra occasione. In estrema sintesi, facciamo tuttavia presente che, per la somministrazione di qualche Test, può essere in uso anche una scala di risposta a 5 punti, ovvero con una voce intermedia (3), soprattutto con l'obiettivo dichiarato di non perdere dati o protocolli.

Lo prescrivono, ad esempio, le regole per il calcolo dei punteggi contenute nel manuale della principale tra le versioni dei Big Five realizzate dal gruppo di Caprara, che recitano: "Se un soggetto non risponde a qualche domanda e lascia uno spazio vuoto sul foglio di risposta, tale risposta deve essere codificata con il numero 3 che corrisponde al valore medio della scala di risposta: tale valore minimizza la modalità di distorsione del punteggio se sostituito alla risposta mancante" (Caprara, Barbaranelli e Borgogni, 1993, 37).

Si tratta in effetti di una distorsione modesta, ma che comunque viene introdotta (fatto un po' problematico specie nel caso della definizione delle norme psicometriche per il Test stesso). Nel caso di ITAPI-G, ad esempio, basandosi sulle norme nazionali riportate qui (cfr: Tabella 10) l'item 44 "Nella vita mi aspetto che le cose vadano male" ha un punteggio medio di 1.67 (che sarebbe equivalente a 2.09 in una scala a 5 punti, come nel BFQ, invece che a 4 punti come in ITAPI-G), mentre l'item 73 "Ho un carattere affettuoso" ha un punteggio medio di 3.17 (che sarebbe equivalente a 3.96 in una scala a 5 punti). Per cui accadrebbe che, se un soggetto non esprime il suo livello di adesione a queste affermazioni (tra l'altro: per ragioni che non conosciamo), attribuirgli il valore intermedio: nel primo caso equivarrebbe a collocarlo d'ufficio, molto arbitrariamente, in una posizione decisamente al di sopra della media (3.00 invece che 2.09); mentre nel secondo caso lo collocherebbe, altrettanto arbitrariamente, decisamente al di sotto della media (3.00 invece che 3.96). Con le conseguenti distorsioni del suo profilo effettivo di personalità. Per cui, nella costruzione di ITAPI, abbiamo appunto preferito continuare ad utilizzare la classica scala a 4 punti.

Il questionario si chiudeva con l'espressione: "La preghiamo di controllare di avere risposto a tutte le domande. E' un fatto molto importante per la riuscita dell'indagine. Ancora grazie per la collaborazione".

Come si vede in Tabella 8 e Tabella 9: il campione avvicinato, cui la versione preliminare di ITAPI è stata somministrata interamente, risulta essere relativamente diversificato, con riferimento a variabili quali il sesso, l'età, il livello di istruzione, lo stato civile, la professione, l'area geografica di residenza; così come anche all'insieme di queste variabili incrociate tra di loro.

Possiamo aggiungere ancora, tra gli elementi non riportati direttamente dalla Tabella 8, che: l'età media del campione nel suo insieme è di 37.4 anni (Deviazione standard: 14.2; Varianza: 200.9); l'età media degli uomini è di 37.8 anni (Deviazione standard: 14.4; Varianza: 207.0); l'età media delle donne è di 37.2 anni (Deviazione standard: 14.0; Varianza: 196.3).

Una presentazione così analitica del campione (e di tutte le elaborazioni statistiche che ne derivano), quale quella proposta qui, ne mette in evidenza i limiti. Ma preferiamo mostrare con precisione quanto (poco) il campione normativo di ITAPI-G si discosti da un campione bilanciato fino al minimo dettaglio; piuttosto che (come spesso avviene in letteratura) lasciar capire che il campione "va bene", ma senza poi fornire dei precisi elementi al riguardo. Il che

114

rappresenterebbe un limite: tanto per la validità del Test; quanto per la possibilità (per gli utenti) di sapere che cosa stanno usando ovvero quale tipo di prova stanno affrontando; quanto per la possibilità di verifiche e di confronti scientifici seri e approfonditi.

Aggiungiamo infine un paio di precisazioni relative alle dimensioni dei campioni (normativi) che ricorrono più frequentemente nella ricerca sui Test e nelle loro tarature. Abbiamo infatti scoperto, coll'esperienza, che molti studenti (ma anche molti studiosi) non hanno idee ben chiare in materia, per cui è meglio cercare di chiarirle almeno un po'.

Per riportare solo qualche esempio italiano, fra i test molto classici di cui abbiamo tenuto conto per costituire l'elenco di partenza degli item di ITAPI (Perussia, 2004), è significativo, ad esempio, il caso del Minnesota Multiphasic Personality Inventory o MMPI, che, come abbiamo già ricordato, è il test oggettivo di personalità più noto e usato in assoluto, in tutto il mondo come anche nel nostro Paese.

Di questo reattivo, che è appunto molto diffuso almeno da cinquant'anni anche in Italia, l'unica forma che veniva utilizzata fino a buona parte degli anni '90 era una semplice traduzione (Hathaway e Mc Kinley, 1942; Hathaway, Mc Kinley, Nencini e Banissoni, 1957; Mosticoni e Chiari, 1977). Mentre solo da pochi anni è finalmente disponibile una forma, della sua seconda versione detta MMPI-2, che fa riferimento anche a un campione italiano di 1.375 soggetti (di cui 403 maschi e 972 femmine, del centro Italia, con età media di 27 anni circa), efficacemente sviluppata da Pancheri e Sirigatti (Hathaway, Pancheri e Sirigatti, 1995; Sirigatti, 1998).

Altro caso interessante riguarda la validazione italiana della Forma C, o forma breve (105 item), del Sixteen Personality Factors o 16PF statunitense di Cattell (Cusin e Novaga, 1962; Novaga e Pedon, 1977). Questa è stata infatti realizzata con un campione di 200 soggetti maschi tra i 18 e i 45 anni, verosimilmente della zona di Padova. Tale edizione del test è tuttora di uso frequente in Italia, anche in contesti di selezione.

Del resto, l'unica versione disponibile della Forma A, di dimensioni più ampie (187 item), del medesimo 16PF (Forma 5, o quinta edizione, statunitense) è stata validata su un campione di 198 soggetti, maschi e femmine, fra i 17 e i 20 anni. Mentre solo della Forma D (105 item, ma diversi da quelli della Forma C), sempre statunitense, esiste oggi una validazione su un campione, decisamente più ampio, di 1.323 soggetti, di cui 269 maschi e 1.054 femmine, tra i 15 e i 30 anni d'età. Entrambi questi importanti aggiornamenti sono stati finalmente realizzati grazie al lavoro di Sirigatti e Stefanile (Cattell, Sirigatti e Stefanile, 1994).

Un ultimo esempio tra i mille altri, tanto per completare temporaneamente l'accenno a questa abitudine tipica della ricerca sulla personalità. Anche la validazione italiana di un test pure molto importante e di successo come le Comrey Personality Scales (CPS) si basa su un campione che assomma in totale a 268 giovani (113 maschi e 155 femmine) con istruzione medio-superiore (Caprara, Barbaranelli, Perugini e Comrey, 1991). E così via.

Nella maggior parte dei casi, comunque, tutti questi studiosi che utilizzano (di necessità) limitati campioni di comodo per la ricerca sui reattivi di personalità, producendo peraltro lavori comunque utili e scientificamente interessanti, lo fanno esplicitamente solo per contingenti limitazioni delle risorse a disposizione. Mentre più o meno tutti auspicano che si possa realizzare invece una ben maggiore continuità (quanto meno per le variabili: sesso ed età) tra la struttura della popolazione di riferimento del test e la struttura del campione utilizzato per validarlo.

Anche noi riteniamo che il riferimento ad un campione almeno indicativamente rappresentativo della popolazione abbia la sua importanza nel rendere più affidabile lo strumento. E anche per questo abbiamo compiuto uno sforzo notevole per avvicinare un insieme di soggetti che, pur senza la pretesa di essere una fotografia demoscopica del Paese, possa essere considerato sostanzialmente rappresentativo.

Per cui, nell'insieme, si può comunque notare come questo campione di ITAPI possa correttamente venire considerato un punto di riferimento ampio e variegato, oltre che abbastanza rappresentativo della popolazione italiana adulta (con una speciale attenzione anche alla distribuzione sul territorio nazionale). Specie se lo si confronta con i campioni utilizzati dalla gran parte dei Test psicologici attualmente in circolazione (cfr: Perussia, 2004), il campione di ITAPI-G appare infatti di una rappresentatività più unica che rara.

Tabella 8 - Struttura del campione normativo nazionale di ITAPI-G (n=2.383): composizione per sesso, età, istruzione, stato civile, professione e provincia di residenza.

		Valori assoluti	Percentuali valide	Composizione per sesso (numero dei casi)	
				UOMINI	DONNE
Sesso	Uomini	1.008	42.3		
	Donne	1.375	57.7		
Età	18/28	799	33.7	337	462
	29/38	592	24.9	242	350
	39/48	426	18.0	171	255
	49/58	339	14.3	152	187
	59/68	161	6.8	82	79
	69 e più	56	2.4	23	33
	Non indica	10		1	9
Istruzione	Elementari	75	3.2	30	45
	Medie Inferiori	470	19.9	208	262
	Medie Superiori	1.329	56.2	550	779
	Università	491	20.8	208	283
	Non indica	18		12	6
Stato civile	Celibe/Nubile	1.163	49.6	521	642
	Coniugato/a	931	39.7	379	552
	Separato/a	201	8.6	77	124
	Vedovo/a	52	2.2	10	42
	Non indica	36		21	15
Professione	Impiegato	691	29.4	242	449
	Studente	509	21.7	212	297
	Operaio	294	12.5	156	138
	Professionista	278	11.8	152	126
	Pensionato/a	196	8.3	97	99
	Casalinga	128	5.5	3	125
	Imprenditore	84	3.6	54	30
	Disoccupato	67	2.9	31	36
	Quadro	66	2.8	27	39
	Dirigente	35	1.5	24	11
	Non indica	35		10	25
Provincia di residenza	Milano	724	30.4	295	429
	Torino	446	18.7	187	259
	Reggio Calabria	136	5.8	64	72
	Roma	133	5.8	55	78
	Sassari	116	4.9	55	61
	Pavia	107	4.5	55	52
	Como	86	3.6	31	55
	Verona	73	3.1	28	45
	Imperia	70	2.9	34	36
	Grosseto	44	1.8	15	29
	Firenze	40	1.7	16	24
	Cremona	39	1.6	18	21
	Siena	35	1.5	14	21
	Varese	29	1.2	10	19
	Potenza	28	1.2	13	15
	Cuneo	24	1.0	7	17

	Modena	14	.5	8	6
	L'Aquila	13	.5	5	8
	Monza	13	.5	6	7
	Bergamo	10	.4	5	5
	Oristano	10	.4	7	3
	Altre province	193	8.1	80	113

Tabella 9 - Struttura del campione normativo nazionale di ITAPI-G (n=2.383): composizione analitica per singolo anno di età e per sesso.

Anni compiuti	Uomini	Donne	Tot
18	30	41	71
19	25	27	52
20	26	44	70
21	37	48	85
22	31	44	75
23	28	39	67
24	39	44	83
25	23	45	68
26	28	47	75
27	28	43	71
28	42	40	82
29	32	30	62
30	24	49	73
31	25	42	67
32	34	37	71
33	21	26	47
34	20	30	50
35	27	29	56
36	17	30	47
37	17	39	56
38	25	38	63
39	24	21	45
40	22	30	52
41	18	28	46
42	22	29	51
43	9	22	31
44	16	23	39
45	16	35	51
46	20	28	48
47	8	22	30
48	16	17	33
49	20	13	33
50	16	31	47

Anni compiuti	Uomini	Donne	Tot
51	14	17	31
52	18	28	46
53	10	12	22
54	16	18	34
55	18	18	36
56	15	17	32
57	12	23	35
58	13	10	23
59	8	15	23
60	14	12	26
61	8	9	17
62	12	10	22
63	14	10	24
64	6	4	10
65	3	9	12
66	8	4	12
67	6	3	9
68	3	3	6
69	2	1	3
70	6	6	12
71	3	3	6
72	3		3
73	2	2	4
74	3	2	5
75	1	1	2
76		3	3
77		2	2
78		1	1
79		2	2
80	2	2	4
82		1	1
83		4	4
84		2	2
85	1		1
86		1	1
Non dichiarato	1	9	10
TOTALE	1.008	1.345	2.383

11. Analisi dei 105 Item di ITAPI-G: Coerenza e omogeneità interna

A questo punto, nel presente Rapporto Tecnico, presentiamo dunque, conformemente agli usi tipici dei Manuali Tecnici per la somministrazione dei Test, le caratteristiche psicometriche di ITAPI-G che ne permettano, a tutto titolo, la somministrazione con riferimento alla popolazione nel suo complesso.

Come primo passo, presentiamo dunque qui di seguito una serie di dati relativi alla struttura psicometrica dei singoli item di ITAPI-G. Facendo presente che, in tutto il Manuale, ciascun item è preceduto dal suo numero d'ordine che lo caratterizza nel modulo di somministrazione definitivo.

Per ciascuno dei 105 item, riportiamo:
1) la Media;
2) la Deviazione Standard;
3) la misura del grado di simmetria che caratterizza la distribuzione delle risposte (Skeweness)[24];
4) la misura della concentrazione o dispersione dei dati attorno al valore centrale (Kurtosis)[25].

Tali dati vengono riportati, in primo luogo, con riferimento al campione totale (Tabella 10). Successivamente, li presentiamo anche con riferimento analitico ai sub-campioni di: Uomini (Tabella 11); Donne (Tabella 12); soggetti fra 18 e 35 anni d'età (Tabella 13); soggetti fra 36 e 86 anni d'età (Tabella 14).

---

[24] Potrà risultare pleonastico per dei lettori esperti di ricerca, ma non per una maggiore comprensione da parte di studenti e professionisti di altre aree, ricordare che la skewness assume valore .0 se c'è simmetria (la massima simmetria è quella presentata dalla distribuzione detta normale in cui moda, media e mediana coincidono); presenta invece valori inferiori a .0 quando la moda è spostata verso i valori massimi della distribuzione (asimmetria negativa); mentre è maggiore di 0 se la moda è spostata verso l'estremo inferiore della distribuzione (asimmetria positiva).

[25] Ricordiamo dunque anche che, nel caso della kurtosis: il valore 0 è tipico di una distribuzione mesocurtica come quella detta normale; mentre con valori inferiori a -3. la distribuzione è detta platicurtica, in quanto presenta una forma appiattita con valori concentrati nelle code; con valori superiori a +3. la distribuzione è detta invece leptocurtica, in quanto presenta un picco accentuato, dato dalla concentrazione dei dati intorno ad un valore massimo.

Tabella 10 – Media, deviazione standard, livello di simmetria, forma della distribuzione per le valutazioni fornite da parte del campione complessivo (n=2.383) a ciascuno dei 105 item di ITAPI-G.

Item (Sul campione complessivo: n=2.383)	Media	Dev Stand	Skewness	Kurtosis
1 Sono pieno di idee	2.83	0.78	-0.23	-0.38
2 Spesso mi sento triste	2.42	0.91	0.17	-0.76
3 Cerco di avere sempre una buona parola per tutti	2.99	0.73	-0.34	-0.18
4 Nelle cose che faccio, sono un tipo preciso	3.03	0.80	-0.54	-0.15
5 Mi piace sognare	3.09	0.90	-0.64	-0.50
6 Nella vita è importante ottenere risultati concreti	3.26	0.74	-0.80	0.34
7 Mi piace stare per conto mio	2.61	0.92	-0.15	-0.81
8 Mi piace trovare sempre nuove idee e nuovi progetti	2.94	0.78	-0.34	-0.34
9 Spesse volte mi sento in colpa	2.29	0.87	0.26	-0.57
10 Sento grande solidarietà con chi è più povero o sfortunato di me	3.10	0.78	-0.53	-0.21
11 Sono perfezionista	2.62	0.92	-0.18	-0.79
12 Mi lascio andare spesso alla fantasia	2.91	0.90	-0.35	-0.78
13 La prima cosa che bisogna insegnare ai bambini è la disciplina	2.71	0.97	-0.17	-0.98
14 Mi piace fare le cose da solo/a	2.75	0.84	-0.20	-0.59
15 Mi piacciono le sfide	2.68	0.89	-0.18	-0.73
16 Ho frequenti sbalzi di umore	2.34	0.94	0.24	-0.81
17 Esprimo le mie opinioni stando attento a non offendere gli altri	3.10	0.75	-0.63	0.27
18 Prendo tutte le cose molto seriamente	2.90	0.78	-0.33	-0.31
19 Ho una vivida immaginazione	2.90	0.88	-0.36	-0.67
20 Per vivere bene, i soldi sono fondamentali	2.86	0.83	-0.34	-0.46
21 Rivelo poco di me stessa/o agli altri	2.71	0.93	-0.22	-0.83
22 Sono un tipo intraprendente	2.77	0.79	-0.20	-0.39
23 Ci sono molte cose che mi preoccupano	2.80	0.83	-0.19	-0.63
24 Ho un profondo senso di gratitudine per le cose che ricevo dalla vita	3.13	0.78	-0.56	-0.27
25 Finisco sempre quello che comincio	2.87	0.80	-0.39	-0.25
26 Quando penso a qualcosa, è come se la stessi vivendo	2.77	0.86	-0.20	-0.66
27 Molta gente riceve cose che non merita	2.98	0.88	-0.54	-0.44
28 Di solito, tengo per me le mie emozioni	2.66	0.91	-0.17	-0.76
29 Mi piace sperimentare nuove cose e nuove situazioni	2.81	0.81	-0.26	-0.43
30 Sono spesso di cattivo umore	1.96	0.85	0.64	-0.18
31 Mi piace dare una mano alle altre persone	3.26	0.66	-0.51	0.05

Item (Sul campione complessivo: n=2.383)	Media	Dev Stand	Skewness	Kurtosis
32 Sono un tipo preciso	2.81	0.88	-0.40	-0.49
33 Quando penso a qualcosa, è come se la vedessi davanti agli occhi	3.06	0.81	-0.48	-0.45
34 Molta gente è invidiosa	3.21	0.83	-0.77	-0.15
35 Nelle conversazioni, tendo soprattutto ad ascoltare	2.90	0.80	-0.33	-0.42
36 Mi interesso sempre a un sacco di cose	2.77	0.79	-0.19	-0.42
37 A volte mi sento proprio inutile	2.09	0.99	0.54	-0.75
38 Sono molto sensibile alle emozioni altrui	2.95	0.79	-0.39	-0.32
39 Di solito porto a termine tutti i miei compiti	3.04	0.74	-0.55	0.25
40 Quando penso a qualcosa, è come se ne sentissi il suono	2.31	0.94	0.24	-0.82
41 Le persone tendono solamente a curare i propri interessi	3.05	0.79	-0.51	-0.25
42 Controllo bene i miei istinti	2.74	0.79	-0.38	-0.16
43 Sono un tipo dalla parlantina facile	2.57	0.96	-0.04	-0.94
44 Nella vita mi aspetto che le cose vadano male	1.67	0.81	1.08	0.48
45 Penso sia giusto sacrificarsi per gli altri	2.68	0.83	-0.15	-0.55
46 Faccio attenzione soprattutto ai dettagli	2.83	0.85	-0.29	-0.57
47 Quando penso a una persona, mi vengono subito alla mente le sensazioni che mi dà	2.74	0.95	-0.27	-0.85
48 Spesso la gente ti mostra una faccia diversa da quella sua vera	3.35	0.71	-0.82	0.18
49 Sono un tipo tranquillo	2.83	0.87	-0.44	-0.42
50 Attacco facilmente discorso anche con quelli che non conosco	2.58	0.95	-0.05	-0.94
51 Certe volte ho l'impressione che la gente ce l'abbia con me	2.06	0.91	0.49	-0.59
52 Tutto sommato: ho fiducia negli altri	2.79	0.76	-0.36	-0.06
53 Tendo a fare piani per qualsiasi cosa	2.60	0.87	-0.06	-0.69
54 Rifletto continuamente sulla mia interiorità	2.75	0.90	-0.17	-0.80
55 Senza le occasioni giuste, è difficile avere successo nella vita	3.04	0.81	-0.52	-0.28
56 Per comunicare con gli altri, uso soprattutto la logica	2.52	0.83	-0.01	-0.55
57 Sono un tipo esuberante	2.44	0.94	0.10	-0.87
58 Spesso ho paura di sbagliare in quello che faccio	2.68	0.86	-0.11	-0.67
59 Stare in mezzo alla gente mi dà energia	2.93	0.82	-0.38	-0.42
60 Cerco di darmi da fare per non perdere tempo	2.97	0.78	-0.46	-0.09
61 In ogni decisione, do molta importanza ai sentimenti	2.93	0.74	-0.26	-0.33
62 C'è chi nasce fortunato e chi no	2.93	0.97	-0.50	-0.78
63 Medito sempre attentamente, prima di agire	2.85	0.79	-0.28	-0.37

Item (Sul campione complessivo: n=2.383)	Media	Dev Stand	Skewn ess	Kurtos is
64 Mi faccio valere	2.71	0.81	-0.28	-0.37
65 Ho sempre paura che possa capitarmi il peggio	2.53	0.96	0.04	-0.95
66 In una discussione animata, cerco di capire le opinioni di tutti	3.17	0.76	-0.70	0.18
67 Guido la mia vita soprattutto usando la testa	2.97	0.75	-0.41	-0.06
68 Sono in grado di sentire le emozioni degli altri	2.62	0.85	-0.27	-0.51
69 Mi fido poco degli altri	2.38	0.88	0.23	-0.63
70 Faccio fatica a conoscere nuove persone	2.03	0.95	0.53	-0.72
71 Sono un tipo espansivo	2.85	0.86	-0.28	-0.66
72 La mia salute è soggetta ad alti e bassi imprevedibili	1.86	0.89	0.78	-0.23
73 Ho un carattere affettuoso	3.17	0.76	-0.58	-0.25
74 Sono un tipo metodico	2.50	0.90	-0.07	-0.78
75 Mi piace intuire il senso nascosto delle cose, al di là delle apparenze	3.20	0.78	-0.70	-0.05
76 Nella vita occorre tenere i piedi ben piantati per terra	3.08	0.81	-0.59	-0.21
77 E' difficile fare amicizia con gli altri	2.07	0.92	0.43	-0.75
78 Ho una forte personalità	2.92	0.71	-0.46	0.35
79 Spesso faccio fatica a prendere decisioni	2.46	0.86	0.02	-0.65
80 Anche se a volte sembra che le cose vadano male, penso che a tutto c'è rimedio	3.08	0.73	-0.52	0.12
81 Per prendere la decisione giusta, peso bene i pro e i contro	3.11	0.75	-0.55	0.01
82 Vedo la bellezza anche dove altri non la notano	2.85	0.85	-0.29	-0.60
83 La verità è una sola	2.58	1.13	-0.07	-1.39
84 Nelle situazioni di gruppo, spesso rimango sullo sfondo	2.17	0.87	0.34	-0.55
85 Mi piace improvvisare	2.58	0.90	-0.01	-0.80
86 Mi spavento facilmente	2.16	0.87	0.39	-0.49
87 Le altre persone mi interessano molto	2.93	0.75	-0.34	-0.19
88 Sono un tipo decisamente pratico	2.96	0.83	-0.45	-0.38
89 Mi emoziono facilmente	3.02	0.87	-0.54	-0.48
90 Nelle discussioni, quello che conta è fare vincere le proprie ragioni	2.20	0.90	0.40	-0.59
91 Di solito tengo gli altri a distanza	1.96	0.85	0.55	-0.38
92 Mi piace essere al centro dell'attenzione	2.26	0.94	0.24	-0.87
93 Soffro spesso di malattie in varie parti del corpo	1.71	0.87	1.11	0.47
94 Rispettare la propria coscienza è un dovere assoluto	3.24	0.78	-0.78	0.03
95 Dico sempre la verità	2.86	0.73	-0.58	0.47

Item (Sul campione complessivo: n=2.383)	Media	Dev Stand	Skewn ess	Kurtos is
96 Nella vita, mi lascio guidare soprattutto dal cuore	2.76	0.80	-0.12	-0.55
97 La vita è sofferenza	2.27	0.95	0.27	-0.86
98 Nella vita è sempre meglio controllare le proprie emozioni	2.66	0.90	-0.15	-0.74
99 Mi piace l'avventura	2.76	0.95	-0.28	-0.84
100 Ho la tendenza a disperdermi	2.09	0.87	0.44	-0.50
101 Mi riesce facile prendere la gente così com'è	2.79	0.74	-0.28	-0.14
102 Guardo soprattutto i particolari	2.75	0.89	-0.19	-0.75
103 Quando penso a una persona, mi viene subito alla mente la sua voce	2.34	0.97	0.23	-0.93
104 La vita per me è una continua battaglia per riuscire al meglio	2.72	0.89	-0.16	-0.74
105 Mi piace fare le cose con calma	2.91	0.86	-0.38	-0.58

Tabella 11 – Media, deviazione standard, livello di simmetria, forma della distribuzione per le valutazioni fornite da parte del campione Maschile (n=1.008) a ciascuno dei 105 item di ITAPI-G.

Item (Sul campione Maschile: n=1.008)	Media	Dev Stand	Skewness	Kurtosis
1 Sono pieno di idee	2.93	0.76	-0.25	-0.43
2 Spesso mi sento triste	2.26	0.88	0.28	-0.61
3 Cerco di avere sempre una buona parola per tutti	2.91	0.74	-0.30	-0.20
4 Nelle cose che faccio, sono un tipo preciso	3.05	0.78	-0.56	-0.01
5 Mi piace sognare	2.97	0.92	-0.47	-0.71
6 Nella vita è importante ottenere risultati concreti	3.26	0.77	-0.90	0.49
7 Mi piace stare per conto mio	2.65	0.94	-0.22	-0.84
8 Mi piace trovare sempre nuove idee e nuovi progetti	2.97	0.78	-0.43	-0.19
9 Spesse volte mi sento in colpa	2.13	0.83	0.36	-0.39
10 Sento grande solidarietà con chi è più povero o sfortunato di me	3.02	0.79	-0.38	-0.45
11 Sono perfezionista	2.69	0.90	-0.25	-0.69
12 Mi lascio andare spesso alla fantasia	2.90	0.89	-0.32	-0.80
13 La prima cosa che bisogna insegnare ai bambini è la disciplina	2.74	0.99	-0.25	-1.00
14 Mi piace fare le cose da solo/a	2.78	0.84	-0.29	-0.49
15 Mi piacciono le sfide	2.81	0.87	-0.29	-0.61
16 Ho frequenti sbalzi di umore	2.23	0.94	0.34	-0.76
17 Esprimo le mie opinioni stando attento a non offendere gli altri	3.03	0.77	-0.62	0.27
18 Prendo tutte le cose molto seriamente	2.79	0.79	-0.25	-0.37
19 Ho una vivida immaginazione	2.90	0.86	-0.32	-0.68
20 Per vivere bene, i soldi sono fondamentali	2.88	0.86	-0.39	-0.50
21 Rivelo poco di me stessa/o agli altri	2.81	0.90	-0.27	-0.76
22 Sono un tipo intraprendente	2.84	0.78	-0.22	-0.42
23 Ci sono molte cose che mi preoccupano	2.66	0.84	-0.05	-0.63
24 Ho un profondo senso di gratitudine per le cose che ricevo dalla vita	3.06	0.78	-0.52	-0.18
25 Finisco sempre quello che comincio	2.87	0.81	-0.43	-0.21
26 Quando penso a qualcosa, è come se la stessi vivendo	2.68	0.87	-0.11	-0.69
27 Molta gente riceve cose che non merita	3.06	0.83	-0.57	-0.30
28 Di solito, tengo per me le mie emozioni	2.76	0.89	-0.25	-0.69
29 Mi piace sperimentare nuove cose e nuove situazioni	2.87	0.78	-0.27	-0.39
30 Sono spesso di cattivo umore	1.98	0.88	0.62	-0.34
31 Mi piace dare una mano alle altre persone	3.15	0.67	-0.42	0.19

(Sul campione Maschile: n=1.008) Item	Media	Dev Stand	Skewn ess	Kurtos is
32 Sono un tipo preciso	2.86	0.84	-0.44	-0.32
33 Quando penso a qualcosa, è come se la vedessi davanti agli occhi	2.97	0.84	-0.43	-0.51
34 Molta gente è invidiosa	3.23	0.81	-0.78	-0.12
35 Nelle conversazioni, tendo soprattutto ad ascoltare	2.85	0.83	-0.30	-0.50
36 Mi interesso sempre a un sacco di cose	2.81	0.79	-0.26	-0.36
37 A volte mi sento proprio inutile	1.94	0.95	0.66	-0.60
38 Sono molto sensibile alle emozioni altrui	2.73	0.80	-0.21	-0.41
39 Di solito porto a termine tutti i miei compiti	2.98	0.75	-0.53	0.23
40 Quando penso a qualcosa, è come se ne sentissi il suono	2.25	0.93	0.26	-0.80
41 Le persone tendono solamente a curare i propri interessi	3.11	0.79	-0.59	-0.13
42 Controllo bene i miei istinti	2.79	0.77	-0.43	-0.01
43 Sono un tipo dalla parlantina facile	2.53	0.93	0.01	-0.87
44 Nella vita mi aspetto che le cose vadano male	1.67	0.80	1.04	0.42
45 Penso sia giusto sacrificarsi per gli altri	2.71	0.83	-0.17	-0.54
46 Faccio attenzione soprattutto ai dettagli	2.85	0.83	-0.26	-0.55
47 Quando penso a una persona, mi vengono subito alla mente le sensazioni che mi dà	2.61	0.93	-0.14	-0.82
48 Spesso la gente ti mostra una faccia diversa da quella sua vera	3.32	0.71	-0.74	0.02
49 Sono un tipo tranquillo	2.92	0.87	-0.49	-0.40
50 Attacco facilmente discorso anche con quelli che non conosco	2.52	0.92	0.01	-0.84
51 Certe volte ho l'impressione che la gente ce l'abbia con me	1.99	0.88	0.58	-0.42
52 Tutto sommato: ho fiducia negli altri	2.73	0.75	-0.39	0.00
53 Tendo a fare piani per qualsiasi cosa	2.62	0.85	-0.03	-0.63
54 Rifletto continuamente sulla mia interiorità	2.64	0.90	-0.05	-0.82
55 Senza le occasioni giuste, è difficile avere successo nella vita	3.08	0.82	-0.58	-0.28
56 Per comunicare con gli altri, uso soprattutto la logica	2.67	0.81	-0.17	-0.46
57 Sono un tipo esuberante	2.41	0.91	0.16	-0.78
58 Spesso ho paura di sbagliare in quello che faccio	2.49	0.84	0.08	-0.59
59 Stare in mezzo alla gente mi dà energia	2.83	0.82	-0.30	-0.43
60 Cerco di darmi da fare per non perdere tempo	2.92	0.78	-0.45	-0.07
61 In ogni decisione, do molta importanza ai sentimenti	2.79	0.75	-0.09	-0.46
62 C'è chi nasce fortunato e chi no	2.94	0.99	-0.54	-0.80
63 Medito sempre attentamente, prima di agire	2.90	0.79	-0.40	-0.19

Item (Sul campione Maschile: n=1.008)	Media	Dev Stand	Skewn ess	Kurtos is
64 Mi faccio valere	2.83	0.76	-0.28	-0.21
65 Ho sempre paura che possa capitarmi il peggio	2.34	0.93	0.21	-0.82
66 In una discussione animata, cerco di capire le opinioni di tutti	3.14	0.79	-0.63	-0.14
67 Guido la mia vita soprattutto usando la testa	3.04	0.71	-0.42	0.05
68 Sono in grado di sentire le emozioni degli altri	2.48	0.88	-0.12	-0.70
69 Mi fido poco degli altri	2.43	0.86	0.18	-0.61
70 Faccio fatica a conoscere nuove persone	2.05	0.94	0.49	-0.73
71 Sono un tipo espansivo	2.76	0.85	-0.18	-0.63
72 La mia salute è soggetta ad alti e bassi imprevedibili	1.76	0.85	0.92	0.07
73 Ho un carattere affettuoso	3.11	0.76	-0.44	-0.43
74 Sono un tipo metodico	2.58	0.88	-0.16	-0.66
75 Mi piace intuire il senso nascosto delle cose, al di là delle apparenze	3.12	0.78	-0.58	-0.17
76 Nella vita occorre tenere i piedi ben piantati per terra	3.12	0.79	-0.61	-0.14
77 E' difficile fare amicizia con gli altri	2.08	0.92	0.39	-0.8
78 Ho una forte personalità	3.00	0.68	-0.51	0.67
79 Spesso faccio fatica a prendere decisioni	2.37	0.85	0.07	-0.63
80 Anche se a volte sembra che le cose vadano male, penso che a tutto c'è rimedio	3.12	0.71	-0.59	0.42
81 Per prendere la decisione giusta, peso bene i pro e i contro	3.16	0.73	-0.68	0.44
82 Vedo la bellezza anche dove altri non la notano	2.80	0.87	-0.21	-0.72
83 La verità è una sola	2.60	1.15	-0.12	-1.42
84 Nelle situazioni di gruppo, spesso rimango sullo sfondo	2.09	0.84	0.38	-0.5
85 Mi piace improvvisare	2.70	0.90	-0.16	-0.77
86 Mi spavento facilmente	1.91	0.78	0.62	0.03
87 Le altre persone mi interessano molto	2.87	0.75	-0.30	-0.16
88 Sono un tipo decisamente pratico	3.02	0.83	-0.53	-0.32
89 Mi emoziono facilmente	2.75	0.88	-0.24	-0.68
90 Nelle discussioni, quello che conta è fare vincere le proprie ragioni	2.20	0.91	0.37	-0.67
91 Di solito tengo gli altri a distanza	2.00	0.83	0.44	-0.45
92 Mi piace essere al centro dell'attenzione	2.37	0.93	0.13	-0.83
93 Soffro spesso di malattie in varie parti del corpo	1.57	0.79	1.32	1.12
94 Rispettare la propria coscienza è un dovere assoluto	3.16	0.80	-0.65	-0.23
95 Dico sempre la verità	2.79	0.75	-0.53	0.26

Item (Sul campione Maschile: n=1.008)	Media	Dev Stand	Skewn ess	Kurtos is
96 Nella vita, mi lascio guidare soprattutto dal cuore	2.61	0.79	0.00	-0.49
97 La vita è sofferenza	2.32	0.97	0.23	-0.93
98 Nella vita è sempre meglio controllare le proprie emozioni	2.78	0.90	-0.28	-0.70
99 Mi piace l'avventura	2.94	0.92	-0.47	-0.67
100 Ho la tendenza a disperdermi	2.04	0.85	0.51	-0.37
101 Mi riesce facile prendere la gente così com'è	2.80	0.73	-0.21	-0.21
102 Guardo soprattutto i particolari	2.78	0.88	-0.20	-0.74
103 Quando penso a una persona, mi viene subito alla mente la sua voce	2.26	0.96	0.25	-0.89
104 La vita per me è una continua battaglia per riuscire al meglio	2.73	0.89	-0.18	-0.73
105 Mi piace fare le cose con calma	2.96	0.86	-0.47	-0.47

Item (Sul campione Femminile: n=1.375)	Media	Dev Stand	Skew ness	Kurto sis
1 Sono pieno di idee	2.76	0.78	-0.22	-0.36
2 Spesso mi sento triste	2.53	0.91	0.08	-0.82
3 Cerco di avere sempre una buona parola per tutti	3.05	0.72	-0.37	-0.16
4 Nelle cose che faccio, sono un tipo preciso	3.01	0.82	-0.53	-0.24
5 Mi piace sognare	3.17	0.87	-0.78	-0.25
6 Nella vita è importante ottenere risultati concreti	3.26	0.72	-0.71	0.17
7 Mi piace stare per conto mio	2.58	0.91	-0.10	-0.78
8 Mi piace trovare sempre nuove idee e nuovi progetti	2.91	0.78	-0.28	-0.42
9 Spesse volte mi sento in colpa	2.40	0.88	0.17	-0.66
10 Sento grande solidarietà con chi è più povero o sfortunato di me	3.16	0.76	-0.65	0.05
11 Sono perfezionista	2.56	0.93	-0.13	-0.85
12 Mi lascio andare spesso alla fantasia	2.91	0.90	-0.37	-0.76
13 La prima cosa che bisogna insegnare ai bambini è la disciplina	2.68	0.95	-0.12	-0.95
14 Mi piace fare le cose da solo/a	2.73	0.84	-0.13	-0.64
15 Mi piacciono le sfide	2.58	0.90	-0.08	-0.77
16 Ho frequenti sbalzi di umore	2.42	0.93	0.18	-0.82
17 Esprimo le mie opinioni stando attento a non offendere gli altri	3.15	0.74	-0.64	0.25
18 Prendo tutte le cose molto seriamente	2.98	0.77	-0.39	-0.23
19 Ho una vivida immaginazione	2.90	0.89	-0.38	-0.67
20 Per vivere bene, i soldi sono fondamentali	2.84	0.82	-0.31	-0.42
21 Rivelo poco di me stessa/o agli altri	2.63	0.95	-0.17	-0.89
22 Sono un tipo intraprendente	2.72	0.78	-0.18	-0.37
23 Ci sono molte cose che mi preoccupano	2.91	0.81	-0.28	-0.57
24 Ho un profondo senso di gratitudine per le cose che ricevo dalla vita	3.18	0.77	-0.59	-0.33
25 Finisco sempre quello che comincio	2.87	0.80	-0.36	-0.28
26 Quando penso a qualcosa, è come se la stessi vivendo	2.83	0.85	-0.26	-0.61
27 Molta gente riceve cose che non merita	2.93	0.91	-0.49	-0.56
28 Di solito, tengo per me le mie emozioni	2.59	0.91	-0.12	-0.79
29 Mi piace sperimentare nuove cose e nuove situazioni	2.77	0.82	-0.24	-0.47
30 Sono spesso di cattivo umore	1.95	0.83	0.66	-0.05
31 Mi piace dare una mano alle altre persone	3.34	0.64	-0.58	-0.01
32 Sono un tipo preciso	2.77	0.90	-0.37	-0.60

Item (Sul campione Femminile: n=1.375)	Media	Dev Stand	Skew ness	Kurto sis
33 Quando penso a qualcosa, è come se la vedessi davanti agli occhi	3.12	0.79	-0.50	-0.44
34 Molta gente è invidiosa	3.19	0.84	-0.77	-0.18
35 Nelle conversazioni, tendo soprattutto ad ascoltare	2.93	0.79	-0.34	-0.37
36 Mi interesso sempre a un sacco di cose	2.73	0.79	-0.14	-0.44
37 A volte mi sento proprio inutile	2.20	1.00	0.46	-0.84
38 Sono molto sensibile alle emozioni altrui	3.11	0.75	-0.52	-0.10
39 Di solito porto a termine tutti i miei compiti	3.08	0.73	-0.56	0.26
40 Quando penso a qualcosa, è come se ne sentissi il suono	2.35	0.94	0.22	-0.84
41 Le persone tendono solamente a curare i propri interessi	3.01	0.79	-0.45	-0.30
42 Controllo bene i miei istinti	2.70	0.80	-0.35	-0.24
43 Sono un tipo dalla parlantina facile	2.59	0.97	-0.08	-0.98
44 Nella vita mi aspetto che le cose vadano male	1.66	0.82	1.11	0.52
45 Penso sia giusto sacrificarsi per gli altri	2.66	0.83	-0.13	-0.55
46 Faccio attenzione soprattutto ai dettagli	2.82	0.86	-0.30	-0.59
47 Quando penso a una persona, mi vengono subito alla mente le sensazioni che mi dà	2.84	0.95	-0.38	-0.80
48 Spesso la gente ti mostra una faccia diversa da quella sua vera	3.36	0.71	-0.87	0.32
49 Sono un tipo tranquillo	2.77	0.86	-0.40	-0.41
50 Attacco facilmente discorso anche con quelli che non conosco	2.62	0.98	-0.10	-1.00
51 Certe volte ho l'impressione che la gente ce l'abbia con me	2.12	0.93	0.43	-0.70
52 Tutto sommato: ho fiducia negli altri	2.84	0.76	-0.36	-0.09
53 Tendo a fare piani per qualsiasi cosa	2.59	0.89	-0.07	-0.74
54 Rifletto continuamente sulla mia interiorità	2.83	0.89	-0.26	-0.74
55 Senza le occasioni giuste, è difficile avere successo nella vita	3.01	0.81	-0.49	-0.26
56 Per comunicare con gli altri, uso soprattutto la logica	2.41	0.82	0.12	-0.50
57 Sono un tipo esuberante	2.47	0.95	0.06	-0.92
58 Spesso ho paura di sbagliare in quello che faccio	2.81	0.85	-0.25	-0.59
59 Stare in mezzo alla gente mi dà energia	3.00	0.81	-0.44	-0.39
60 Cerco di darmi da fare per non perdere tempo	3.00	0.77	-0.47	-0.10
61 In ogni decisione, do molta importanza ai sentimenti	3.04	0.72	-0.38	-0.10
62 C'è chi nasce fortunato e chi no	2.92	0.95	-0.47	-0.77
63 Medito sempre attentamente, prima di agire	2.82	0.79	-0.19	-0.47
64 Mi faccio valere	2.63	0.84	-0.23	-0.50

Item (Sul campione Femminile: n=1.375)	Media	Dev Stand	Skew ness	Kurto sis
65 Ho sempre paura che possa capitarmi il peggio	2.68	0.95	-0.10	-0.95
66 In una discussione animata, cerco di capire le opinioni di tutti	3.19	0.74	-0.75	0.46
67 Guido la mia vita soprattutto usando la testa	2.92	0.77	-0.38	-0.15
68 Sono in grado di sentire le emozioni degli altri	2.72	0.82	-0.36	-0.29
69 Mi fido poco degli altri	2.34	0.89	0.27	-0.64
70 Faccio fatica a conoscere nuove persone	2.02	0.96	0.56	-0.72
71 Sono un tipo espansivo	2.91	0.87	-0.37	-0.64
72 La mia salute è soggetta ad alti e bassi imprevedibili	1.94	0.91	0.68	-0.38
73 Ho un carattere affettuoso	3.22	0.76	-0.70	-0.05
74 Sono un tipo metodico	2.43	0.91	0.01	-0.83
75 Mi piace intuire il senso nascosto delle cose, al di là delle apparenze	3.26	0.77	-0.80	0.11
76 Nella vita occorre tenere i piedi ben piantati per terra	3.06	0.83	-0.58	-0.26
77 E' difficile fare amicizia con gli altri	2.07	0.92	0.45	-0.72
78 Ho una forte personalità	2.86	0.72	-0.41	0.18
79 Spesso faccio fatica a prendere decisioni	2.52	0.86	-0.02	-0.65
80 Anche se a volte sembra che le cose vadano male, penso che a tutto c'è rimedio	3.05	0.75	-0.47	-0.06
81 Per prendere la decisione giusta, peso bene i pro e i contro	3.08	0.75	-0.46	-0.23
82 Vedo la bellezza anche dove altri non la notano	2.88	0.84	-0.35	-0.49
83 La verità è una sola	2.56	1.12	-0.03	-1.36
84 Nelle situazioni di gruppo, spesso rimango sullo sfondo	2.23	0.88	0.30	-0.60
85 Mi piace improvvisare	2.49	0.89	0.11	-0.74
86 Mi spavento facilmente	2.35	0.88	0.21	-0.66
87 Le altre persone mi interessano molto	2.98	0.76	-0.39	-0.18
88 Sono un tipo decisamente pratico	2.91	0.83	-0.39	-0.40
89 Mi emoziono facilmente	3.22	0.80	-0.79	0.00
90 Nelle discussioni, quello che conta è fare vincere le proprie ragioni	2.20	0.90	0.43	-0.52
91 Di solito tengo gli altri a distanza	1.93	0.86	0.64	-0.30
92 Mi piace essere al centro dell'attenzione	2.18	0.95	0.34	-0.84
93 Soffro spesso di malattie in varie parti del corpo	1.81	0.91	0.97	0.10
94 Rispettare la propria coscienza è un dovere assoluto	3.30	0.75	-0.87	0.29
95 Dico sempre la verità	2.91	0.72	-0.61	0.66
96 Nella vita, mi lascio guidare soprattutto dal cuore	2.88	0.79	-0.20	-0.53
97 La vita è sofferenza	2.23	0.94	0.29	-0.81

Item (Sul campione Femminile: n=1.375)	Media	Dev Stand	Skew ness	Kurto sis
98 Nella vita è sempre meglio controllare le proprie emozioni	2.57	0.89	-0.07	-0.72
99 Mi piace l'avventura	2.62	0.94	-0.15	-0.88
100 Ho la tendenza a disperdermi	2.14	0.88	0.39	-0.58
101 Mi riesce facile prendere la gente così com'è	2.78	0.75	-0.32	-0.09
102 Guardo soprattutto i particolari	2.73	0.89	-0.18	-0.75
103 Quando penso a una persona, mi viene subito alla mente la sua voce	2.40	0.98	0.20	-0.97
104 La vita per me è una continua battaglia per riuscire al meglio	2.71	0.89	-0.15	-0.75
105 Mi piace fare le cose con calma	2.87	0.87	-0.32	-0.64

Tabella 13 – Media, deviazione standard, livello di simmetria, forma della distribuzione per le valutazioni fornite da parte del campione fra i 18 e i 35 anni di età (n=1.225) a ciascuno dei 105 item di ITAPI.

Item (Sul campione 18/35 anni d'età: n=1.225)	Media	Dev Stand	Skew ness	Kurto sis
1 Sono pieno di idee	2.89	0.75	-0.26	-0.26
2 Spesso mi sento triste	2.40	0.89	0.20	-0.70
3 Cerco di avere sempre una buona parola per tutti	2.91	0.72	-0.29	-0.08
4 Nelle cose che faccio, sono un tipo preciso	2.99	0.80	-0.48	-0.19
5 Mi piace sognare	3.25	0.80	-0.80	-0.08
6 Nella vita è importante ottenere risultati concreti	3.31	0.71	-0.84	0.58
7 Mi piace stare per conto mio	2.58	0.91	-0.14	-0.77
8 Mi piace trovare sempre nuove idee e nuovi progetti	2.97	0.75	-0.31	-0.30
9 Spesse volte mi sento in colpa	2.31	0.85	0.23	-0.55
10 Sento grande solidarietà con chi è più povero o sfortunato di me	2.99	0.81	-0.42	-0.40
11 Sono perfezionista	2.59	0.93	-0.11	-0.85
12 Mi lascio andare spesso alla fantasia	3.01	0.84	-0.42	-0.62
13 La prima cosa che bisogna insegnare ai bambini è la disciplina	2.69	0.97	-0.15	-0.99
14 Mi piace fare le cose da solo/a	2.68	0.83	-0.14	-0.54
15 Mi piacciono le sfide	2.84	0.84	-0.27	-0.56
16 Ho frequenti sbalzi di umore	2.40	0.94	0.19	-0.84
17 Esprimo le mie opinioni stando attento a non offendere gli altri	3.03	0.75	-0.63	0.41
18 Prendo tutte le cose molto seriamente	2.80	0.77	-0.20	-0.38
19 Ho una vivida immaginazione	2.95	0.86	-0.36	-0.70
20 Per vivere bene, i soldi sono fondamentali	2.89	0.80	-0.32	-0.41
21 Rivelo poco di me stessa/o agli altri	2.70	0.93	-0.20	-0.84
22 Sono un tipo intraprendente	2.78	0.74	-0.15	-0.31
23 Ci sono molte cose che mi preoccupano	2.76	0.82	-0.12	-0.62
24 Ho un profondo senso di gratitudine per le cose che ricevo dalla vita	3.04	0.76	-0.40	-0.32
25 Finisco sempre quello che comincio	2.79	0.79	-0.32	-0.27
26 Quando penso a qualcosa, è come se la stessi vivendo	2.78	0.83	-0.15	-0.64
27 Molta gente riceve cose che non merita	3.01	0.85	-0.54	-0.38
28 Di solito, tengo per me le mie emozioni	2.54	0.90	-0.03	-0.76
29 Mi piace sperimentare nuove cose e nuove situazioni	2.94	0.75	-0.29	-0.31
30 Sono spesso di cattivo umore	1.96	0.83	0.63	-0.12
31 Mi piace dare una mano alle altre persone	3.23	0.65	-0.43	0.01
32 Sono un tipo preciso	2.75	0.89	-0.31	-0.60

Item (Sul campione 18/35 anni d'età: n=1.225)	Media	Dev Stand	Skew ness	Kurto sis
33 Quando penso a qualcosa, è come se la vedessi davanti agli occhi	3.01	0.79	-0.38	-0.46
34 Molta gente è invidiosa	3.17	0.80	-0.66	-0.25
35 Nelle conversazioni, tendo soprattutto ad ascoltare	2.90	0.78	-0.26	-0.45
36 Mi interesso sempre a un sacco di cose	2.80	0.76	-0.14	-0.43
37 A volte mi sento proprio inutile	2.12	0.97	0.51	-0.70
38 Sono molto sensibile alle emozioni altrui	2.91	0.78	-0.33	-0.33
39 Di solito porto a termine tutti i miei compiti	2.93	0.74	-0.42	0.08
40 Quando penso a qualcosa, è come se ne sentissi il suono	2.30	0.93	0.29	-0.76
41 Le persone tendono solamente a curare i propri interessi	3.02	0.76	-0.39	-0.31
42 Controllo bene i miei istinti	2.63	0.78	-0.29	-0.26
43 Sono un tipo dalla parlantina facile	2.61	0.94	-0.07	-0.89
44 Nella vita mi aspetto che le cose vadano male	1.70	0.82	1.03	0.44
45 Penso sia giusto sacrificarsi per gli altri	2.67	0.83	-0.13	-0.53
46 Faccio attenzione soprattutto ai dettagli	2.83	0.81	-0.23	-0.52
47 Quando penso a una persona, mi vengono subito alla mente le sensazioni che mi dà	2.82	0.92	-0.32	-0.78
48 Spesso la gente ti mostra una faccia diversa da quella sua vera	3.36	0.69	-0.79	0.10
49 Sono un tipo tranquillo	2.85	0.85	-0.42	-0.38
50 Attacco facilmente discorso anche con quelli che non conosco	2.60	0.92	-0.02	-0.85
51 Certe volte ho l'impressione che la gente ce l'abbia con me	2.17	0.89	0.36	-0.61
52 Tutto sommato: ho fiducia negli altri	2.76	0.76	-0.34	-0.10
53 Tendo a fare piani per qualsiasi cosa	2.61	0.87	-0.05	-0.69
54 Rifletto continuamente sulla mia interiorità	2.74	0.88	-0.12	-0.8
55 Senza le occasioni giuste, è difficile avere successo nella vita	2.97	0.81	-0.46	-0.25
56 Per comunicare con gli altri, uso soprattutto la logica	2.44	0.82	0.09	-0.50
57 Sono un tipo esuberante	2.49	0.93	0.04	-0.87
58 Spesso ho paura di sbagliare in quello che faccio	2.75	0.85	-0.14	-0.68
59 Stare in mezzo alla gente mi dà energia	2.95	0.80	-0.36	-0.41
60 Cerco di darmi da fare per non perdere tempo	2.90	0.76	-0.36	-0.14
61 In ogni decisione, do molta importanza ai sentimenti	2.90	0.73	-0.20	-0.37
62 C'è chi nasce fortunato e chi no	2.92	0.98	-0.49	-0.81
63 Medito sempre attentamente, prima di agire	2.80	0.79	-0.21	-0.43
64 Mi faccio valere	2.79	0.77	-0.29	-0.23

Item (Sul campione 18/35 anni d'età: n=1.225)	Media	Dev Stand	Skew ness	Kurto sis
65 Ho sempre paura che possa capitarmi il peggio	2.52	0.93	0.09	-0.87
66 In una discussione animata, cerco di capire le opinioni di tutti	3.14	0.77	-0.65	0.06
67 Guido la mia vita soprattutto usando la testa	2.91	0.75	-0.36	-0.09
68 Sono in grado di sentire le emozioni degli altri	2.62	0.84	-0.23	-0.49
69 Mi fido poco degli altri	2.36	0.87	0.29	-0.55
70 Faccio fatica a conoscere nuove persone	2.00	0.91	0.59	-0.52
71 Sono un tipo espansivo	2.84	0.85	-0.25	-0.64
72 La mia salute è soggetta ad alti e bassi imprevedibili	1.77	0.85	0.89	0.08
73 Ho un carattere affettuoso	3.21	0.76	-0.67	-0.05
74 Sono un tipo metodico	2.46	0.85	0.01	-0.63
75 Mi piace intuire il senso nascosto delle cose, al di là delle apparenze	3.24	0.75	-0.70	0.02
76 Nella vita occorre tenere i piedi ben piantati per terra	2.95	0.83	-0.46	-0.33
77 E' difficile fare amicizia con gli altri	2.02	0.90	0.53	-0.54
78 Ho una forte personalità	2.94	0.68	-0.42	0.43
79 Spesso faccio fatica a prendere decisioni	2.52	0.85	0.05	-0.63
80 Anche se a volte sembra che le cose vadano male, penso che a tutto c'è rimedio	3.06	0.72	-0.45	0.07
81 Per prendere la decisione giusta, peso bene i pro e i contro	3.07	0.75	-0.47	-0.13
82 Vedo la bellezza anche dove altri non la notano	2.87	0.84	-0.27	-0.63
83 La verità è una sola	2.47	1.13	0.07	-1.38
84 Nelle situazioni di gruppo, spesso rimango sullo sfondo	2.13	0.85	0.41	-0.43
85 Mi piace improvvisare	2.66	0.87	-0.04	-0.73
86 Mi spavento facilmente	2.18	0.84	0.39	-0.37
87 Le altre persone mi interessano molto	2.99	0.74	-0.42	-0.02
88 Sono un tipo decisamente pratico	2.87	0.80	-0.33	-0.36
89 Mi emoziono facilmente	3.01	0.86	-0.49	-0.52
90 Nelle discussioni, quello che conta è fare vincere le proprie ragioni	2.16	0.89	0.49	-0.42
91 Di solito tengo gli altri a distanza	1.96	0.80	0.53	-0.20
92 Mi piace essere al centro dell'attenzione	2.36	0.95	0.16	-0.90
93 Soffro spesso di malattie in varie parti del corpo	1.59	0.79	1.28	1.04
94 Rispettare la propria coscienza è un dovere assoluto	3.13	0.78	-0.62	-0.07
95 Dico sempre la verità	2.75	0.73	-0.58	0.35
96 Nella vita, mi lascio guidare soprattutto dal cuore	2.71	0.78	-0.05	-0.49
97 La vita è sofferenza	2.20	0.92	0.32	-0.75

Item (Sul campione 18/35 anni d'età: n=1.225)	Media	Dev Stand	Skew ness	Kurto sis
98 Nella vita è sempre meglio controllare le proprie emozioni	2.50	0.86	-0.03	-0.64
99 Mi piace l'avventura	2.92	0.86	-0.39	-0.59
100 Ho la tendenza a disperdermi	2.16	0.87	0.43	-0.45
101 Mi riesce facile prendere la gente così com'è	2.76	0.73	-0.23	-0.14
102 Guardo soprattutto i particolari	2.78	0.86	-0.14	-0.75
103 Quando penso a una persona, mi viene subito alla mente la sua voce	2.28	0.95	0.30	-0.80
104 La vita per me è una continua battaglia per riuscire al meglio	2.73	0.85	-0.17	-0.62
105 Mi piace fare le cose con calma	2.88	0.86	-0.34	-0.59

Tabella 14 – Media, deviazione standard, livello di simmetria, forma della distribuzione per le valutazioni fornite da parte del campione fra i 36 e gli 86 anni di età (n=1.148) a ciascuno dei 105 item di ITAPI-G.

Item (Sul campione 36/86 anni d'età: n=1.148)	Media	Dev Stand	Skew ness	Kurto sis
1 Sono pieno di idee	2.76	0.81	-0.17	-0.51
2 Spesso mi sento triste	2.43	0.92	0.14	-0.81
3 Cerco di avere sempre una buona parola per tutti	3.07	0.74	-0.43	-0.20
4 Nelle cose che faccio, sono un tipo preciso	3.07	0.80	-0.62	-0.06
5 Mi piace sognare	2.91	0.96	-0.42	-0.87
6 Nella vita è importante ottenere risultati concreti	3.21	0.77	-0.74	0.11
7 Mi piace stare per conto mio	2.64	0.94	-0.16	-0.85
8 Mi piace trovare sempre nuove idee e nuovi progetti	2.90	0.81	-0.35	-0.42
9 Spesse volte mi sento in colpa	2.26	0.87	0.30	-0.58
10 Sento grande solidarietà con chi è più povero o sfortunato di me	3.22	0.73	-0.63	0.04
11 Sono perfezionista	2.64	0.91	-0.26	-0.72
12 Mi lascio andare spesso alla fantasia	2.80	0.94	-0.24	-0.93
13 La prima cosa che bisogna insegnare ai bambini è la disciplina	2.73	0.96	-0.19	-0.96
14 Mi piace fare le cose da solo/a	2.83	0.85	-0.28	-0.61
15 Mi piacciono le sfide	2.51	0.92	-0.02	-0.84
16 Ho frequenti sbalzi di umore	2.27	0.93	0.29	-0.77
17 Esprimo le mie opinioni stando attento a non offendere gli altri	3.17	0.74	-0.65	0.13
18 Prendo tutte le cose molto seriamente	3.01	0.78	-0.50	-0.08
19 Ho una vivida immaginazione	2.85	0.89	-0.35	-0.67
20 Per vivere bene, i soldi sono fondamentali	2.82	0.86	-0.34	-0.55
21 Rivelo poco di me stessa/o agli altri	2.72	0.94	-0.25	-0.82
22 Sono un tipo intraprendente	2.76	0.83	-0.22	-0.52
23 Ci sono molte cose che mi preoccupano	2.85	0.84	-0.27	-0.62
24 Ho un profondo senso di gratitudine per le cose che ricevo dalla vita	3.23	0.78	-0.76	-0.03
25 Finisco sempre quello che comincio	2.95	0.80	-0.48	-0.16
26 Quando penso a qualcosa, è come se la stessi vivendo	2.75	0.89	-0.23	-0.69
27 Molta gente riceve cose che non merita	2.95	0.90	-0.52	-0.53
28 Di solito, tengo per me le mie emozioni	2.78	0.90	-0.34	-0.64
29 Mi piace sperimentare nuove cose e nuove situazioni	2.68	0.84	-0.15	-0.58
30 Sono spesso di cattivo umore	1.97	0.87	0.64	-0.25
31 Mi piace dare una mano alle altre persone	3.29	0.67	-0.60	0.13
32 Sono un tipo preciso	2.88	0.86	-0.50	-0.31

Item (Sul campione 36/86 anni d'età: n=1.148)	Media	Dev Stand	Skew ness	Kurto sis
33 Quando penso a qualcosa, è come se la vedessi davanti agli occhi	3.11	0.83	-0.59	-0.38
34 Molta gente è invidiosa	3.24	0.85	-0.89	-0.02
35 Nelle conversazioni, tendo soprattutto ad ascoltare	2.90	0.83	-0.38	-0.41
36 Mi interesso sempre a un sacco di cose	2.73	0.82	-0.21	-0.46
37 A volte mi sento proprio inutile	2.06	1.01	0.58	-0.78
38 Sono molto sensibile alle emozioni altrui	2.98	0.80	-0.47	-0.26
39 Di solito porto a termine tutti i miei compiti	3.15	0.72	-0.71	0.64
40 Quando penso a qualcosa, è come se ne sentissi il suono	2.32	0.95	0.18	-0.88
41 Le persone tendono solamente a curare i propri interessi	3.09	0.81	-0.62	-0.16
42 Controllo bene i miei istinti	2.86	0.78	-0.52	0.09
43 Sono un tipo dalla parlantina facile	2.52	0.97	-0.01	-0.98
44 Nella vita mi aspetto che le cose vadano male	1.63	0.81	1.14	0.55
45 Penso sia giusto sacrificarsi per gli altri	2.71	0.83	-0.16	-0.56
46 Faccio attenzione soprattutto ai dettagli	2.84	0.88	-0.33	-0.64
47 Quando penso a una persona, mi vengono subito alla mente le sensazioni che mi dà	2.65	0.96	-0.20	-0.90
48 Spesso la gente ti mostra una faccia diversa da quella sua vera	3.34	0.72	-0.84	0.25
49 Sono un tipo tranquillo	2.82	0.88	-0.44	-0.46
50 Attacco facilmente discorso anche con quelli che non conosco	2.55	0.99	-0.06	-1.03
51 Certe volte ho l'impressione che la gente ce l'abbia con me	1.95	0.92	0.68	-0.43
52 Tutto sommato: ho fiducia negli altri	2.83	0.75	-0.37	-0.01
53 Tendo a fare piani per qualsiasi cosa	2.59	0.88	-0.07	-0.69
54 Rifletto continuamente sulla mia interiorità	2.75	0.91	-0.22	-0.79
55 Senza le occasioni giuste, è difficile avere successo nella vita	3.11	0.82	-0.6	-0.26
56 Per comunicare con gli altri, uso soprattutto la logica	2.62	0.83	-0.11	-0.53
57 Sono un tipo esuberante	2.39	0.94	0.18	-0.84
58 Spesso ho paura di sbagliare in quello che faccio	2.60	0.86	-0.06	-0.66
59 Stare in mezzo alla gente mi dà energia	2.90	0.83	-0.38	-0.44
60 Cerco di darmi da fare per non perdere tempo	3.04	0.78	-0.58	0.06
61 In ogni decisione, do molta importanza ai sentimenti	2.97	0.75	-0.34	-0.26
62 C'è chi nasce fortunato e chi no	2.94	0.96	-0.51	-0.75
63 Medito sempre attentamente, prima di agire	2.91	0.78	-0.36	-0.27
64 Mi faccio valere	2.63	0.84	-0.22	-0.52

Item (Sul campione 36/86 anni d'età: n=1.148)	Media	Dev Stand	Skew ness	Kurto sis
65 Ho sempre paura che possa capitarmi il peggio	2.54	0.98	-0.01	-1.02
66 In una discussione animata, cerco di capire le opinioni di tutti	3.20	0.76	-0.76	0.34
67 Guido la mia vita soprattutto usando la testa	3.03	0.74	-0.45	-0.01
68 Sono in grado di sentire le emozioni degli altri	2.61	0.87	-0.30	-0.55
69 Mi fido poco degli altri	2.39	0.89	0.16	-0.70
70 Faccio fatica a conoscere nuove persone	2.07	0.99	0.47	-0.91
71 Sono un tipo espansivo	2.85	0.88	-0.31	-0.69
72 La mia salute è soggetta ad alti e bassi imprevedibili	1.95	0.92	0.66	-0.46
73 Ho un carattere affettuoso	3.14	0.77	-0.50	-0.40
74 Sono un tipo metodico	2.54	0.95	-0.16	-0.89
75 Mi piace intuire il senso nascosto delle cose, al di là delle apparenze	3.16	0.81	-0.69	-0.16
76 Nella vita occorre tenere i piedi ben piantati per terra	3.23	0.76	-0.73	0.00
77 E' difficile fare amicizia con gli altri	2.13	0.94	0.32	-0.92
78 Ho una forte personalità	2.90	0.74	-0.48	0.25
79 Spesso faccio fatica a prendere decisioni	2.39	0.86	0.01	-0.69
80 Anche se a volte sembra che le cose vadano male, penso che a tutto c'è rimedio	3.10	0.75	-0.6	0.19
81 Per prendere la decisione giusta, peso bene i pro e i contro	3.16	0.74	-0.64	0.21
82 Vedo la bellezza anche dove altri non la notano	2.82	0.86	-0.32	-0.57
83 La verità è una sola	2.69	1.12	-0.21	-1.34
84 Nelle situazioni di gruppo, spesso rimango sullo sfondo	2.22	0.88	0.28	-0.64
85 Mi piace improvvisare	2.48	0.93	0.07	-0.85
86 Mi spavento facilmente	2.14	0.90	0.41	-0.59
87 Le altre persone mi interessano molto	2.87	0.76	-0.26	-0.30
88 Sono un tipo decisamente pratico	3.05	0.85	-0.60	-0.28
89 Mi emoziono facilmente	3.04	0.87	-0.60	-0.41
90 Nelle discussioni, quello che conta è fare vincere le proprie ragioni	2.24	0.92	0.32	-0.71
91 Di solito tengo gli altri a distanza	1.96	0.89	0.56	-0.55
92 Mi piace essere al centro dell'attenzione	2.16	0.93	0.34	-0.79
93 Soffro spesso di malattie in varie parti del corpo	1.84	0.92	0.93	-0.01
94 Rispettare la propria coscienza è un dovere assoluto	3.36	0.76	-0.99	0.38
95 Dico sempre la verità	2.97	0.71	-0.60	0.65
96 Nella vita, mi lascio guidare soprattutto dal cuore	2.82	0.82	-0.20	-0.57
97 La vita è sofferenza	2.35	0.98	0.19	-0.97

Item (Sul campione 36/86 anni d'età: n=1.148)	Media	Dev Stand	Skew ness	Kurto sis
98 Nella vita è sempre meglio controllare le proprie emozioni	2.83	0.91	-0.34	-0.70
99 Mi piace l'avventura	2.58	1.00	-0.10	-1.05
100 Ho la tendenza a disperdermi	2.02	0.86	0.45	-0.56
101 Mi riesce facile prendere la gente così com'è	2.82	0.76	-0.33	-0.11
102 Guardo soprattutto i particolari	2.72	0.91	-0.22	-0.78
103 Quando penso a una persona, mi viene subito alla mente la sua voce	2.41	1.00	0.14	-1.04
104 La vita per me è una continua battaglia per riuscire al meglio	2.70	0.93	-0.14	-0.87
105 Mi piace fare le cose con calma	2.94	0.87	-0.43	-0.56

12. Analisi delle 7 Scale di ITAPI-G: Attendibilità dei Tratti-Fattori

In questo capitolo presentiamo i dati relativi all'attendibilità delle Scale per i 7 Tratti-Fattori identificati già nell'ambito della prima rilevazione di partenza (Perussia, 2005a).

In Tabella 15, riportiamo gli indici di attendibilità delle 7 Scale di ITAPI-G per il campione totale. In Tabella 16, riportiamo la matrice delle inter-correlazioni (coefficiente r di Pearson) tra i 7 Fattori-Tratti di ITAPI-G per il campione Totale. In Tabella 17, riportiamo la matrice delle inter-correlazioni (coefficiente r di Pearson) tra i 7 Fattori-Tratti di ITAPI-G per il campione degli Uomini. In Tabella 18, riportiamo la matrice delle inter-correlazioni (coefficiente r di Pearson) tra i 7 Fattori-Tratti di ITAPI-G per il campione delle Donne. In Tabella 19, riportiamo la matrice delle inter-correlazioni (coefficiente r di Pearson) tra i 7 Fattori-Tratti di ITAPI-G per il campione fra i 18 e i 35 anni d'età. In Tabella 20, riportiamo la matrice delle inter-correlazioni (coefficiente r di Pearson) tra i 7 Fattori-Tratti di ITAPI-G per il campione fra i 36 e gli 86 anni d'età.

Riportiamo quindi i Coefficienti di attendibilità, sempre riferiti al campione totale, degli Item di ITAPI-G appartenenti a: Scala F1 (Tabella 21); Scala F2 (Tabella 22); Scala F3 (Tabella 23); Scala F4 (Tabella 24); Scala F5 (Tabella 25); Scala F6 (Tabella 26); Scala F7 (Tabella 27).

Tabella 15 – Indici di attendibilità delle Scale di ITAPI-G per il campione Totale(n=2.383).

	Tratto-Fattore	Alpha di Cronbach	Split Half stime dei parametri	Spearman Brown	Guttman
F1	DINAMICITA'	.864	.784	.880	.872
F2	VULNERABILITA'	.868	.692	.819	.798
F3	EMPATIA	.791	.648	.787	.772
F4	COSCIENZIOSITA'	.823	.636	.778	.756
F5	IMMAGINAZIONE	.823	.681	.811	.793
F6	DIFENSIVITA'	.791	.581	.736	.732
F7	INTROVERSIONE	.722	.550	.711	.695

Tabella 16 – Matrice delle inter-correlazioni (coefficiente r di Pearson) tra i 7 Fattori-Tratti di ITAPI-G per il campione Totale (n=2.383).

Inter-correlazioni tra le Scale (r di Pearson)	F1 dinamicità	F2 vulnerabilità	F3 empatia	F4 coscienziosità	F5 immaginazione	F6 difensività	F7 introversione
F1 dinamicità	1.000						
F2 vulnerabilità	-.176	1.000					
F3 empatia	.333	-.067	1.000				
F4 coscienziosità	.128	-.097	.235	1.000			
F5 immaginazione	.353	.263	.449	.089	1.000		
F6 difensività	.044	.360	.000	.298	.064	1.000	
F7 introversione	-.324	.237	-.012	.311	-.004	.302	1.000

Tabella 17 – Matrice delle inter-correlazioni (coefficiente r di Pearson) tra i 7 Fattori-Tratti di ITAPI per il campione Uomini (n=1.008).

Inter-correlazioni tra le Scale (r di Pearson) - Uomini	F1dinamicità	F2vulnerabilità	F3empatia	F4coscienziosità	F5immaginazione	F6difensività	F7introversione
F1dinamicità	1,000						
F2vulnerabilità	-,132	1,000					
F3empatia	,327	-,105	1,000				
F4coscienziosità	,159	-,130	,276	1,000			
F5immaginazione	,382	,248	,419	,101	1,000		
F6difensività	,106	,326	,016	,270	,096	1,000	
F7introversione	-,317	,281	,047	,303	,052	,279	1,000

Tabella 18 – Matrice delle inter-correlazioni (coefficiente r di Pearson) tra i 7 Fattori-Tratti di ITAPI per il campione Donne (n=1.375).

Inter-correlazioni tra le Scale (r di Pearson) - Donne	F1dinamicità	F2vulnerabilità	F3empatia	F4coscienziosità	F5immaginazione	F6difensività	F7introversione
F1dinamicità	1.000						
F2vulnerabilità	-.182	1.000					
F3empatia	.369	-.091	1.000				
F4coscienziosità	.103	-.066	.215	1.000			
F5immaginazione	.377	.226	.446	.091	1.000		
F6difensività	-.005	.417	.001	.317	.061	1.000	
F7introversione	-.350	.252	-.028	.316	-.010	.312	1.000

Tabella 19 – Matrice delle inter-correlazioni (coefficiente r di Pearson) tra i 7 Fattori-Tratti di ITAPI per il campione dei 18-35enni (n=1.225).

Inter-correlazioni tra le Scale (r di Pearson) – 18-35 anni	F1dina micità	F2vuln erabilit à	F3emp atia	F4cosc ienzios ità	F5imm aginazi one	F6dife nsività	F7intro versio ne
F1dinamicità	1.000						
F2vulnerabilità	-.192	1.000					
F3empatia	.360	-.066	1.000				
F4coscienziosità	.080	-.149	.181	1.000			
F5immaginazione	.315	.288	.426	.023	1.000		
F6difensività	.021	.350	-.077	.222	.008	1.000	
F7introversione	-.383	.214	-.065	.284	-.007	.256	1.000

Tabella 20 – Matrice delle inter-correlazioni (coefficiente r di Pearson) tra i 7 Fattori-Tratti di ITAPI per il campione dei 36-86enni (n=1.148).

Inter-correlazioni tra le Scale (r di Pearson) – 36-86 anni	F1dina micità	F2vuln erabilit à	F3emp atia	F4cosci enziosi tà	F5imm aginazi one	F6difen sività	F7intro version e
F1dinamicità	1.000						
F2vulnerabilità	-.172	1.000					
F3empatia	.345	-.063	1.000				
F4coscienziosità	.207	-.037	.266	1.000			
F5immaginazione	.386	.238	.480	.162	1.000		
F6difensività	.079	.374	.063	.363	.120	1.000	
F7introversione	-.245	.278	.010	.314	.005	.340	1.000

Tabella 21 – Coefficienti di attendibilità degli Item di ITAPI-G appartenenti alla Scala F1 per il campione Totale (n=2.383).

F1 Scala di DINAMICITA'	Scala media se l'item è escluso	Scala varianza se l'item è escluso	Correlazione del totale item corretta	Alfa di Cronbach se l'item è escluso
1 Sono pieno di idee	37.63	50.56	0.57	0.85
8 Mi piace trovare sempre nuove idee e nuovi progetti	37.52	51.1	0.52	0.86
15 Mi piacciono le sfide	37.78	50.37	0.5	0.86
22 Sono un tipo intraprendente	37.69	50.28	0.59	0.85
29 Mi piace sperimentare nuove cose e nuove situazioni	37.65	50.65	0.54	0.85
36 Mi interesso sempre a un sacco di cose	37.69	51.56	0.47	0.86
43 Sono un tipo dalla parlantina facile	37.9	49.28	0.54	0.85
50 Attacco facilmente discorso anche con quelli che non conosco	37.88	49.66	0.51	0.86
57 Sono un tipo esuberante	38.02	48.95	0.58	0.85
64 Mi faccio valere	37.75	51.29	0.47	0.86
71 Sono un tipo espansivo	37.61	50.17	0.54	0.85
78 Ho una forte personalità	37.54	52.16	0.47	0.86
85 Mi piace improvvisare	37.89	50.52	0.48	0.86
92 Mi piace essere al centro dell'attenzione	38.2	50.91	0.42	0.86
99 Mi piace l'avventura	37.7	50.66	0.44	0.86

Tabella 22 – Coefficienti di attendibilità degli Item di ITAPI-G appartenenti alla Scala F2 per il campione Totale (n=2.383).

F2 Scala di VULNERABILITA'	Scala media se l'item è escluso	Scala varianza se l'item è escluso	Correlazio ne del totale item corretta	Alfa di Cronbach se l'item è escluso
2 Spesso mi sento triste	30.72	52.98	0.64	0.85
9 Spesse volte mi sento in colpa	30.85	54.00	0.59	0.86
16 Ho frequenti sbalzi di umore	30.79	53.52	0.57	0.86
23 Ci sono molte cose che mi preoccupano	30.33	54.72	0.55	0.86
23 Sono spesso di cattivo umore	31.17	54.59	0.55	0.86
37 A volte mi sento proprio inutile	31.04	53.24	0.55	0.86
44 Nella vita mi aspetto che le cose vadano male	31.47	56.05	0.45	0.86
51 Certe volte ho l'impressione che la gente ce l'abbia con me	31.07	54.77	0.49	0.86
58 Spesso ho paura di sbagliare in quello che faccio	30.46	54.67	0.54	0.86
65 Ho sempre paura che possa capitarmi il peggio	30.6	53.7	0.54	0.86
72 La mia salute è soggetta ad alti e bassi imprevedibili	31.27	55.73	0.43	0.86
79 Mi spavento facilmente	30.97	55.24	0.48	0.86
79 Spesso faccio fatica a prendere decisioni	30.68	55.3	0.48	0.86
93 Soffro spesso di malattie in varie parti del corpo	31.42	56.38	0.39	0.87
100 Ho la tendenza a disperdermi	31.04	55.52	0.46	0.86

Tabella 23 – Coefficienti di attendibilità degli Item di ITAPI-G appartenenti alla Scala F3 per il campione Totale (n=2.383).

F3 Scala di EMPATIA	Scala media se l'item è escluso	Scala varianza se l'item è escluso	Correlazione del totale item corretta	Alfa di Cronbach se l'item è escluso
3 Cerco di avere sempre una buona parola per tutti	42.32	28.91	0.5	0.77
10 Sento grande solidarietà con chi è più povero o sfortunato di me	42.21	28.83	0.47	0.77
17 Esprimo le mie opinioni stando attento a non offendere gli altri	42.21	29.65	0.39	0.78
24 Ho un profondo senso di gratitudine per le cose che ricevo dalla vita	42.18	29.3	0.41	0.78
31 Mi piace dare una mano alle altre persone	42.05	29.05	0.55	0.77
38 Sono molto sensibile alle emozioni altrui	42.36	28.84	0.46	0.77
45 Penso sia giusto sacrificarsi per gli altri	42.63	29.73	0.33	0.79
52 Tutto sommato: ho fiducia negli altri	42.52	29.43	0.41	0.78
59 Stare in mezzo alla gente mi dà energia	42.38	29.24	0.39	0.78
66 In una discussione animata, cerco di capire le opinioni di tutti	42.14	29.77	0.36	0.78
73 Ho un carattere affettuoso	42.14	30.03	0.33	0.78
80 Anche se a volte sembra che le cose vadano male, penso che a tutto c'è rimedio	42.23	30.05	0.35	0.78
87 Le altre persone mi interessano molto	42.38	29.59	0.39	0.78
94 Rispettare la propria coscienza è un dovere assoluto	42.07	30.08	0.31	0.79
101 Mi riesce facile prendere la gente così com'è	42.53	30.03	0.34	0.78

Tabella 24 – Coefficienti di attendibilità degli Item di ITAPI-G appartenenti alla Scala F4 per il campione Totale (n=2.383).

F4 Scala di COSCIENZIOSITA'	Scala media se l'item è escluso	Scala varianza se l'item è escluso	Correlazione del totale item corretta	Alfa di Cronbach se l'item è escluso
4 Nelle cose che faccio, sono un tipo preciso	39.78	36.84	0.61	0.80
11 Sono perfezionista	40.19	36.26	0.57	0.80
18 Prendo tutte le cose molto seriamente	39.90	38.73	0.42	0.81
25 Finisco sempre quello che comincio	39.94	37.66	0.52	0.81
32 Sono un tipo preciso	40.00	36.15	0.62	0.80
39 Di solito porto a termine tutti i miei compiti	39.77	38.25	0.51	0.81
46 Faccio attenzione soprattutto ai dettagli	39.97	38.50	0.40	0.82
53 Tendo a fare piani per qualsiasi cosa	40.20	38.63	0.38	0.82
60 Cerco di darmi da fare per non perdere tempo	39.84	39.07	0.39	0.82
67 Guido la mia vita soprattutto usando la testa	39.84	38.63	0.46	0.81
74 Sono un tipo metodico	40.31	38.44	0.38	0.82
81 Per prendere la decisione giusta, peso bene i pro e i contro	39.69	39.36	0.38	0.82
88 Sono un tipo decisamente pratico	39.85	39.37	0.33	0.82
95 Dico sempre la verità	39.95	40.62	0.25	0.82
102 Guardo soprattutto i particolari	40.06	38.59	0.37	0.82

Tabella 25 – Coefficienti di attendibilità degli Item di ITAPI-G appartenenti alla Scala F5 per il campione Totale (n=2.383).

F5 Scala di IMMAGINAZIONE	Scala media se l'item è escluso	Scala varianza se l'item è escluso	Correlazione del totale item corretta	Alfa di Cronbach se l'item è escluso
5 Mi piace sognare	39.16	42.27	0.49	0.81
12 Mi lascio andare spesso alla fantasia	39.34	42.48	0.47	0.81
19 Ho una vivida immaginazione	39.34	42.17	0.51	0.81
26 Quando penso a qualcosa, è come se la stessi vivendo	39.48	41.83	0.56	0.8
33 Quando penso a qualcosa, è come se la vedessi davanti agli occhi	39.19	43.65	0.41	0.81
40 Quando penso a qualcosa, è come se ne sentissi il suono	39.94	42.25	0.46	0.81
47 Quando penso a una persona, mi vengono subito alla mente le sensazioni che mi dà	39.50	42.17	0.46	0.81
54 Rifletto continuamente sulla mia interiorità	39.50	42.81	0.44	0.81
61 In ogni decisione, do molta importanza ai sentimenti	39.31	43.85	0.44	0.81
68 Sono in grado di sentire le emozioni degli altri	39.63	43.31	0.42	0.81
75 Mi piace intuire il senso nascosto delle cose, al di là delle apparenze	39.05	44.12	0.39	0.82
82 Vedo la bellezza anche dove altri non la notano	39.40	43.68	0.39	0.82
89 Mi emoziono facilmente	39.22	43.64	0.38	0.82
96 Nella vita, mi lascio guidare soprattutto dal cuore	39.48	43.96	0.39	0.82
103 Quando penso a una persona, mi viene subito alla mente la sua voce	39.91	42.96	0.38	0.82

Tabella 26 – Coefficienti di attendibilità degli Item di ITAPI-G appartenenti alla Scala F6 per il campione Totale (n=2.383).

F6 Scala di DIFENSIVITA'	Scala media se l'item è escluso	Scala varianza se l'item è escluso	Correlazione del totale item corretta	Alfa di Cronbach se l'item è escluso
6 Nella vita è importante ottenere risultati concreti	39.36	40.34	0.36	0.78
13 La prima cosa che bisogna insegnare ai bambini è la disciplina	39.91	37.86	0.46	0.77
20 Per vivere bene, i soldi sono fondamentali	39.76	39.41	0.40	0.78
27 Molta gente riceve cose che non merita	39.63	38.65	0.44	0.78
34 Molta gente è invidiosa	39.41	39.31	0.41	0.78
41 Le persone tendono solamente a curare i propri interessi	39.56	39.04	0.46	0.78
48 Spesso la gente ti mostra una faccia diversa da quella sua vera	39.27	40.26	0.39	0.78
55 Senza le occasioni giuste, è difficile avere successo nella vita	39.58	39.5	0.40	0.78
62 C'è chi nasce fortunato e chi no	39.69	38.22	0.43	0.78
69 Mi fido poco degli altri	40.24	39.11	0.40	0.78
76 Nella vita occorre tenere i piedi ben piantati per terra	39.53	39.42	0.41	0.78
83 La verità è una sola	40.04	37.67	0.38	0.78
90 Nelle discussioni, quello che conta è fare vincere le proprie ragioni	40.42	39.44	0.35	0.78
97 La vita è sofferenza	40.35	39.03	0.36	0.78
104 La vita per me è una continua battaglia per riuscire al meglio	39.90	39.45	0.36	0.78

Tabella 27 – Coefficienti di attendibilità degli Item di ITAPI-G appartenenti alla Scala F7 per il campione Totale (n=2.383).

F7 Scala di INTROVERSIONE	Scala media se l'item è escluso	Scala varianza se l'item è escluso	Correlazione del totale item corretta	Alfa di Cronbach se l'item è escluso
7 Mi piace stare per conto mio	35.78	30.69	0.32	0.71
14 Mi piace fare le cose da solo/a	35.64	31.29	0.30	0.71
21 Rivelo poco di me stessa/o agli altri	35.68	29.95	0.39	0.70
28 Di solito, tengo per me le mie emozioni	35.73	29.61	.45	.69
35 Nelle conversazioni, tendo soprattutto ad ascoltare	35.49	31.57	.29	.71
42 Controllo bene i miei istinti	35.65	31.45	.31	.71
49 Sono un tipo tranquillo	35.55	31.36	.28	.71
56 Per comunicare con gli altri, uso soprattutto la logica	35.86	31.81	.25	.72
63 Medito sempre attentamente, prima di agire	35.53	31.52	.30	.71
70 Faccio fatica a conoscere nuove persone	36.36	30.08	.37	.70
77 E' difficile fare amicizia con gli altri	36.31	30.39	.35	.70
84 Nelle situazioni di gruppo, spesso rimango sullo sfondo	36.22	30.59	.36	.70
91 Di solito tengo gli altri a distanza	36.43	30.96	.33	.71
98 Nella vita è sempre meglio controllare le proprie emozioni	35.73	31.12	.29	.71
105 Mi piace fare le cose con calma	35.48	31.70	.24	.72

13. Norme statistiche (taratura italiana) di ITAPI-G: Frequenze, percentuali, punti Z, punti T

In questo capitolo riportiamo le norme statistiche relative alle riposte fornite all'Inventario da parte del campione.

Queste rappresentano, in sostanza, la distribuzione tipica delle risposte nel campione rappresentativo nazionale, su cui basarsi per definire il profilo di ciascun singolo soggetto individuale.

Riportiamo dunque le misure della tendenza centrale (media, deviazione standard, mediana, moda e varianza) dei punteggi relativi alle 7 Scale di Tratto-Fattore sia per quanto riguarda il campione totale (Tabella 28) sia con con riferimento ai sub-campioni ripartiti in base al sesso e all'età (Tabella 29).

Tabella 28 – Statistiche descrittive relative alle 7 Scale di ITAPI-G per il campione Totale (n=2.383).

		Punteggio medio	Deviazione Standard	Mediana	Moda	Varianza
F1	DINAMICITA'	40.46	7.58	41	42	57.46
F2	VULNERABILITA'	33.13	7.89	33	31	62.20
F3	EMPATIA	45.31	5.78	45	44	33.37
F4	COSCIENZIOSITA'	42.80	6.59	43	43	43.46
F5	IMMAGINAZIONE	42.25	6.98	42	43	48.76
F6	DIFENSIVITA'	42.62	6.65	43	41	44.24
F7	INTROVERSIONE	38.39	5.90	38	40	34.82

Tabella 29 – Statistiche descrittive relative alle 7 Scale di ITAPI-G per Sesso e Fasce d'età.

		M (n=1.008)		F (n=1.375)		18/35 (n=1.225)		36/86 (n=1.148)	
		Media	Dev Std	Media	Dev Std	Media	Dev Std	Media	Dev Std
F1	DINAMICITA'	41.3	7.2	39.9	7.8	41.4	7.2	39.4	7.9
F2	VULNERABILITA'	31.3	7.8	34.5	7.7	33.3	7.8	32.9	8.0
F3	EMPATIA	44.4	5.8	46.0	5.7	44.8	5.6	45.9	5.9
F4	COSCIENZIOSITA'	43.0	6.7	42.7	6.5	42.0	6.4	43.6	6.7
F5	IMMAGINAZIONE	40.7	6.9	43.4	6.8	42.5	6.8	42.0	7.2
F6	DIFENSIVITA'	43.0	6.6	42.3	6.7	42.2	6.4	43.0	6.9
F7	INTROVERSIONE	39.1	5.7	37.9	6.0	37.6	5.9	39.2	5.7

Riportiamo quindi, in sequenza, le tabelle di conversione (frequenze e punteggi standardizzati) dei valori grezzi (somma delle risposte) ottenuti per i 15 item relativi, di volta in volta, alle diverse Scale.

Tali punteggi, di cui riportiamo la tavola di conversione in Punti Z e in Punti T, sono riferiti sempre al campione totale. Ciascuna tabella è accompagnata da un grafico che sintetizza visivamente la distribuzione riportata in tabella.

Le tabelle si riferiscono a: Tratto-Fattore 1 o Dinamicità (Tabella 30); Tratto-Fattore 2 o Vulnerabilità (Tabella 31); Tratto-Fattore 3 o Empatia (Tabella 32); Tratto-Fattore 4 o Coscienziosità (Tabella 33); Tratto-Fattore 5 o Immaginazione (Tabella 34); Tratto-Fattore 6 o Difensività (Tabella 35); Tratto-Fattore 7 o Introversione (Tabella 36).

Tabella 30 – Tabella di conversione (frequenze e punteggi standardizzati) della somma delle risposte (valori grezzi), sul campione Totale (n=2.383), relative ai 15 Item di ITAPI-G che rilevano il Tratto-Fattore 1 (Dinamicità).

F1 Dinamicità	Frequenza sul campione Totale(n=2.383)	% sul Totale	Punti Z	Punti T
60	4	.2	2.58	75.8
59	5	.2	2.45	74.5
58	10	.4	2.31	73.1
57	16	.7	2.18	71.8
56	20	.8	2.05	70.5
55	30	1.3	1.92	69.2
54	26	1.1	1.79	67.9
53	37	1.6	1.65	66.5
52	38	1.6	1.52	65.2
51	37	1.6	1.39	63.9
50	44	1.8	1.26	62.6
49	70	2.9	1.13	61.3
48	77	3.2	.99	59.9
47	99	4.2	.86	58.6
46	82	3.4	.73	57.3
45	91	3.8	.60	56.0
44	121	5.1	.47	54.7
43	123	5.2	.34	53.4
42	140	5.9	.20	52.0
41	138	5.8	.07	50.7
40	113	4.7	-.06	49.4
39	132	5.5	-.19	48.1
38	119	5.0	-.32	46.8
37	117	4.9	-.46	45.4
36	105	4.4	-.59	44.1
35	93	3.9	-.72	42.8
34	87	3.7	-.85	41.5
33	75	3.1	-.98	40.2
32	59	2.5	-1.12	38.8
31	62	2.6	-1.25	37.5
30	44	1.8	-1.38	36.2
29	28	1.2	-1.51	34.9
28	26	1.1	-1.64	33.6
27	28	1.2	-1.78	32.2
26	23	1.0	-1.91	30.9
25	15	.6	-2.04	29.6

F1 Dinamicità	Frequenza sul campione Totale(n=2.383)	% sul Totale	Punti Z	Punti T
24	8	.3	-2.17	28.3
23	6	.3	-2.30	27.0
22	7	.3	-2.44	25.6
21	5	.2	-2.57	24.3
20	9	.4	-2.70	23.0
19	4	.2	-2.83	21.7
18	2	.1	-2.96	20.4
17	5	.2	-3.09	19.1
15	3	.1	-3.36	16.4
Totale	2.383	100.0		

F1 Dinamicità

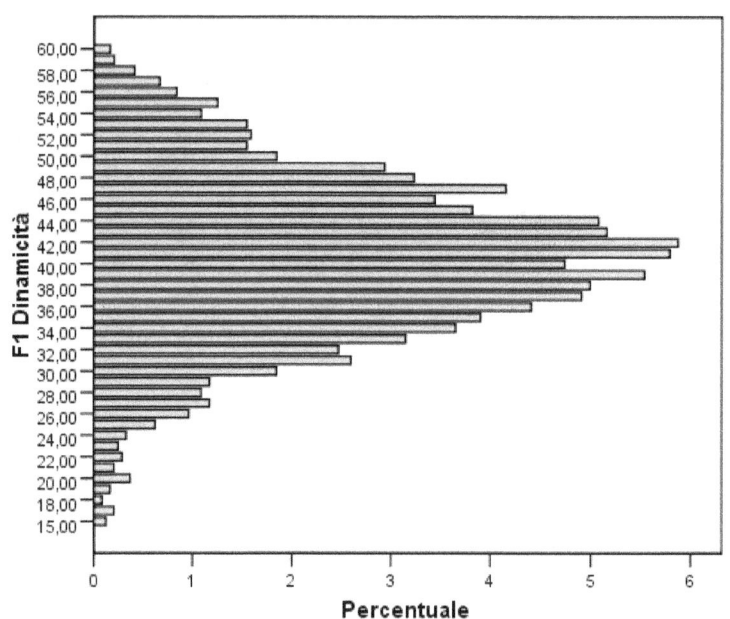

Tabella 31 – Tabella di conversione (frequenze e punteggi standardizzati) della somma delle risposte (valori grezzi), sul campione Totale (n=2.383), relative ai 15 Item di ITAPI-G che rilevano il Tratto-Fattore 2 (Vulnerabilità).

F2 Vulnerabilità	Frequenza sul campione Totale(n=2.383)	% sul Totale	Punti Z	Punti T
60	1	.0	3.41	84.1
58	3	.1	3.15	81.5
57	1	.0	3.03	80.3
56	2	.1	2.90	79.0
55	1	.0	2.77	77.7
54	3	.1	2.65	76.5
53	12	.5	2.52	75.2
52	9	.4	2.39	73.9
51	12	.5	2.26	72.6
50	12	.5	2.14	71.4
49	24	1.0	2.01	70.1
48	33	1.4	1.88	68.8
47	19	.8	1.76	67.6
46	41	1.7	1.63	66.3
45	34	1.4	1.50	65.0
44	50	2.1	1.38	63.8
43	43	1.8	1.25	62.5
42	53	2.2	1.12	61.2
41	61	2.6	1.00	60.0
40	73	3.1	.87	58.7
39	75	3.1	.74	57.4
38	98	4.1	.62	56.2
37	113	4.7	.49	54.9
36	98	4.1	.36	53.6
35	115	4.8	.24	52.4
34	132	5.5	.11	51.1
33	119	5.0	-.02	49.8
32	104	4.4	-.14	48.6
31	136	5.7	-.27	47.3
30	119	5.0	-.40	46.0
29	115	4.8	-.52	44.8
28	94	3.9	-.65	43.5
27	78	3.3	-.78	42.2
26	74	3.1	-.90	41.0
25	77	3.2	-1.03	39.7
24	67	2.8	-1.16	38.4

F2 Vulnerabilità	Frequenza sul campione Totale(n=2.383)	% sul Totale	Punti Z	Punti T
23	54	2.3	-1.28	37.2
22	66	2.8	-1.41	35.9
21	53	2.2	-1.54	34.6
20	29	1.2	-1.66	33.4
19	29	1.2	-1.79	32.1
18	25	1.0	-1.92	30.8
17	12	.5	-2.04	29.6
16	13	.5	-2.17	28.3
15	1	.0	-2.30	27.0
Totale	2.383	100.0		

F2 Vulnerabilità

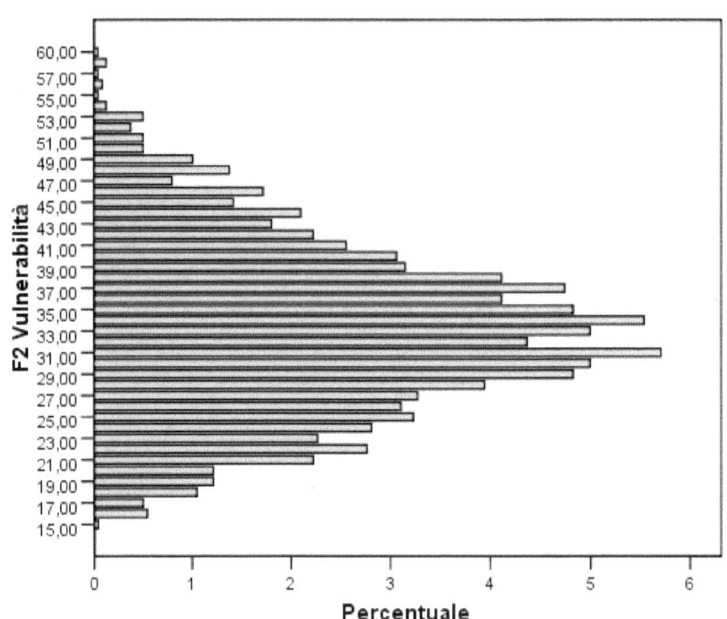

Tabella 32 – Tabella di conversione (frequenze e punteggi standardizzati) della somma delle risposte (valori grezzi), sul campione Totale (n=2.383), relative ai 15 Item di ITAPI-G che rilevano il Tratto-Fattore 3 (Empatia).

F3 Empatia	Frequenza sul campione Totale(n=2.383)	% sul Totale	Punti Z	Punti T
60	7	.3	2.54	75.4
59	13	.5	2.37	73.7
58	9	.4	2.20	72.0
57	13	.5	2.02	70.2
56	41	1.7	1.85	68.5
55	45	1.9	1.68	66.8
54	59	2.5	1.50	65.0
53	77	3.2	1.33	63.3
52	76	3.2	1.16	61.6
51	104	4.4	.98	59.8
50	116	4.9	.81	58.1
49	140	5.9	.64	56.4
48	137	5.7	.47	54.7
47	169	7.1	.29	52.9
46	157	6.6	.12	51.2
45	162	6.8	-.05	49.5
44	187	7.8	-.23	47.7
43	161	6.8	-.40	46.0
42	139	5.8	-.57	44.3
41	115	4.8	-.75	42.5
40	103	4.3	-.92	40.8
39	74	3.1	-1.09	39.1
38	67	2.8	-1.26	37.4
37	64	2.7	-1.44	35.6
36	42	1.8	-1.61	33.9
35	24	1.0	-1.78	32.2
34	20	.8	-1.96	30.4
33	16	.7	-2.13	28.7
32	12	.5	-2.30	27.0
31	12	.5	-2.48	25.2
30	4	.2	-2.65	23.5
29	7	.3	-2.82	21.8
28	5	.2	-2.99	20.1
26	2	.1	-3.34	16.6
24	3	.1	-3.69	13.1
18	1	.0	-4.72	2.8

F3 Empatia	Frequenza sul campione Totale(n=2.383)	% sul Totale	Punti Z	Punti T
Totale	2.383	100.0		

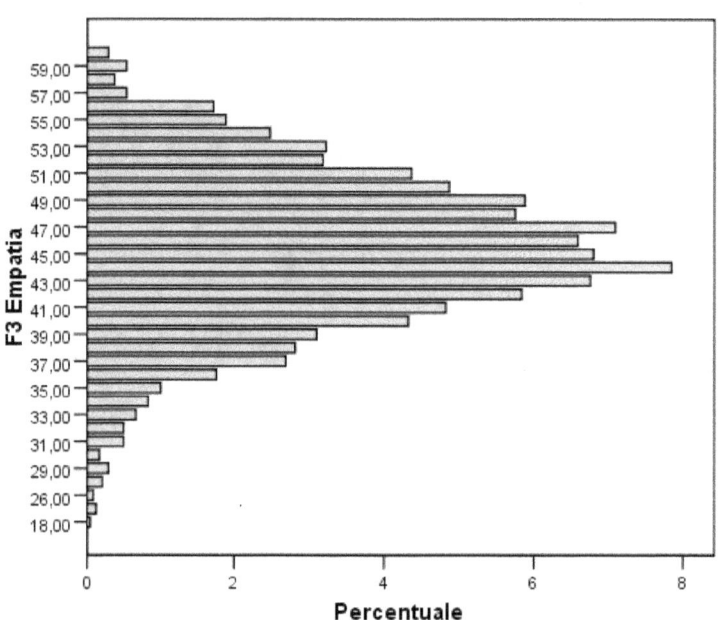

F3 Empatia

Tabella 33 – Tabella di conversione (frequenze e punteggi standardizzati) della somma delle risposte (valori grezzi), sul campione Totale (n=2.383), relative ai 15 Item di ITAPI-G che rilevano il Tratto-Fattore 4 (Coscienziosità).

F4 Coscienziosità	Frequenza sul campione Totale(n=2.383)	% sul Totale	Punti Z	Punti T
60	2	.1	2.61	76.1
59	6	.3	2.46	74.6
58	12	.5	2.31	73.1
57	14	.6	2.15	71.5
56	16	.7	2.00	70.0
55	33	1.4	1.85	68.5
54	33	1.4	1.70	67.0
53	43	1.8	1.55	65.5
52	56	2.3	1.40	64.0
51	68	2.9	1.24	62.4
50	93	3.9	1.09	60.9
49	108	4.5	.94	59.4
48	94	3.9	.79	57.9
47	124	5.2	.64	56.4
46	130	5.5	.49	54.9
45	131	5.5	.33	53.3
44	144	6.0	.18	51.8
43	151	6.3	.03	50.3
42	133	5.6	-.12	48.8
41	149	6.3	-.27	47.3
40	135	5.7	-.42	45.8
39	126	5.3	-.58	44.2
38	106	4.4	-.73	42.7
37	79	3.3	-.88	41.2
36	90	3.8	-1.03	39.7
35	55	2.3	-1.18	38.2
34	43	1.8	-1.34	36.6
33	54	2.3	-1.49	35.1
32	43	1.8	-1.64	33.6
31	26	1.1	-1.79	32.1
30	20	.8	-1.94	30.6
29	13	.5	-2.09	29.1
28	13	.5	-2.25	27.5
27	11	.5	-2.40	26.0
26	8	.3	-2.55	24.5
25	8	.3	-2.70	23.0

F4 Coscienziosità	Frequenza sul campione Totale(n=2.383)	% sul Totale	Punti Z	Punti T
24	8	.3	-2.85	21.5
23	4	.2	-3.00	20.0
20	1	.0	-3.46	15.4
Totale	2.383	100.0		

F4 Coscienziosità

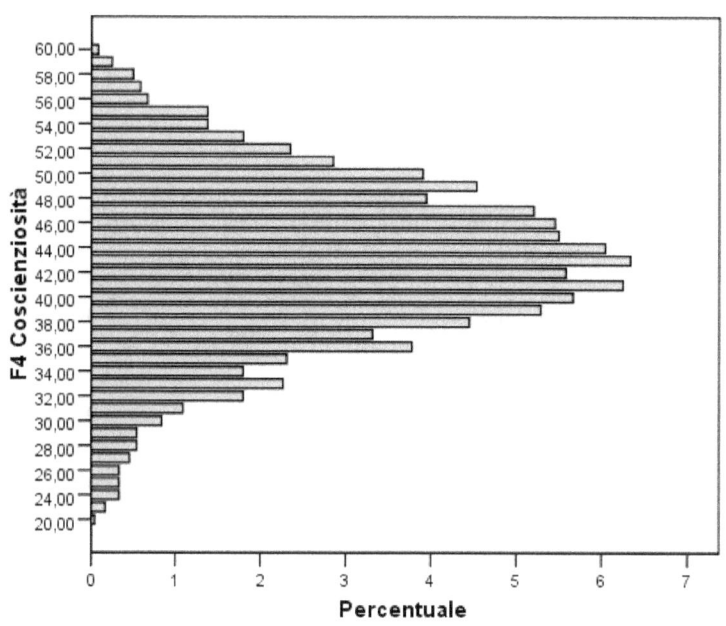

Tabella 34 – Tabella di conversione (frequenze e punteggi standardizzati) della somma delle risposte (valori grezzi), sul campione Totale (n=2.383), relative ai 15 Item di ITAPI-G che rilevano il Tratto-Fattore 5 (Immaginazione).

F5 Immaginazione	Frequenza sul campione Totale(n=2.383)	% sul Totale	Punti Z	Punti T
60	7	.3	2.54	75.4
59	6	.3	2.40	74.0
58	13	.5	2.26	72.6
57	19	.8	2.11	71.1
56	23	1.0	1.97	69.7
55	31	1.3	1.83	68.3
54	42	1.8	1.68	66.8
53	52	2.2	1.54	65.4
52	46	1.9	1.40	64.0
51	68	2.9	1.25	62.5
50	70	2.9	1.11	61.1
49	81	3.4	.97	59.7
48	83	3.5	.82	58.2
47	108	4.5	.68	56.8
46	111	4.7	.54	55.4
45	120	5.0	.39	53.9
44	127	5.3	.25	52.5
43	145	6.1	.11	51.1
42	118	5.0	-.04	49.6
41	142	6.0	-.18	48.2
40	131	5.5	-.32	46.8
39	122	5.1	-.47	45.3
38	115	4.8	-.61	43.9
37	120	5.0	-.75	42.5
36	101	4.2	-.90	41.0
35	77	3.2	-1.04	39.6
34	62	2.6	-1.18	38.2
33	56	2.3	-1.33	36.7
32	51	2.1	-1.47	35.3
31	32	1.3	-1.61	33.9
30	17	.7	-1.76	32.4
29	23	1.0	-1.90	31.0
28	20	.8	-2.04	29.6
27	9	.4	-2.18	28.2
26	13	.5	-2.33	26.7
25	7	.3	-2.47	25.3

F5 Immaginazione	Frequenza sul campione Totale(n=2.383)	% sul Totale	Punti Z	Punti T
24	5	.2	-2.61	23.9
23	4	.2	-2.76	22.4
22	3	.1	-2.90	21.0
20	3	.1	-3.19	18.1
Totale	2.383	100.0		

F5 Immaginazione

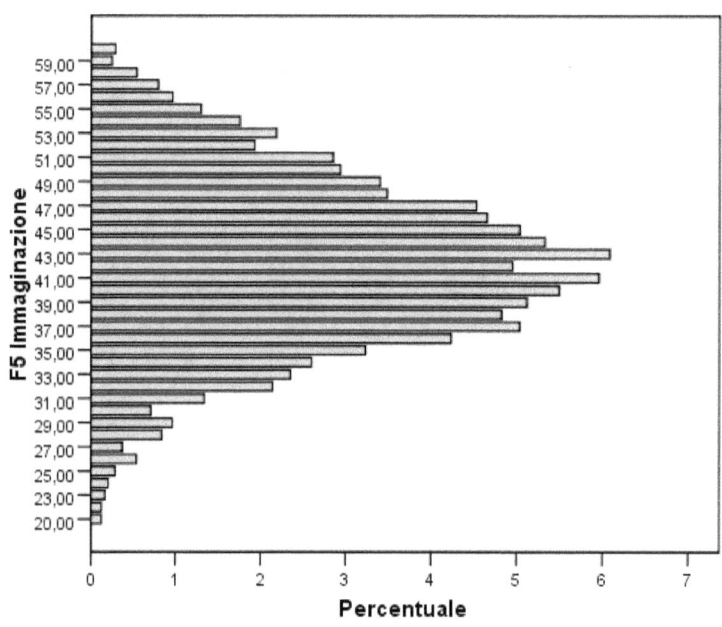

Tabella 35 – Tabella di conversione (frequenze e punteggi standardizzati) della somma delle risposte (valori grezzi), sul campione Totale (n=2.383), relative ai 15 Item di ITAPI-G che rilevano il Tratto-Fattore 6 (Difensività).

F6 Difensività	Frequenza sul campione Totale(n=2.383)	% sul Totale	Punti Z	Punti T
60	2	.1	2.61	76.1
59	7	.3	2.46	74.6
58	7	.3	2.31	73.1
57	17	.7	2.16	71.6
56	17	.7	2.01	70.1
55	22	.9	1.86	68.6
54	37	1.6	1.71	67.1
53	51	2.1	1.56	65.6
52	54	2.3	1.41	64.1
51	63	2.6	1.26	62.6
50	91	3.8	1.11	61.1
49	109	4.6	.96	59.6
48	110	4.6	.81	58.1
47	109	4.6	.66	56.6
46	122	5.1	.51	55.1
45	120	5.0	.36	53.6
44	142	6.0	.21	52.1
43	138	5.8	.06	50.6
42	131	5.5	-.09	49.1
41	158	6.6	-.24	47.6
40	123	5.2	-.39	46.1
39	124	5.2	-.54	44.6
38	118	5.0	-.69	43.1
37	76	3.2	-.85	41.5
36	88	3.7	-1.00	40.0
35	77	3.2	-1.15	38.5
34	62	2.6	-1.30	37.0
33	50	2.1	-1.45	35.5
32	37	1.6	-1.60	34.0
31	24	1.0	-1.75	32.5
30	27	1.1	-1.90	31.0
29	22	.9	-2.05	29.5
28	13	.5	-2.20	28.0
27	15	.6	-2.35	26.5
26	6	.3	-2.50	25.0
25	3	.1	-2.65	23.5

F6 Difensività	Frequenza sul campione Totale(n=2.383)	% sul Totale	Punti Z	Punti T
24	3	.1	-2.80	22.0
23	3	.1	-2.95	20.5
22	2	.1	-3.10	19.0
21	1	.0	-3.25	17.5
20	1	.0	-3.40	16.0
19	1	.0	-3.55	14.5
Totale	2.383	100.0		

F6 Difensività

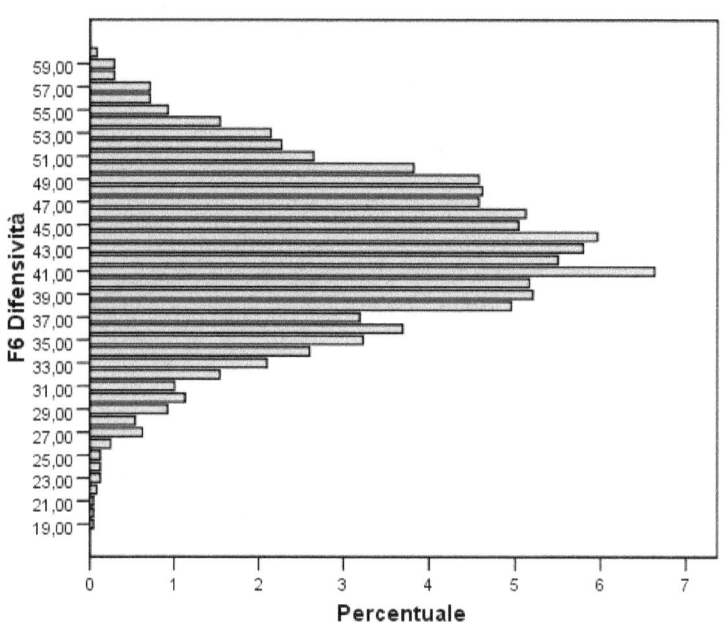

Tabella 36 – Tabella di conversione (frequenze e punteggi standardizzati) della somma delle risposte (valori grezzi), sul campione Totale (n=2.383), relative ai 15 Item di ITAPI-G che rilevano il Tratto-Fattore 7 (Introversione).

F7 Introversione	Frequenza sul campione Totale(n=2.383)	% sul Totale	Punti Z	Punti T
57	2	.1	3.15	81.5
56	1	.0	2.98	79.8
55	2	.1	2.82	78.2
54	7	.3	2.65	76.5
53	7	.3	2.48	74.8
52	20	.8	2.31	73.1
51	20	.8	2.14	71.4
50	21	.9	1.97	69.7
49	22	.9	1.80	68.0
48	42	1.8	1.63	66.3
47	63	2.6	1.46	64.6
46	69	2.9	1.29	62.9
45	77	3.2	1.12	61.2
44	99	4.2	.95	59.5
43	121	5.1	.78	57.8
42	118	5.0	.61	56.1
41	149	6.3	.44	54.4
40	184	7.7	.27	52.7
39	148	6.2	.10	51.0
38	167	7.0	-.07	49.3
37	171	7.2	-.24	47.6
36	134	5.6	-.41	45.9
35	126	5.3	-.57	44.3
34	126	5.3	-.74	42.6
33	117	4.9	-.91	40.9
32	84	3.5	-1.08	39.2
31	71	3.0	-1.25	37.5
30	62	2.6	-1.42	35.8
29	36	1.5	-1.59	34.1
28	37	1.6	-1.76	32.4
27	29	1.2	-1.93	30.7
26	17	.7	-2.10	29.0
25	11	.5	-2.27	27.3

F7 Introversione	Frequenza sul campione Totale(n=2.383)	% sul Totale	Punti Z	Punti T
24	8	.3	-2.44	25.6
23	6	.3	-2.61	23.9
22	4	.2	-2.78	22.2
21	3	.1	-2.95	20.5
20	1	.0	-3.12	18.8
18	1	.0	-3.46	15.4
Totale	2.383	100.0		

F7 Introversione

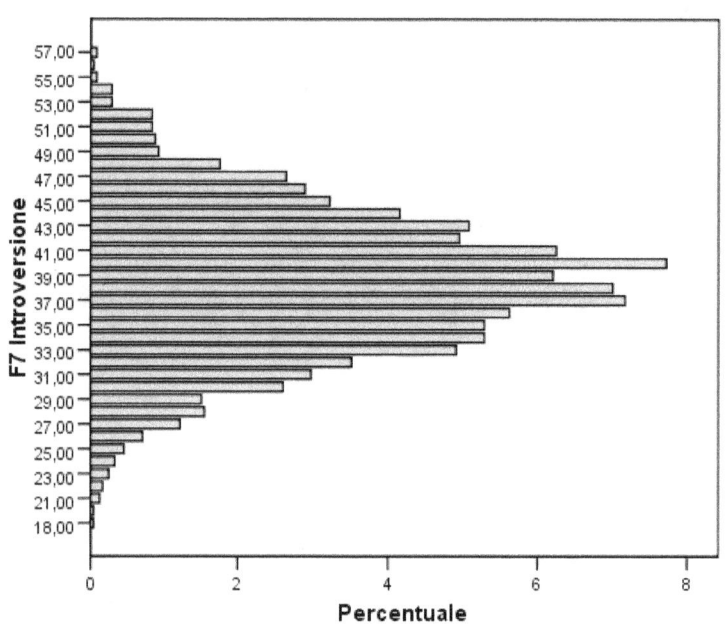

14. Norme statistiche (taratura italiana) di ITAPI-G: Distribuzioni percentili

Per completare il quadro relativo alla taratura di ITAPI-G con riferimento alla popolazione italiana, per il tramite del campione totale di riferimento (cfr: Tabelle 8 e 9) riportiamo le distribuzioni percentili che fanno da tabella di conversione per le risposte fornite dal campione con riferimento alle diverse Scale.

Le distribuzioni percentili sono riportate per: il campione Totale (Tabella 37); il campione degli Uomini (Tabella 38); il campione delle Donne (Tabella 39); il campione fra i 18 e i 35 anni d'età (Tabella 40); il campione fra i 36 e gli 86 anni d'età (Tabella 41).

Tabella 37 – Taratura in centili della somma delle risposte (valori grezzi) relative alle 7 Scale di Tratto-Fattore presenti nel campione Totale di ITAPI-G (n=2.383).

Percentili sul campione Totale (N=2.383)	F1 Dinam icità	F2 Vulner abilità	F3 Empat ia	F4 Coscie nziosit à	F5 Imma ginazi one	F6 Difens ività	F7 Introv ersion e
60	100.0	100.0	100.0	100.0	100.0	100.0	100.0
59	99.8	100.0	99.7	99.9	99.7	99.9	100.0
58	99.6	100.0	99.2	99.7	99.5	99.6	100.0
57	99.2	99.8	98.8	99.2	98.9	99.3	100.0
56	98.5	99.8	98.2	98.6	98.1	98.6	99.9
55	97.7	99.7	96.5	97.9	97.1	97.9	99.9
54	96.4	99.7	94.6	96.5	95.8	97.0	99.8
53	95.3	99.5	92.2	95.1	94.1	95.4	99.5
52	93.8	99.0	88.9	93.3	91.9	93.3	99.2
51	92.2	98.7	85.7	91.0	90.0	91.0	98.4
50	90.6	98.2	81.4	88.1	87.1	88.4	97.5
49	88.8	97.7	76.5	84.2	84.2	84.6	96.6
48	85.9	96.6	70.6	79.7	80.8	80.0	95.7
47	82.6	95.3	64.9	75.7	77.3	75.4	94.0
46	78.5	94.5	57.8	70.5	72.8	70.8	91.4
45	75.0	92.7	51.2	65.1	68.1	65.7	88.5
44	71.2	91.3	44.4	59.6	63.1	60.6	85.2
43	66.1	89.2	36.6	53.5	57.7	54.7	81.1
42	61.0	87.4	29.8	47.2	51.7	48.9	76.0
41	55.1	85.2	24.0	41.6	46.7	43.4	71.0
40	49.3	82.6	19.1	35.4	40.7	36.8	64.8
39	44.6	79.6	14.8	29.7	35.2	31.6	57.1
38	39.0	76.4	11.7	24.4	30.1	26.4	50.9
37	34.0	72.3	8.9	20.0	25.3	21.4	43.9
36	29.1	67.6	6.2	16.7	20.3	18.3	36.6
35	24.7	63.4	4.4	12.9	16.0	14.6	31.0
34	20.8	58.6	3.4	10.6	12.8	11.3	25.7
33	17.2	53.1	2.6	8.8	10.2	8.7	20.4
32	14.0	48.1	1.9	6.5	7.8	6.6	15.5
31	11.5	43.7	1.4	4.7	5.7	5.1	12
30	8.9	38.0	0.9	3.6	4.4	4.1	9.0
29	7.1	33.0	0.8	2.8	3.7	2.9	6.4
28	5.9	28.2	0.5	2.2	2.7	2.0	4.9
27	4.8	24.3	0.4	1.7	1.8	1.5	3.4
26	3.7	21.0	0.3	1.2	1.5	0.8	2.1
25	2.7	17.9	0.2	0.9	0.9	0.6	1.4

Percentili sul campione Totale (N=2.383)	F1 Dinam icità	F2 Vulner abilità	F3 Empat ia	F4 Coscie nziosit à	F5 Imma ginazi one	F6 Difens ività	F7 Introv ersion e
24	2.1	14.6	0.2	0.5	0.6	0.5	1.0
23	1.7	11.8	0.1	0.2	0.4	0.3	0.6
22	1.5	9.6	0.1	0	0.3	0.2	0.4
21	1.2	6.8	0.1	0	0.1	0.1	0.2
20	1.0	4.6	0.1	0	0.1	0.1	0.1
19	0.6	3.4	0.1	0	0	0	0
18	0.4	2.1	0	0	0	0	0
17	0.3	1.1	0	0	0	0	0
16	0.1	0.6	0	0	0	0	0
15	0	0	0	0	0	0	0

Tabella 38 – Taratura in centili della somma delle risposte (valori grezzi) relative alle 7 Scale di Tratto-Fattore presenti nel campione Maschile di ITAPI-G (1.008 soggetti).

Percentili sul campione Maschile (N=1.008)	F1 Dinamicità	F2 Vulnerabilità	F3 Empatia	F4 Coscienziosità	F5 Immaginazione	F6 Difensività	F7 Introversione
60	100.0	100.0	100.0	100.0	100.0	100.0	100.0
59	99.8	100.0	99.7	99.9	99.8	99.9	100.0
58	99.4	100.0	99.4	99.5	99.6	99.6	100.0
57	98.8	100.0	99.0	99.0	99.2	99.1	100.0
56	98.0	100.0	98.7	98.4	98.9	98.6	100.0
55	97.1	100.0	97.2	97.6	98.1	97.8	99.9
54	95.8	99.9	96.4	96.2	97.4	97.1	99.8
53	95.1	99.8	94.8	94.6	96.1	94.7	99.5
52	93.4	99.5	92.5	93.1	95.3	92.4	99.2
51	91.7	99.3	89.8	90.9	93.8	90.4	98.4
50	90.0	98.8	86.1	87.9	91.7	87.5	97.2
49	87.5	98.2	81.7	82.9	90.0	83.7	96.3
48	84.7	97.3	77.0	78.9	86.8	79.3	95.3
47	81.0	96.1	72.3	74.5	84.2	74.5	93.6
46	76.1	95.6	64.9	69.6	79.9	69.6	90.3
45	73.1	94.1	58.3	63.1	75.9	63.8	86.3
44	69.5	93.8	52.0	57.6	70.6	57.6	82.9
43	63.7	92.7	42.5	52.0	66.0	50.3	78.7
42	56.9	91.0	34.9	46.1	60.9	44.8	72.6
41	50.7	89.5	28.8	39.8	56.0	40.0	67.0
40	44.4	87.3	22.7	33.5	49.4	33.6	60.0
39	39.5	85.9	0.5	28.0	42.8	28.6	52.0
38	34.1	82.7	14.4	23.5	38.0	24.6	45.7
37	28.9	78.9	11.0	19.4	33.2	19.6	38.2
36	24.0	75.5	8.2	16.2	27.1	17.0	31.3
35	20.6	72.7	5.6	12.7	21.1	13.2	25.3
34	17.0	68.2	4.6	10.0	17.4	10.4	20.1
33	13.7	62.8	3.4	8.5	13.8	8.3	15.9
32	10.9	58.8	2.8	6.3	10.7	6.2	11.7
31	8.1	54.8	2.1	4.4	7.9	4.5	8.6
30	6.1	49.3	1.3	3.8	6.1	3.7	6.8
29	4.8	42.9	1.2	3.0	5.4	2.4	5.0
28	3.4	37.9	0.8	2.4	4.2	1.5	3.5
27	2.7	33.2	0.4	1.8	2.9	1.0	2.4
26	2.1	28.2	0.4	1.5	2.4	0.7	1.5
25	1.7	24.4	0.4	1.1	1.7	0.5	1.2

Percentili sul campione Maschile (N=1.008)	F1 Dinamic ità	F2 Vulnera bilità	F3 Empatia	F4 Coscien ziosità	F5 Immagi nazione	F6 Difensiv ità	F7 Introver sione
24	1.5	20.0	0.4	0.9	1.2	0.5	0.8
23	1.3	16.9	0.1	0.4	0.9	0.3	0.8
22	1.0	14.0	0.1	0.1	0.5	0.1	0.4
21	0.8	9.5	0.1	0.1	0.3	0.1	0.4
20	0.6	6.6	0.1	0.1	0.3	0	0.2
19	0.4	5.0	0.1	0.1	0	0	0.1
18	0.3	3.2	0.1	0.1	0	0	0.1
17	0.3	1.5	0	0	0	0	0
16	0.1	0.9	0	0	0	0	0
15	0.1	0.1	0	0	0	0	0

Tabella 39 – Taratura in centili della somma delle risposte (valori grezzi) relative alle 7 Scale di Tratto-Fattore presenti nel campione Femminile di ITAPI-G (n=1.375).

Percentili sul campione Femminile (n=1.375)	F1 Dinamicità	F2 Vulnerabilità	F3 Empatia	F4 Coscienziosità	F5 Immaginazione	F6 Difensività	F7 Introversione
60	100.0	100.0	100.0	100.0	100.0	100.0	100.0
59	99.9	100.0	99.7	99.9	99.6	99.9	100.0
58	99.8	99.9	99.0	99.8	99.3	99.6	100.0
57	99.5	99.7	98.6	99.3	98.7	99.5	99.9
56	98.9	99.6	97.9	98.7	97.5	98.6	99.9
55	98.1	99.6	96.0	98.1	96.4	98.0	99.9
54	96.9	99.5	93.3	96.7	94.7	96.9	99.8
53	95.5	99.3	90.2	95.5	92.6	95.9	99.5
52	94.1	98.7	86.3	93.5	89.4	94.0	99.2
51	92.6	98.2	82.8	91.1	87.2	91.5	98.3
50	91.1	97.7	77.9	88.3	83.8	89.0	97.7
49	89.7	97.2	72.7	85.2	79.9	85.2	96.9
48	86.7	96.1	66.0	80.3	76.4	80.5	96.0
47	83.9	94.6	59.4	76.7	72.2	76.0	94.3
46	80.2	93.6	52.6	71.2	67.6	71.6	92.1
45	76.4	91.7	46.0	66.5	62.4	67.1	90.0
44	72.4	89.5	38.8	61.0	57.5	62.8	86.9
43	67.9	86.7	32.2	54.7	51.7	57.9	82.8
42	63.9	84.8	26.0	48.0	44.9	51.9	78.5
41	58.3	82.0	20.4	43.0	39.9	45.9	74.0
40	52.9	79.2	16.5	36.7	34.4	39.1	68.3
39	48.3	74.9	12.4	31.0	29.7	33.8	60.8
38	42.6	71.8	9.7	25.1	24.4	27.7	54.6
37	37.8	67.5	7.3	20.4	19.5	22.8	48.0
36	32.9	61.7	4.7	17.0	15.3	19.2	40.6
35	27.7	56.7	3.6	13.0	12.3	15.6	35.2
34	23.6	51.6	2.6	11.0	9.5	12.0	29.8
33	19.7	46.0	2.0	8.9	7.6	9.0	23.8
32	16.3	40.2	1.3	6.6	5.7	7.0	18.3
31	14.0	35.6	.9	4.9	4.1	5.5	14.5
30	11.1	29.7	.7	3.5	3.1	4.4	10.6
29	8.8	25.8	.4	2.6	2.4	3.3	7.5
28	7.8	21.1	.2	2.1	1.6	2.4	6.0
27	6.4	17.7	.0	1.6	1.1	1.8	4.1
26	4.8	15.7	.0	1.0	.8	.9	2.6
25	3.4	13.1	.0	.7	.4	.7	1.6

Percentili sul campione Femminile (n=1.375)	F1 Dinamicità	F2 Vulnerabilità	F3 Empatia	F4 Coscienziosità	F5 Immaginazione	F6 Difensività	F7 Introversione
24	2.5	10.7	.0	.3	.2	.4	1.1
23	2.0	8.1	.0	.1	.1	.4	.5
22	1.8	6.3	.0	.0	.1	.3	.4
21	1.5	4.8	.0	.0	.0	.1	.1
20	1.2	3.1	.0	.0	.0	.1	.0
19	.7	2.2	.0	.0	.0	.1	.0
18	.5	1.4	.0	.0	.0	.0	.0
17	.4	.8	.0	.0	.0	.0	.0
16	.0	.4	.0	.0	.0	.0	.0
15	.0	.0	.0	.0	.0	.0	.0

Tabella 40 – Taratura in centili della somma delle risposte (valori grezzi) relative alle 7 Scale di Tratto-Fattore presenti nel campione di 18-35 anni di ITAPI-G (n=1.225).

Percentili sul campione 18-35 anni (n=1.225)	F1 Dinamicità	F2 Vulnerabilità	F3 Empatia	F4 Coscienziosità	F5 Immaginazione	F6 Difensività	F7 Introversione
60	100.0	100.0	100.0	100.0	100.0	100.0	100.0
59	99.7	100.0	99.8	99.9	99.8	99.9	100.0
58	99.5	100.0	99.6	99.7	99.5	99.7	100.0
57	99.0	99.8	99.3	99.3	98.9	99.4	100.0
56	98.2	99.8	98.9	98.9	98.0	98.9	99.9
55	97.1	99.7	97.2	98.4	97.1	98.4	99.9
54	95.3	99.7	95.9	97.2	96.0	97.8	99.9
53	94.4	99.4	94.4	96.2	94.5	96.0	99.5
52	92.9	98.9	91.7	95.3	92.2	94.4	99.3
51	91.1	98.8	88.8	93.2	90.4	92.6	98.7
50	89.4	98.4	84.8	91.0	87.4	90.3	97.9
49	87.8	98.0	80.3	87.5	84.5	87.7	97.0
48	84.5	96.7	74.9	83.6	81.0	83.4	96.1
47	81.0	95.3	68.7	79.5	77.0	78.8	94.6
46	76.3	94.3	61.1	75.2	71.2	75.0	92.1
45	72.6	92.5	54.7	69.1	66.2	69.3	90.4
44	67.5	90.8	48.0	65.1	61.2	64.2	88.3
43	62.0	89.1	39.9	59.7	56.2	56.9	84.3
42	56.1	87.7	32.7	53.9	50.9	51.1	80.2
41	50.0	85.1	25.5	47.7	46.4	46.1	75.4
40	44.2	83.0	20.2	40.4	39.4	38.6	70.3
39	39.6	79.9	16.2	33.5	34.1	33.1	63.3
38	33.2	76.7	12.7	28.7	28.6	26.7	57.1
37	28.1	71.9	9.6	23.3	23.7	21.5	50.9
36	23.6	66.5	6.7	19.3	18.1	18.1	42.4
35	19.9	62.3	4.7	14.5	14.7	14.6	35.9
34	16.6	56.8	3.7	12.0	11.3	11.5	29.9
33	12.9	51.3	3.0	9.8	8.8	8.7	24.4
32	9.7	46.0	2.3	7.1	6.4	6.4	18.7
31	8.2	41.8	1.9	4.8	4.8	5.5	14.5
30	6.0	36.8	1.1	3.5	3.4	4.2	11.2
29	4.8	31.9	1.0	2.6	2.9	3.2	8.0
28	4.0	27.6	.6	2.1	2.0	2.2	6.2
27	3.1	23.8	.3	1.6	1.3	1.6	4.2
26	2.3	20.3	.3	1.2	1.1	.9	2.8
25	1.4	17.0	.2	.8	.6	.5	2.0

Percentili sul campione 18-35 anni (n=1.225)	F1 Dinami cità	F2 Vulnera bilità	F3 Empati a	F4 Coscien ziosità	F5 Immagi nazione	F6 Difensi vità	F7 Introve rsione
24	.8	14.0	.2	.5	.3	.4	1.2
23	.7	11.2	.1	.2	.2	.2	.9
22	.7	9.0	.1	.0	.1	.1	.5
21	.5	6.6	.1	.0	.0	.1	.3
20	.4	4.1	.1	.0	.0	.1	.2
19	.2	2.9	.1	.0	.0	.1	.1
18	.2	1.9	.1	.0	.0	.0	.1
17	.1	1.1	.0	.0	.0	.0	.0
16	.0	.5	.0	.0	.0	.0	.0
15	.0	.1	.0	.0	.0	.0	.0

Tabella 41 – Taratura in centili della somma delle risposte (valori grezzi) relative alle 7 Scale di Tratto-Fattore presenti nel campione di 36-86 anni di ITAPI-G (n=1.148).

Percentili sul campione 36-86 anni (n=1.148)	F1 Dinamicità	F2 Vulnerabilità	F3 Empatia	F4 Coscienziosità	F5 Immaginazione	F6 Difensività	F7 Introversione
60	100.0	100.0	100.0	100.0	100.0	100.0	100.0
59	100.0	99.9	99.6	99.9	99.7	99.9	100.0
58	99.7	99.9	98.7	99.7	99.4	99.6	100.0
57	99.4	99.8	98.2	99.0	99.0	99.2	100.0
56	98.9	99.7	97.6	98.2	98.2	98.3	99.9
55	98.3	99.7	95.7	97.3	97.1	97.3	99.8
54	97.6	99.7	93.3	95.7	95.6	96.1	99.7
53	96.4	99.7	89.8	93.9	93.6	94.8	99.5
52	94.8	99.1	86.1	91.2	91.5	92.0	99.1
51	93.4	98.6	82.6	88.6	89.5	89.4	98.0
50	92.0	97.9	77.8	85.2	86.8	86.4	97.1
49	89.8	97.4	72.6	80.8	83.9	81.3	96.3
48	87.4	96.7	66.2	75.6	80.7	76.5	95.3
47	84.4	95.3	60.8	71.8	77.8	71.9	93.3
46	80.8	94.7	54.2	65.6	74.6	66.4	90.6
45	77.8	93.1	47.4	60.7	70.2	61.8	86.5
44	75.3	92.0	40.5	53.6	65.1	56.8	82.0
43	70.6	89.5	32.8	46.9	59.4	52.4	77.6
42	66.4	87.3	26.6	39.9	52.4	46.5	71.7
41	60.7	85.4	22.1	34.9	47.0	40.4	66.5
40	55.0	82.4	17.7	29.8	42.1	34.9	59.0
39	50.0	79.4	13.2	25.5	36.3	30.1	50.6
38	45.5	76.4	10.5	19.8	31.6	26.1	44.3
37	40.6	72.9	8.2	16.4	27.0	21.4	36.4
36	35.2	68.8	5.7	13.9	22.5	18.4	30.4
35	30.0	64.8	4.2	11.1	17.5	14.5	25.7
34	25.4	60.6	3.2	9.0	14.4	11.1	21.2
33	21.8	55.0	2.2	7.6	11.7	8.7	16.1
32	18.6	50.4	1.6	5.7	9.4	6.8	12.0
31	15.1	45.9	1.0	4.4	6.6	4.7	9.1
30	12.0	39.4	.8	3.7	5.4	3.9	6.6
29	9.5	34.2	.5	2.9	4.4	2.7	4.6
28	7.9	29.0	.3	2.3	3.5	1.8	3.5
27	6.7	24.8	.2	1.7	2.4	1.4	2.4
26	5.1	21.8	.2	1.2	1.9	.8	1.5
25	4.1	18.9	.2	1.0	1.3	.7	.9

Percentili sul campione 36-86 anni (n=1.148)	F1 Dinamicità	F2 Vulnerabilità	F3 Empatia	F4 Coscienziosità	F5 Immaginazione	F6 Difensività	F7 Introversione
24	3.4	15.4	.2	.6	1.0	.5	.7
23	2.8	12.6	.0	.3	.7	.4	.3
22	2.3	10.3	.0	.1	.4	.3	.3
21	1.9	7.1	.0	.1	.3	.2	.1
20	1.6	5.1	.0	.1	.3	.1	.0
19	1.0	3.9	.0	.0	.0	.0	.0
18	.7	2.4	.0	.0	.0	.0	.0
17	.6	1.1	.0	.0	.0	.0	.0
16	.3	.7	.0	.0	.0	.0	.0
15	.3	.0	.0	.0	.0	.0	.0

15. Assegnazione del punteggio per il Profilo ITAPI-G di Personalità

Il punteggio relativo alle diverse Scale viene assegnato sommando i punti (1, 2, 3, 4) relativi alla riposta che il soggetto ha fornito a ciascun item della Scala. L'elenco degli item relativi a ciascuna delle Scale, con il loro relativo numero d'ordine nel questionario, viene riportato in Tabella 42.

Presentiamo quindi, subito dopo, dei moduli-schemi utilizzando i quali è possibile definire, in modo rapido e visivamente immediato, il profilo di personalità del soggetto con riferimento alla sua collocazione (Bassa, Media, Alta) rispetto alla norma psicometrica italiana di: campione totale (Tabella 43); Uomini di 18-35 anni (Tabella 44); Uomini di 36-86 anni (Tabella 45); Donne di 18-35 anni (Tabella 46); Donne di 36-86 anni (Tabella 47).

Tabella 42 – Lista degli item che definiscono le Scale relative a ciascun Tratto-Fattore di ITAPI-G.

Tratto	ITEM														
F1 Dinamicità	1	8	15	22	29	36	43	50	57	64	71	78	85	92	99
F2 Vulnerabilità	2	9	16	23	30	37	44	51	58	65	72	79	86	93	100
F3 Empatia	3	10	17	24	31	38	45	52	59	66	73	80	87	94	101
F4 Coscienziosità	4	11	18	25	31	39	46	53	60	67	74	81	88	95	102
F5 Immaginazione	5	12	19	26	33	40	47	54	61	68	75	82	89	96	103
F6 Difensività	6	13	20	27	34	41	48	55	62	69	76	83	90	97	104
F7 Introversione	7	14	21	28	35	42	49	56	63	70	77	84	91	98	105

Tabella 43 – Modulo per il profilo di personalità: Soggetti adulti.

Fattore – Tratto (Tot n=2.383)	BASSO		Un po' Basso		MEDIO		Un po' Alto		ALTO	
	10	20	30	40	50	60	70	80	90	100
F1 Dinamicità	15/31	32/34	35/37	38/39	40/41	42	43/44	45/47	48/50	51/60
F2 Vulnerabilità	15/23	24/26	27/29	30/31	32/33	34/35	36/37	38/40	41/44	45/60
F3 Empatia	15/38	39/41	42/43	44	45	46/47	48	49/50	51/53	54/60
F4 Coscienziosità	15/34	35/38	39/40	41	42/43	44/45	46	47/49	50/51	52/60
F5 Immaginazione	15/33	34/36	37/38	39/40	41/42	43/44	45/46	47/48	49/52	53/60
F6 Difensività	15/34	35/37	38/39	40/41	42/43	44	45/46	47/49	50/51	52/60
F7 Introversione	15/31	32/33	34/35	36/37	38	39/40	41	42/43	44/46	47/60

Tabella 44 – Modulo per il profilo di personalità: Uomini 18-35 anni.

Fattore – Tratto (Uomini 18-35 anni: n=520)	BASSO		Un po' Basso		MEDIO		Un po' Alto		ALTO	
	10	20	30	40	50	60	70	80	90	100
F1 Dinamicità	15/34	35/37	38/39	40/41	42	43/44	45	46/48	49/51	52/60
F2 Vulnerabilità	15/22	23/25	26/27	28/29	30/31	32/33	34/35	36/38	39/42	52/60
F3 Empatia	15/37	38/39	40/41	42/43	44	45	46/47	48	49/51	52/60
F4 Coscienziosità	15/34	35/37	38/39	40/41	42	43/44	45/46	47/48	49/50	51/60
F5 Immaginazione	15/33	34/35	36/37	38/39	40/41	42	43/45	46/47	48/50	51/60
F6 Difensività	15/35	36/38	39/40	41	42/43	44	45/46	47/48	49/51	52/60
F7 Introversione	15/31	32/34	35	36/37	38	39/40	41	42/43	44/46	47/60

Tabella 45 – Modulo per il profilo di personalità: Uomini 36-86 anni.

Fattore – Tratto (Uomini 36-86 anni: n=487)	BASSO		Un po' Basso		MEDIO		Un po' Alto		ALTO	
	10	20	30	40	50	60	70	80	90	100
F1 Dinamicità	15/31	32/34	35/36	37/38	39/40	41/42	43/44	45/47	48/50	51/60
F2 Vulnerabilità	15/21	22/24	26/27	28/29	30/31	32/33	34/35	36/38	39/42	43/60
F3 Empatia	15/37	38/40	41/42	43/44	45	46	47/48	49/50	51/52	53/60
F4 Coscienziosità	15/35	36/39	40/41	42/43	44	45/46	47/48	49/50	51/53	54/60
F5 Immaginazione	15/32	33/35	36/37	38/39	40/41	42	43/44	45/46	47/49	50/60
F6 Difensività	15/34	35/38	39/40	41/42	43/44	45/46	47/48	49/50	51/52	53/60
F7 Introversione	15/33	34/36	37	38/39	40	41	42/43	44/45	46/47	48/60

Tabella 46 – Modulo per il profilo di personalità: Donne 18-35 anni.

Fattore – Tratto (Donne 18-35 anni: n=705)		BASSO		Un po' Basso		MEDIO		Un po' Alto		ALTO	
		10	20	30	40	50	60	70	80	90	100
F1	Dinamicità	15/31	32/34	35/37	38/39	40/41	42/43	44/45	46/47	48/51	52/60
F2	Vulnerabilità	15/24	25/29	30/31	32/33	34/35	36/37	38	39/41	42/45	46/60
F3	Empatia	15/38	39/41	42/43	44	45/46	47	48	49/50	51/53	54/60
F4	Coscienziosità	15/34	35/37	38/39	40	41/42	43	44/45	46/48	49/50	51/60
F5	Immaginazione	15/36	37/38	39/40	41/42	43/44	45	46/47	48/49	50/53	54/60
F6	Difensività	15/34	35/37	38/39	40	41/42	43	44/46	47/48	49/50	51/60
F7	Introversione	15/30	31/32	33/34	35/36	37	38	39/40	41/42	43/45	46/60

Tabella 47 – Modulo per il profilo di personalità: Donne 36-86 anni.

Fattore – Tratto (Donne 36-86 anni: n=661)		BASSO		Un po' Basso		MEDIO		Un po' Alto		ALTO	
		10	20	30	40	50	60	70	80	90	100
F1	Dinamicità	15/28	29/32	33/35	36/37	38/39	40/41	42/43	44/46	47/49	50/60
F2	Vulnerabilità	15/24	25/28	29/30	31/32	33/34	35/36	37/38	39/41	42/45	46/60
F3	Empatia	15/39	40/42	43/44	45	46/47	48	49/50	51/52	53/54	55/60
F4	Coscienziosità	15/35	36/38	39/40	41/42	43/44	45	46/47	48/49	50/52	53/60
F5	Immaginazione	15/34	35/37	38/39	40/41	42/43	44/45	46/47	48/50	51/53	54/60
F6	Difensività	15/34	35/37	38/39	40/41	42/43	44/45	46/47	48/49	50/52	53/60
F7	Introversione	15/31	32/34	34/35	36/37	38/39	40	41	42/44	45/46	47/60

180

16. Itapi-TIPI: Campione standardizzato italiano (1.944 casi)

Per sviluppare ulteriormente il materiale raccolto, sempre nello spirito di rispetto per il rigore scientifico ma anche di praticità operativa che caratterizza il Programma ITAPI, abbiamo deciso di estrarre, dall'insieme delle prove somministrate disponibili, un campione ancora meglio equilibrato (rispetto a quello di 2.383 soggetti utilizzato sin qui; cfr: Tabelle 8 e 9) specie in termini di rappresentatività con riferimento alle principali variabili potenzialmente in gioco.

Come già abbiamo ricordato, nella tradizione della ricerca sui Test, capita piuttosto di rado che il campione normativo raggiunga dimensioni accettabili, le quali solitamente vengono indicate in almeno qualche centinaio di soggetti e meglio se si supera il migliaio. Mentre è piuttosto raro anche che, al di là delle dimensioni del campione, venga posta un'adeguata attenzione alla rappresentatività di tale campione normativo relativamente ai sub-campioni in cui può essere suddiviso rispetto alle variabili (specie: anagrafiche) più rappresentative.

Capita insomma assai raramente che il campione normativo per un Inventario psicologico comprenda un numero relativamente elevato di soggetti, i quali siano anche adeguatamente distribuiti per età, per sesso, per livello di istruzione, per condizione familiare o per condizione professionale.

Nella maggior parte dei casi, la composizione di un campione di riferimento per definire la taratura di un medio Test psicologico, vede prevalere decisamente le donne (anche per il fatto che tra gli iscritti ai corsi di psicologia, tipica popolazione su cui si fonda la gran parte della ricerca psicologica, queste prevalgono largamente) e ancora più raramente tiene conto di un certo equilibrio per età o per residenza geografica (che si collega ad eventuali sub-culture territoriali nell'ambito della popolazione di riferimento). In molti casi: anche la rappresentatività in termini di presenza delle varie attività lavorative appare appare piuttosto limitata, visto che gli studenti universitari poco più che ventenni tendono a dominare assolutamente la scena dei Test psicologici.

Abbiamo dunque deciso di estrarre, dall'insieme dei protocolli disponibili, un campione che rispondesse ancora meglio a questi criteri di rappresentatività, con l'obiettivo di sviluppare qualche ulteriore elaborazione di strumenti psicometricamente interessanti.

Abbiamo dunque utilizzato tutti i soggetti validi provenienti da province diverse da quelle di Milano e di Torino, che rappresentano i due punti di campionamento maggiori (ovvero quelle dominanti nel campione di partenza). E abbiamo poi completato le quote, in modo che fossero di pari entità le donne e gli uomini. La composizione di tale campione è riportata nelle Tabelle 48 e 49.

Come si vede, le province rappresentate con più di 100 soggetti sono, oltre appunto a Milano e Torino, anche Reggio Calabria, Roma e Sassari. Ci sono poi varie altre province, in regioni diverse dalla Lombardia e dal Piemonte, che offrono una loro testimonianza di qualche rilievo: da Verona a Firenze, da Imperia a Potenza, ovvero anche con qualche soggetto da Grosseto, Siena, L'Aquila, Modena, Oristano ecc; con qualche singolo testimone anche da tante altre parti d'Italia.

Possiamo aggiungere ancora, tra gli elementi non riportati direttamente dalle Tabelle 48 e 49, che: l'età media del campione standardizzato nel suo insieme è di 36.6 anni (Deviazione standard: 12.8; Varianza: 163.7); l'età media degli uomini è di 37.0 anni (Deviazione standard: 13.2; Varianza: 173.8); l'età media delle donne è di 36.3 anni (Deviazione standard: 12.4; Varianza: 153.5).

Tabella 48 - Struttura del campione normativo nazionale standardizzato (n=1.944 soggetti).

		Valori assoluti	Percentuali valide	Composizione per sesso (numero dei casi)	
Sesso	Uomini	972	50.0		
	Donne	972	50.0	UOMINI	DONNE
Età	18/29	720	37.0	362	358
	30/45	708	36.4	337	371
	46/65	516	26.6	273	243
	Non indica	-			
Istruzione	Elementari	47	2.4	25	22
	Medie Inferiori	385	20.0	204	181
	Medie Superiori	1083	56.2	534	549
	Università	413	21.4	198	215
	Non indica	16			
Stato civile	Celibe/Nubile	957	50.1	512	445
	Coniugato/a	755	39.5	356	399
	Separato/a	173	9.0	77	96
	Vedovo/a	27	1.4	8	19
	Non indica	32			
Professione	Impiegato	559	29.3	242	317
	Studente	412	21.6	204	208
	Operaio	270	14.1	156	114
	Professionista	232	12.1	146	86
	Pensionato/a	127	6.6	75	52
	Casalinga	92	4.8	3	89
	Imprenditore	76	4.0	54	22
	Disoccupato	54	2.8	31	23
	Quadro	58	3.0	27	31
	Dirigente	31	1.6	24	7
	Non indica				
Provincia di residenza	Milano	492	25.3	292	200
	Torino	312	16.0	182	130
	Reggio Calabria	127	6.5	61	66
	Roma	125	6.4	54	71
	Sassari	113	5.8	53	60
	Pavia	99	5.1	52	47
	Como	82	4.2	29	53
	Verona	72	3.7	28	44
	Imperia	66	3.4	32	34
	Grosseto	37	1.9	11	26

Firenze	37	1.9	16	21
Cremona	32	1.6	14	18
Siena	35	1.8	14	21
Varese	26	1.3	10	16
Potenza	28	1.4	13	15
Cuneo	24	1.2	7	17
Modena	13	.7	7	6
L'Aquila	12	.6	5	7
Bergamo	10	.5	5	5
Oristano	10	.5	7	3
Monza	9	.5	3	6
Altre province	183	9.4		

Tabella 49 - Struttura del campione normativo nazionale per l'analisi dei Tipi-Cluster di ITAPI-G (n=1.944 soggetti): composizione analitica per singolo anno di età e per sesso.

Età	Uomini	Donne	Tot
18	23	20	43
19	25	19	44
20	26	31	57
21	37	33	70
22	31	38	69
23	28	31	59
24	39	33	72
25	23	32	55
26	28	39	67
27	28	33	61
28	42	30	72
29	32	19	51
30	24	35	59
31	25	29	54
32	34	28	62
33	21	17	38
34	20	19	39
35	27	17	44
36	17	20	37
37	17	31	48
38	25	28	53
39	24	16	40
40	22	23	45
41	18	24	42
42	22	22	44
43	9	17	26

Età	Uomini	Donne	Tot
44	16	15	31
45	16	30	46
46	20	21	41
47	8	20	28
48	16	11	27
49	20	10	30
50	16	24	40
51	14	16	30
52	18	18	36
53	10	7	17
54	16	13	29
55	18	11	29
56	15	13	28
57	12	20	32
58	13	8	21
59	8	10	18
60	14	9	23
61	8	7	15
62	12	9	21
63	14	8	22
64	9	3	12
65	12	5	17
TOT	972	972	1.944

17. Itapi-TIPI: Segmentazione in 4 Tipi-Cluster

Nei capitoli precedenti abbiamo presentato, oltre a un breve profilo della genesi di ITAPI-G, una serie di dati statistici utili per la somministrazione dell'Inventario a soggetti adulti. Tali norme psicometriche si riferiscono alla definizione del profilo di personalità della persona nei termini dei 7 Tratti-Fattori identificati da ITAPI.

Questo è quanto si richiede generalmente al Manuale di un Test di personalità. Appare tuttavia interessante, quanto meno dal punto di vista della ricerca, esplorare anche la possibilità di definire ciascun soggetto, oltre che attraverso il suo profilo in termini di Tratti che lo caratterizzano, anche nei termini di un suo possibile "tipo psicologico" di appartenenza.

Tuttavia: non è questa la sede per sviluppare il tema della ricerca sui Tipi psicologici e sulla loro segmentazione, ovvero la complessa questione delle somiglianze e delle differenze che la ricerca sui Tipi psicologici presenta rispetto alla ricerca sui Tratti. E rimandiamo, per un approfondimento in materia, al già citato Rapporto Tecnico sulle segmentazioni tipologico-psicografiche (Perussia, 2005b).

Per cui ci limitiamo qui a ricordare, come peraltro già accennato nelle prime pagine di questo stesso Manuale, in fatto che: in psicologia, benché si faccia normalmente riferimento a dei Tratti (anche perché la generalità degli Inventari nel campo della personalità rilevano appunto dei Tratti), nella pratica professionale (ma anche di ricerca) si tende poi costantemente, ancorché spesso solo implicitamente, ad utilizzare una descrizione del soggetto come se questi appartenesse ad un Tipo.

Si potrebbero riportare molti casi di una prassi del genere, ma il più classico è probabilmente il contesto definito come diagnostico. Ad esempio: somministrando lo MMPI al soggetto X, si ottiene un profilo di personalità di X in termini di (Scale di) Tratti. Dopo di che, generalmente, si dice che X è "Isterico" piuttosto che "Ipocondriaco".

Chi utilizza il Test infatti, pur richiamandosi generalmente (quanto correttamente) al profilo di X in termini appunto di Tratti-Scale, finisce poi, quanto meno per ragioni pratiche, a riferirsi sinteticamente ad X come se questi appartenesse piuttosto a un Tipo. Il che accade specialmente se il profilo trattologico di X pare essere, agli occhi dello psicologo che lo valuta, tipico e ricorrente di un certo genere di soggetti. Per cui lo psicologo non dice ogni volta: X risulta avere un profilo alle Scale dello MMPI che è basso nel tale Tratto, medio nel talaltro ecc; ma dichiara sinteticamente: "X è schizofrenico". Intendendo, più o meno, che quello che sarebbe il Tratto di schizofrenia di X definisce in effetti il suo Tipo di personalità più di tutti gli altri suoi Tratti, diventando in sostanza un indicatore del suo Tipo.

Analogamente: in molti Manuali relativi a singoli Test di personalità, non capita che si riporti un'analisi tipologica (o di cluster) dei soggetti elaborata in termini statistici sistematici. E' tuttavia abbastanza frequente che si tratteggino dei profili tipici di alcuni soggetti. I quali profili non vengono propriamente definiti come Tipi, bensì come tipologie caratteristiche-emblematiche di gruppi di soggetti.

Ad esempio: in quello che è forse il più "naturalizzato italiano" e ben fatto dei Test disponibili fino ad oggi in Italia, e cioè la più volte citata versione BFQ dei Grossi Cinque di Caprara, Barbaranelli e Borgogni (1993), non viene riportata un'analisi statistica dei Tipi. Tuttavia (nel capitolo settimo: Profili) vengono descritti appunto 6 profili, definiti e descritti come Tipi caratteristici e ricorrenti, presentando per ciascuno una scheda intitolata rispettivamente: "Tipo realistico", "Tipo investigativo", "Tipo creativo", "Tipo sociale", "Tipo imprendi-toriale", "Tipo convenzionale".

La segmentazione per Tipi, accanto a quella per Tratti è insomma ritenuta, da molti ricercatori nel campo dei Test di personalità, interessante ed utile, quanto meno a fini conoscitivi. L'unica differenza tra questi repertori di profili tipici e la segmentazione elaborata qui di seguito, nel Manuale di ITAPI-G, è il tentativo di presentare una tipologia ricavata sulla base statistica di una analisi dei cluster invece che su di una pur interessante base clinico-impressionistica.

Ricordiamo peraltro che con l'analisi dei cluster, così come accade in genere nella gran parte delle segmentazioni, i Tipi che si ricavano rappresentano solo delle tendenze probabilistiche. Sono insomma, analogamente a quanto avviene per i profili dei Tipi ricorrenti che vengono descritti in alcuni Manuali di Test, dei ritratti (forse meglio dei semplici schizzi talvolta un po' caricaturali, ma efficaci per fini indicativi e di sintesi) i quali sono utili e interessanti, ma non valgono certo in senso assoluto.

Ciascun soggetto si può avvicinare infatti più o meno a questo o quel Cluster-Tipo, ma solo indicativamente. Ognuno mantiene ovviamente tutta la sua indi-vidualità, anche se può risultare tendenzialmente descrivibile (in termini dichiaratamente solo allusivi) per via del suo articolato modo di risposta rispetto all'insieme dell'Inventario.

Ricordiamo infine, ma solo come accenno (per non addentrarci in una spie-gazione tecnica troppo specialistica per un Manuale di Test), che il numero di Tipi-Cluster ricavabili da uno stesso campione (peraltro: analogamente a quanto accade anche per il numero dei Tratti-Fattori che da questo si possono trarre) è decisamente arbitrario, ancorché spesso collegato a tradizioni statistiche ricor-renti, le quali peraltro sono poi piene di variazioni e di eccezioni alla regola.

Un solo esempio, giusto per capirsi. La più ricorrente delle analisi fattoriali, che è quasi onnipresente nella psicologia sociale e della personalità (e che uti-lizziamo spesso anche nell'ambito di ITAPI), si basa su di alcuni criteri classici (estrazione: componenti principali; rotazione: varimax; normalizzazione: Kaiser; eigenvalue: pari o superiore a 1). Ora: non abbiamo trovato nessun Test di per-sonalità, per quel che se ne può capire tra le righe delle pubblicazioni disponibili, che utilizzi realmente il criterio dello eigenvalue (autovalore o varianza spiegata) pari o superiore a 1. Anche perché si tratterebbe di un criterio poco pratico, visto che, con campioni di centinaia di soggetti cui si somministrano decine di item, il numero di Fattori così determinati è facilmente di qualche diecina (come ben sa chiunque abbia un po' di pratica in materia). Per cui si utilizzano normalmente altri criteri (che variano costantemente da un Test all'altro) per ottenere i risultati più vari.

Venendo al dunque: abbiamo quindi sviluppata un'analisi dei cluster, del tipo two-step standard di SPSS (che seleziona sulla base di criteri statistici codificati il numero ottimale di cluster da ricavare). Ne sono derivati 4 Cluster principali, in cui può essere suddiviso il campione standardizzato italiano di ITAPI-G.

A tali 4 Tipi-Cluster, come d'uso, abbiamo dato anche un nome di fantasia, che può aiutare a definire (sempre in termini puramente indicativi ed emblematici) le diverse tipologie. Descriviamo meglio tali profili tipologici, con riferimento alle loro tipicità statistiche di risposta e con un certo livello di dettaglio, nel capitolo successivo.

Abbiamo dunque rilevato la presenza di: Tipo-Cluster 1, con 738 soggetti pari al 38.0% del campione, definibili icasticamente come "Pragmatici-Individualisti"; Tipo-Cluster 2, con 430 soggetti pari al 22.1% del campione, definibili come "Sofferenti-Isolati"; Tipo-Cluster 3, con 390 soggetti pari al 20.1% del campione, definibili come "Idealisti-Socievoli"; Tipo-Cluster 4, con 386 soggetti pari al 19.9% del campione, definibili come "Remissivi-Autocentrati".

Nella Tabella 50 presentiamo dunque la media dei profili di personalità per ciascun Cluster. Nella Tabella 51 riportiamo la percentuale di accordo all'interno di ciascun Tipo-Cluster per ciascun item. Nella Tabella 52 riportiamo, per ciascuno dei 105 item, la distanza della percentuale di accordo tra la totalità del campione e il sub-campione degli appartenenti a ciascun Tipo-Cluster. Nella Tabella 53 sintetizziamo infine le caratteristiche anagrafiche degli appartenenti a ciascuno dei 4 Tipi-Cluster.

Tabella 50 – Analisi dei Cluster: media dei profili di personalità, con riferimento a ciascun Tratto, per ciascun Cluster; percentuale di accordo in ciascun Tipo-Cluster per ciascun item.

Item	TOT	C1	C2	C3	C4
		n=738	n=430	n=390	n=386
		38.0%	22.1%	20.1%	19.9%
		Pragmatici/Individualisti	*Sofferenti/Isolati*	*Idealisti/Socievoli*	*Remissivi/Autocentrati*
PUNTEGGI GREZZI (media)					
F1 Dinamicità	40.6	40.1	33.3	47.5	42.8
F2 Vulnerabilità	33.0	28.1	38.5	30.9	38.2
F3 Empatia	45.2	44.2	40.5	48.0	49.3
F4 Coscienziosità	42.9	44.2	38.8	39.3	48.4
F5 Immaginazione	42.1	37.8	39.9	47.1	47.5
F6 Difensività	42.7	42.1	42.4	39.3	47.8
F7 Introversione	38.4	38.0	40.3	33.0	42.4
PUNTEGGI Z (media)					
F1 Dinamicità	.018	-.053	-.950	.930	.311
F2 Vulnerabilità	-.022	-.639	.679	-.284	.643
F3 Empatia	-.023	-.186	-.833	.472	.688
F4 Coscienziosità	.010	.217	-.609	-.537	.857
F5 Immaginazione	-.026	-.638	-.335	.697	.757
F6 Difensività	.015	-.083	-.037	-.504	.786
F7 Introversione	.000	-.064	.319	-.913	.688
PUNTEGGI T (media)					
F1 Dinamicità	50.18	49.47	40.50	59.30	53.11
F2 Vulnerabilità	49.78	43.61	56.79	47.16	56.43
F3 Empatia	49.77	48.14	41.67	54.72	56.88
F4 Coscienziosità	50.10	52.17	43.91	44.63	58.57
F5 Immaginazione	49.74	43.62	46.65	56.97	57.57
F6 Difensività	50.15	49.17	49.63	44.96	57.86
F7 Introversione	50.00	49.36	53.19	40.87	56.88

Tabella 51 – Analisi dei Cluster: percentuale di accordo in ciascun Tipo-Cluster per ciascun item.

Item	TOT	C1	C2	C3	C4
		n=738	n=430	n=390	n=386
		38.0%	22.1%	20.1%	19.9%
		Pragmatici/Individualisti	*Sofferenti/Isolati*	*Idealisti/Socievoli*	*Remissivi/Autocentrati*

LIVELLO DI ACCORDO
(abbastanza + molto) %

Item	TOT	C1	C2	C3	C4
1 Sono un tipo intraprendente	65.8	71.4	30.9	85.9	73.8
2 Spesso mi sento triste	43.0	19.5	70.7	33.8	66.1
3 Mi piace dare una mano alle altre persone	88.9	89.8	76.5	93.1	96.9
4 Sono un tipo preciso	68.8	77.5	53.7	49.5	88.3
5 Quando penso a qualcosa, è come se la stessi vivendo	62.2	47.2	52.1	80.8	83.7
6 Molta gente riceve cose che non merita	73.9	70.5	72.1	69.0	87.3
7 Di solito, tengo per me le mie emozioni	57.6	58.4	64.9	32.3	73.3
8 Sono un tipo esuberante	45.6	39.2	23.0	77.7	50.8
9 Spesse volte mi sento in colpa	37.2	14.9	55.8	35.6	60.9
10 Cerco di avere sempre una buona parola per tutti	76.8	77.5	59.5	80.8	90.7
11 Nelle cose che faccio, sono un tipo preciso	78.2	87.8	61.2	64.6	92.5
12 Ho una vivida immaginazione	68.2	54.7	60.5	89.2	81.1
13 Le persone tendono solamente a curare i propri interessi	78.8	76.4	81.6	71.3	87.8
14 Rivelo poco di me stessa/o agli altri	60.2	61.7	64.7	41.0	71.8
15 Sono pieno di idee	68.7	69.1	38.1	92.8	77.7
16 Ho frequenti sbalzi di umore	39.8	20.6	61.2	37.9	54.7
17 Sento grande solidarietà con chi è più povero o sfortunato di me	79.4	77.5	67.2	84.4	91.7
18 Finisco sempre quello che comincio	71.3	84.8	47.4	57.7	86.0
19 Mi piace sognare	74.9	61.0	74.7	90.8	85.8
20 La prima cosa che bisogna insegnare ai bambini è la disciplina	58.9	64.5	52.3	37.9	76.7
21 Controllo bene i miei istinti	66.4	78.2	57.0	43.6	77.5
22 Mi piace sperimentare nuove cose e nuove situazioni	67.2	70.5	36.0	89.0	73.8
23 Sono spesso di cattivo umore	22.9	9.8	44.7	12.6	34.5
24 Sono molto sensibile alle emozioni altrui	72.6	62.6	60.0	87.7	90.7

Item	TOT	C1	C2	C3	C4
25 Di solito porto a termine tutti i miei compiti	80.6	91.5	60.7	69.5	93.0
26 Mi lascio andare spesso alla fantasia	67.3	49.3	70.2	87.2	78.2
27 C'è chi nasce fortunato e chi no	69.2	66.9	72.8	59.2	79.8
28 Medito sempre attentamente, prima di agire	70.3	82.2	57.2	46.2	86.3
29 Mi piace trovare sempre nuove idee e nuovi progetti	74.0	78.7	42.1	90.3	83.9
30 A volte mi sento proprio inutile	29.9	11.9	53.0	22.3	46.4
31 Ho un profondo senso di gratitudine per le cose che ricevo dalla vita	80.7	84.0	62.6	83.8	91.2
32 Sono perfezionista	58.4	62.9	45.1	43.6	79.8
33 Quando penso a una persona, mi vengono subito alla mente le sensazioni che mi dà	60.8	49.2	51.4	82.1	72.0
34 Spesso la gente ti mostra una faccia diversa da quella sua vera	90.0	87.3	89.8	88.7	96.6
35 Mi piace stare per conto mio	56.4	49.5	70.2	44.1	66.8
36 Mi piacciono le sfide	60.1	64.2	34.2	76.9	64.0
37 Spesso ho paura di sbagliare in quello che faccio	57.0	38.3	78.6	50.3	75.6
38 Tutto sommato: ho fiducia negli altri	69.3	71.8	50.7	84.1	70.5
39 Cerco di darmi da fare per non perdere tempo	76.1	84.7	56.0	69.5	88.6
40 Rifletto continuamente sulla mia interiorità	59.9	44.3	57.0	70.0	82.9
41 Molta gente è invidiosa	82.1	81.4	79.8	77.2	90.9
42 Faccio fatica a conoscere nuove persone	29.6	19.1	54.4	10.3	41.7
43 Sono un tipo dalla parlantina facile	52.0	47.4	28.8	82.1	56.0
44 Ci sono molte cose che mi preoccupano	64.0	47.0	79.8	55.6	87.6
45 Esprimo le mie opinioni stando attento a non offendere gli altri	82.8	84.6	69.8	83.8	93.0
46 Guido la mia vita soprattutto usando la testa	78.0	91.5	61.9	55.6	93.0
47 Quando penso a qualcosa, è come se ne sentissi il suono	39.3	28.3	29.8	50.3	59.8
48 Senza le occasioni giuste, è difficile avere successo nella vita	77.7	77.8	75.1	69.7	88.6
49 E' difficile fare amicizia con gli altri	30.9	19.6	54.7	14.1	42.7
50 Mi faccio valere	64.1	74.5	31.9	75.1	68.9
51 Ho sempre paura che possa capitarmi il peggio	49.0	32.2	65.8	41.3	70.2
52 Stare in mezzo alla gente mi dà energia	71.7	74.1	43.0	88.5	81.9

Item	TOT	C1	C2	C3	C4
53 Prendo tutte le cose molto seriamente	71.4	74.1	66.3	53.1	90.4
54 In ogni decisione, do molta importanza ai sentimenti	73.3	63.4	63.7	86.4	89.4
55 Per vivere bene, i soldi sono fondamentali	69.8	69.8	71.6	60.5	76.9
56 Nelle situazioni di gruppo, spesso rimango sullo sfondo	33.0	21.3	56.7	15.6	46.6
57 Sono un tipo espansivo	65.9	65.9	34.2	90.3	76.9
58 Certe volte ho l'impressione che la gente ce l'abbia con me	28.9	14.1	42.1	27.7	43.8
59 In una discussione animata, cerco di capire le opinioni di tutti	83.8	87.5	68.6	85.1	92.5
60 Sono un tipo metodico	52.4	58.7	49.5	26.7	69.7
61 Sono in grado di sentire le emozioni degli altri	58.3	47.0	42.8	79.2	75.9
62 Mi fido poco degli altri	41.5	36.4	54.7	23.8	54.1
63 Di solito tengo gli altri a distanza	24.7	16.0	42.1	14.6	32.4
64 Ho una forte personalità	77.6	86.2	50.7	88.2	80.3
65 La mia salute è soggetta ad alti e bassi imprevedibili	21.2	11.4	30.2	15.6	35.8
66 Ho un carattere affettuoso	81.7	80.1	66.3	90.0	93.8
67 Per prendere la decisione giusta, peso bene i pro e i contro	83.5	91.9	71.9	72.3	92.0
68 Mi piace intuire il senso nascosto delle cose, al di là delle apparenze	83.2	80.2	70.5	92.8	93.3
69 Nella vita occorre tenere i piedi ben piantati per terra	79.0	90.2	71.6	51.0	94.0
70 Mi piace fare le cose da solo/a	63.1	59.9	61.9	58.5	75.4
71 Attacco facilmente discorso anche con quelli che non conosco	52.7	49.7	27.2	82.8	56.5
72 Spesso faccio fatica a prendere decisioni	48.1	28.0	73.5	39.2	67.1
73 Anche se a volte sembra che le cose vadano male, penso che a tutto c'è rimedio	82.3	88.8	60.9	91.3	84.5
74 Tendo a fare piani per qualsiasi cosa	54.8	57.0	44.4	43.1	73.8
75 Vedo la bellezza anche dove altri non la notano	66.7	59.1	57.0	79.2	79.5
76 La verità è una sola	51.5	53.9	45.1	33.1	72.5
77 Sono un tipo tranquillo	71.2	78.2	68.1	54.4	78.2
78 Mi interesso sempre a un sacco di cose	65.3	68.2	37.2	80.5	75.6
79 Mi spavento facilmente	29.4	14.6	44.2	24.1	46.4
80 Le altre persone mi interessano molto	74.4	74.5	54.0	93.6	77.7
81 Sono un tipo decisamente pratico	73.6	84.7	52.6	65.6	83.7

Item	TOT	C1	C2	C3	C4
82 Quando penso a qualcosa, è come se la vedessi davanti agli occhi	75.8	67.6	68.8	86.7	88.1
83 Nella vita è importante ottenere risultati concreti	86.6	89.7	77.2	83.6	94.0
84 Nelle conversazioni, tendo soprattutto ad ascoltare	70.7	72.5	68.1	59.0	82.1
85 Mi piace improvvisare	53.1	44.7	34.9	77.9	64.5
86 Soffro spesso di malattie in varie parti del corpo	15.0	4.7	21.6	11.5	30.8
87 Rispettare la propria coscienza è un dovere assoluto	83.0	84.6	73.3	81.0	92.7
88 Faccio attenzione soprattutto ai dettagli	66.9	68.4	53.3	61.0	85.0
89 Mi emoziono facilmente	73.1	55.8	75.6	85.6	90.7
90 Nelle discussioni, quello che conta è fare vincere le proprie ragioni	32.9	30.1	32.1	24.6	47.7
91 Nella vita è sempre meglio controllare le proprie emozioni	58.0	62.1	54.9	36.2	75.6
92 Mi piace essere al centro dell'attenzione	39.9	32.1	29.8	60.0	45.6
93 Ho la tendenza a disperdermi	29.0	11.0	47.9	34.9	36.5
94 Mi riesce facile prendere la gente così com'è	68.1	69.6	51.4	75.6	76.2
95 Dico sempre la verità	75.4	83.3	61.4	65.9	85.5
96 Nella vita, mi lascio guidare soprattutto dal cuore	62.0	50.4	55.1	73.6	80.1
97 La vita è sofferenza	39.1	28.7	50.5	25.4	60.4
98 Per comunicare con gli altri, uso soprattutto la logica	51.1	58.1	40.5	33.8	67.1
99 Mi piace l'avventura	63.8	66.5	42.1	80.8	65.5
100 Nella vita mi aspetto che le cose vadano male	15.1	3.7	32.3	10.5	22.5
101 Penso sia giusto sacrificarsi per gli altri	59.8	59.8	46.7	62.1	72.0
102 Guardo soprattutto i particolari	61.1	62.5	43.7	57.9	81.1
103 Quando penso a una persona, mi viene subito alla mente la sua voce	40.3	29.8	31.9	52.1	57.8
104 La vita per me è una continua battaglia per riuscire al meglio	59.8	58.0	50.5	50.8	82.9
105 Mi piace fare le cose con calma	70.1	73.2	69.1	55.1	80.3

Tabella 52 – Distanza della percentuale di accordo tra la media del campione e la media degli appartenenti a ciascun Tipo-Cluster.

Item	TOT	C1	C2	C3	C4
		n=738 38.0% *Pragmatici/Individualisti*	n=430 22.1% *Sofferenti/Isolati*	n=390 20.1% *Idealisti/Socievoli*	n=386 19.9% *Remissivi/Autocentrati*
1 Sono un tipo intraprendente	65.8	5.6	-34.9	20.1	8.0
2 Spesso mi sento triste	43.0	-23.5	27.7	-9.2	23.1
3 Mi piace dare una mano alle altre persone	88.9	0.9	-12.4	4.2	8.0
4 Sono un tipo preciso	68.8	8.7	-15.1	-19.3	19.5
5 Quando penso a qualcosa, è come se la stessi vivendo	62.2	-15.0	-10.1	18.6	21.5
6 Molta gente riceve cose che non merita	73.9	-3.4	-1.8	-4.9	13.4
7 Di solito, tengo per me le mie emozioni	57.6	0.8	7.3	-25.3	15.7
8 Sono un tipo esuberante	45.6	-6.4	-22.6	32.1	5.2
9 Spesse volte mi sento in colpa	37.2	-22.3	18.6	-1.6	23.7
10 Cerco di avere sempre una buona parola per tutti	76.8	0.7	-17.3	4.0	13.9
11 Nelle cose che faccio, sono un tipo preciso	78.2	9.6	-17.0	-13.6	14.3
12 Ho una vivida immaginazione	68.2	-13.5	-7.7	21.0	12.9
13 Le persone tendono solamente a curare i propri interessi	78.8	-2.4	2.8	-7.5	9.0
14 Rivelo poco di me stessa/o agli altri	60.2	1.5	4.5	-19.2	11.6
15 Sono pieno di idee	68.7	0.4	-30.6	24.1	9.0
16 Ho frequenti sbalzi di umore	39.8	-19.2	21.4	-1.9	14.9
17 Sento grande solidarietà con chi è più povero o sfortunato di me	79.4	-1.9	-12.2	5.0	12.3
18 Finisco sempre quello che comincio	71.3	13.5	-23.9	-13.6	14.7
19 Mi piace sognare	74.9	-13.9	-0.2	15.9	10.9
20 La prima cosa che bisogna insegnare ai bambini è la disciplina	58.9	5.6	-6.6	-21.0	17.8
21 Controllo bene i miei istinti	66.4	11.8	-9.4	-22.8	11.1
22 Mi piace sperimentare nuove cose e nuove situazioni	67.2	3.3	-31.2	21.8	6.6
23 Sono spesso di cattivo umore	22.9	-13.1	21.8	-10.3	11.6

Item	TOT	C1	C2	C3	C4
24 Sono molto sensibile alle emozioni altrui	72.6	-10.0	-12.6	15.1	18.1
25 Di solito porto a termine tutti i miei compiti	80.6	10.9	-19.9	-11.1	12.4
26 Mi lascio andare spesso alla fantasia	67.3	-18.0	2.9	19.9	10.9
27 C'è chi nasce fortunato e chi no	69.2	-2.3	3.6	-10.0	10.6
28 Medito sempre attentamente, prima di agire	70.3	11.9	-13.1	-24.1	16.0
29 Mi piace trovare sempre nuove idee e nuovi progetti	74.0	4.7	-31.9	16.3	9.9
30 A volte mi sento proprio inutile	29.9	-18.0	23.1	-7.6	16.5
31 Ho un profondo senso di gratitudine per le cose che ricevo dalla vita	80.7	3.3	-18.1	3.1	10.5
32 Sono perfezionista	58.4	4.5	-13.3	-14.8	21.4
33 Quando penso a una persona, mi vengono subito alla mente le sensazioni che mi dà	60.8	-11.6	-9.4	21.3	11.2
34 Spesso la gente ti mostra una faccia diversa da quella sua vera	90.0	-2.7	-0.2	-1.3	6.6
35 Mi piace stare per conto mio	56.4	-6.9	13.8	-12.3	10.4
36 Mi piacciono le sfide	60.1	4.1	-25.9	16.8	3.9
37 Spesso ho paura di sbagliare in quello che faccio	57.0	-18.7	21.6	-6.7	18.6
38 Tutto sommato: ho fiducia negli altri	69.3	2.5	-18.6	14.8	1.2
39 Cerco di darmi da fare per non perdere tempo	76.1	8.6	-20.1	-6.6	12.5
40 Rifletto continuamente sulla mia interiorità	59.9	-15.6	-2.9	10.1	23.0
41 Molta gente è invidiosa	82.1	-0.7	-2.3	-4.9	8.8
42 Faccio fatica a conoscere nuove persone	29.6	-10.5	24.8	-19.3	12.1
43 Sono un tipo dalla parlantina facile	52.0	-4.6	-23.2	30.1	4.0
44 Ci sono molte cose che mi preoccupano	64.0	-17.0	15.8	-8.4	23.6
45 Esprimo le mie opinioni stando attento a non offendere gli altri	82.8	1.8	-13.0	1.0	10.2
46 Guido la mia vita soprattutto usando la testa	78.0	13.5	-16.1	-22.4	15.0
47 Quando penso a qualcosa, è come se ne sentissi il suono	39.3	-11.0	-9.5	11.0	20.5
48 Senza le occasioni giuste, è difficile avere successo nella vita	77.7	0.1	-2.6	-8.0	10.9

Item	TOT	C1	C2	C3	C4
49 E' difficile fare amicizia con gli altri	30.9	-11.3	23.8	-16.8	11.8
50 Mi faccio valere	64.1	10.4	-32.2	11.0	4.8
51 Ho sempre paura che possa capitarmi il peggio	49.0	-16.8	16.8	-7.7	21.2
52 Stare in mezzo alla gente mi dà energia	71.7	2.4	-28.7	16.8	10.2
53 Prendo tutte le cose molto seriamente	71.4	2.7	-5.1	-18.3	19.0
54 In ogni decisione, do molta importanza ai sentimenti	73.3	-9.9	-9.6	13.1	16.1
55 Per vivere bene, i soldi sono fondamentali	69.8	0.0	1.8	-9.3	7.1
56 Nelle situazioni di gruppo, spesso rimango sullo sfondo	33.0	-11.7	23.7	-17.4	13.6
57 Sono un tipo espansivo	65.9	0.0	-31.7	24.4	11.0
58 Certe volte ho l'impressione che la gente ce l'abbia con me	28.9	-14.8	13.2	-1.2	14.9
59 In una discussione animata, cerco di capire le opinioni di tutti	83.8	3.7	-15.2	1.3	8.7
60 Sono un tipo metodico	52.4	6.3	-2.9	-25.7	17.3
61 Sono in grado di sentire le emozioni degli altri	58.3	-11.3	-15.5	20.9	17.6
62 Mi fido poco degli altri	41.5	-5.1	13.2	-17.7	12.6
63 Di solito tengo gli altri a distanza	24.7	-8.7	17.4	-10.1	7.7
64 Ho una forte personalità	77.6	8.6	-26.9	10.6	2.7
65 La mia salute è soggetta ad alti e bassi imprevedibili	21.2	-9.8	9.0	-5.6	14.6
66 Ho un carattere affettuoso	81.7	-1.6	-15.4	8.3	12.1
67 Per prendere la decisione giusta, peso bene i pro e i contro	83.5	8.4	-11.6	-11.2	8.5
68 Mi piace intuire il senso nascosto delle cose, al di là delle apparenze	83.2	-3.0	-12.7	9.6	10.1
69 Nella vita occorre tenere i piedi ben piantati per terra	79.0	11.2	-7.4	-28.0	15.0
70 Mi piace fare le cose da solo/a	63.1	-3.2	-1.2	-4.6	12.3
71 Attacco facilmente discorso anche con quelli che non conosco	52.7	-3.0	-25.5	30.1	3.8
72 Spesso faccio fatica a prendere decisioni	48.1	-20.1	25.4	-8.9	19.0
73 Anche se a volte sembra che le cose vadano male, penso che a tutto c'è rimedio	82.3	6.5	-21.4	9.0	2.2

Item	TOT	C1	C2	C3	C4
74 Tendo a fare piani per qualsiasi cosa	54.8	2.2	-10.4	-11.7	19.0
75 Vedo la bellezza anche dove altri non la notano	66.7	-7.6	-9.7	12.5	12.8
76 La verità è una sola	51.5	2.4	-6.4	-18.4	21.0
77 Sono un tipo tranquillo	71.2	7.0	-3.1	-16.8	7.0
78 Mi interesso sempre a un sacco di cose	65.3	2.9	-28.1	15.2	10.3
79 Mi spavento facilmente	29.4	-14.8	14.8	-5.3	17.0
80 Le altre persone mi interessano molto	74.4	0.1	-20.4	19.2	3.3
81 Sono un tipo decisamente pratico	73.6	11.1	-21.0	-8.0	10.1
82 Quando penso a qualcosa, è come se la vedessi davanti agli occhi	75.8	-8.2	-7.0	10.9	12.3
83 Nella vita è importante ottenere risultati concreti	86.6	3.1	-9.4	-3.0	7.4
84 Nelle conversazioni, tendo soprattutto ad ascoltare	70.7	1.8	-2.6	-11.7	11.4
85 Mi piace improvvisare	53.1	-8.4	-18.2	24.8	11.4
86 Soffro spesso di malattie in varie parti del corpo	15.0	-10.3	6.6	-3.5	15.8
87 Rispettare la propria coscienza è un dovere assoluto	83.0	1.6	-9.7	-2.0	9.7
88 Faccio attenzione soprattutto ai dettagli	66.9	1.5	-13.6	-5.9	18.1
89 Mi emoziono facilmente	73.1	-17.3	2.5	12.5	17.6
90 Nelle discussioni, quello che conta è fare vincere le proprie ragioni	32.9	-2.8	-0.8	-8.3	14.8
91 Nella vita è sempre meglio controllare le proprie emozioni	58.0	4.1	-3.1	-21.8	17.6
92 Mi piace essere al centro dell'attenzione	39.9	-7.8	-10.1	20.1	5.7
93 Ho la tendenza a disperdermi	29.0	-18.0	18.9	5.9	7.5
94 Mi riesce facile prendere la gente così com'è	68.1	1.5	-16.7	7.5	8.1
95 Dico sempre la verità	75.4	7.9	-14.0	-9.5	10.1
96 Nella vita, mi lascio guidare soprattutto dal cuore	62.0	-11.6	-6.9	11.6	18.1
97 La vita è sofferenza	39.1	-10.4	11.4	-13.7	21.3
98 Per comunicare con gli altri, uso soprattutto la logica	51.1	7.0	-10.6	-17.3	16.0
99 Mi piace l'avventura	63.8	2.7	-21.7	17.0	1.7

Item	TOT	C1	C2	C3	C4
100 Nella vita mi aspetto che le cose vadano male	15.1	-11.4	17.2	-4.6	7.4
101 Penso sia giusto sacrificarsi per gli altri	59.8	0.0	-13.1	2.3	12.2
102 Guardo soprattutto i particolari	61.1	1.4	-17.4	-3.2	20.0
103 Quando penso a una persona, mi viene subito alla mente la sua voce	40.3	-10.5	-8.4	11.8	17.5
104 La vita per me è una continua battaglia per riuscire al meglio	59.8	-1.8	-9.3	-9.0	23.1
105 Mi piace fare le cose con calma	70.1	3.1	-1.0	-15.0	10.2

Tabella 53 – Caratteristiche anagrafiche degli appartenenti a ciascuno dei 4 Tipi-Cluster.

Item	TOT	C1	C2	C3	C4
		n=738	n=430	n=390	n=386
		38.0%	22.1%	20.1%	19.9%
		Pragmatici /Individualisti	*Sofferenti/ Isolati*	*Idealisti/S ocievoli*	*Remissivi/ Autocentrati*
PROFILI ANAGRAFICI (%)					
Uomini	50.0	62.3	45.6	41.0	40.4
Donne	50.0	37.7	54.4	59.0	59.6
18/29	37.0	33.5	39.8	45.1	32.6
30/45	36.4	39.6	30.2	40.0	33.7
46/65	26.6	27.0	30.0	14.9	33.7
Elementari	2.4	2.5	2.6	.5	4.2
Medie Inferiori	20.0	19.2	21.5	14.4	25.5
Medie Superiori	56.2	52.9	57.1	59.1	58.4
Università	21.4	25.5	18.9	26.0	11.9
Celibe/Nubile	50.1	48.7	51.7	58.3	42.6
Coniugato/a	39.5	42.6	37.2	30.7	44.9
Separato/a	9.0	7.9	9.2	10.4	9.7
Vedovo/a	1.4	.8	1.9	.5	2.9
Impiegato/Quadro	32.3	35.1	32.4	27.0	32.0
Studente	21.6	17.6	23.9	30.2	17.8
Operaio	14.1	15.6	13.9	8.4	17.3
Professionista/Dirigente/Imprenditore	17.7	18.4	13.0	25.4	14.0
Pensionato-a/Disoccupato/Casalinga	14.2	13.3	16.7	8.9	18,9

18. Itapi-TIPI: Profilo sintetico dei 4 Tipi-Cluster

Riportiamo dunque un breve, quanto relativamente analitico, profilo di ciascuno dei 4 Tipi-Cluster, sulla base delle risultanze statistiche che sono emerse.

Tipo-Cluster 1: Pragmatici-Individualisti

Gli appartenenti al Tipo-Cluster 1, da un punto di vista anagrafico risultano essere: gli unici a caratterizzazione decisamente maschile; con una distribuzione normale per quanto riguarda l'età e il livello di istruzione, ma con una leggera maggiore polarizzazione nelle fasce intermedie di entrambe le variabili; un po' più spesso sposati; più spesso lavoratori (impiegati, operai, quadri, dirigenti) che formalmente non-occupati (studenti, pensionati, casalinghe).

Dal punto di vista personologico, la distribuzione in termini di intensità di ciascuno dei 7 Tratti-Fattori, negli appartenenti al Tipo-Cluster 1, viene presentata in Tabella 54.

Tabella 54 – Profilo medio dei Tratti-Fattori nel Tipo-Cluster 1: Pragmatici-Individualisti.

Tipo-Cluster 1 (38.0 %)		BASSO		Un po' Basso		MEDIO		Un po' Alto		ALTO	
		10	20	30	40	50	60	70	80	90	100
F1	Dinamicità	15/31	32/34	35/37	38/39	40/41					
F2	Vulnerabilità	15/23	24/26	27/29							
F3	Empatia	15/38	39/41	42/43	44						
F4	Coscienziosità	15/34	35/38	39/40	41	42/43	44/45				
F5	Immaginazione	15/33	34/36	37/38							
F6	Difensività	15/34	35/37	38/39	40/41	42/43					
F7	Introversione	15/31	32/33	34/35	36/37	38					

Gli Item rispetto ai quali gli appartenenti al Tipo-Cluster 1 si discostano maggiormente (di almeno il 5%, in più o in meno, oltre tutti gli altri) rispetto alla media del campione (cfr: Tabella 51) risultano essere:

Praticamente in nessun item, gli appartenenti al Tipo-Cluster 1 si dimostano essere nettamente al di sopra della media.

In termini al di sotto della media (di almeno il 5% in meno, rispetto a tutti gli altri): 3. Mi piace dare una mano alle altre persone; 9. Spesse volte mi sento in colpa; 6. Molta gente riceve cose che non merita; 37. Spesso ho paura di sbagliare in quello che faccio; 16. Ho frequenti sbalzi di umore; 26. Mi lascio andare spesso alla fantasia; 12. Ho una vivida immaginazione; 30. A volte mi sento proprio inutile; 19. Mi piace sognare; 40. Rifletto continuamente sulla mia interiorità; 44. Ci sono molte cose che mi preoccupano; 72. Spesso faccio fatica a prendere decisioni; 93. Ho la tendenza a disperdermi; 51. Ho sempre paura che possa capitarmi il peggio; 89. Mi emoziono facilmente; 58. Certe volte ho l'impressione che la gente ce l'abbia con me; 79. Mi spavento facilmente; 86. Soffro spesso di malattie in varie parti del corpo; 100. Nella vita mi aspetto che le cose vadano male; 103. Quando penso a una persona, mi viene subito alla mente la sua voce.

Risultano essere anche un poco (almeno il 5%) al di sopra della media, ma non unici in questo, agli item: 18. Finisco sempre quello che comincio; 21. Controllo bene i miei istinti; 11. Nelle cose che faccio, sono un tipo preciso; 46. Guido la mia vita soprattutto usando la testa; 50. Mi faccio valere; 28. Medito sempre attentamente, prima di agire; 25. Di solito porto a termine tutti i miei compiti; 4. Sono un tipo preciso; 69. Nella vita occorre tenere i piedi ben piantati per terra; 39. Cerco di darmi da fare per non perdere tempo; 81. Sono un tipo decisamente pratico; 64. Ho una forte personalità; 67. Per prendere la decisione giusta, peso bene i pro e i contro; 95. Dico sempre la verità; 77. Sono un tipo tranquillo; 98. Per comunicare con gli altri, uso soprattutto la logica.

Tipo-Cluster 2: Sofferenti-Isolati

Gli appartenenti al Tipo-Cluster 2, da un punto di vista anagrafico risultano invece essere: i più equamente distribuiti dal punto di vista del sesso biologico di appartenenza; di età appena più giovane della media; con un titolo di istruzione leggermente più basso rispetto agli altri; un po' meno spesso con un legame matrimoniale rispetto alla media; appena meno in attività lavorativa (impiegati, operai, quadri, dirigenti) e appena più spesso definibili come non-occupati (studenti, pensionati, casalinghe) rispetto alla media del campione totale.

Dal punto di vista personologico, la distribuzione in termini di presenza dei 7 Tratti-Fattori negli appartenenti al Tipo-Cluster 2 viene presentata in Tabella 55.

Gli Item rispetto ai quali gli appartenenti al Tipo-Cluster 2 si discostano maggiormente (di almeno il 5%, in più o in meno, oltre tutti gli altri) rispetto alla media del campione (cfr: Tabella 51) risultano essere:

In termini al di sopra della media (di almeno il 5% in più, oltre tutti gli altri): 16. Ho frequenti sbalzi di umore; 30. A volte mi sento proprio inutile; 23. Sono spesso di cattivo umore; 2. Spesso mi sento triste; 72. Spesso faccio fatica a prendere decisioni; 93. Ho la tendenza a disperdermi; 100. Nella vita mi aspetto che le cose vadano male; 42. Faccio fatica a conoscere nuove persone; 56. Nelle situazioni di gruppo, spesso rimango sullo sfondo; 49. E' difficile fare amicizia con gli altri; 63. Di solito tengo gli altri a distanza.

In termini al di sotto della media (di almeno il 5% in meno, al disotto di tutti gli altri): 22. Mi piace sperimentare nuove cose e nuove situazioni; 29. Mi piace trovare sempre nuove idee e nuovi progetti; 15. Sono pieno di idee; 78. Mi interesso sempre a un sacco di cose; 1. Sono un tipo intraprendente; 85. Mi piace improvvisare; 81. Sono un tipo decisamente pratico; 50. Mi faccio valere; 8. Sono un tipo esuberante; 64. Ho una forte personalità; 43. Sono un tipo dalla parlantina facile; 57. Sono un tipo espansivo; 18. Finisco sempre quello che comincio; 25. Di solito porto a termine tutti i miei compiti; 36. Mi piacciono le sfide; 99. Mi piace l'avventura; 39. Cerco di darmi da fare per non perdere tempo; 52. Stare in mezzo alla gente mi dà energia; 71. Attacco facilmente discorso anche con quelli che non conosco; 80. Le altre persone mi interessano molto; 94. Mi riesce facile prendere la gente così com'è; 17. Sento grande solidarietà con chi è più povero o sfortunato di me; 10. Cerco di avere sempre una buona parola per tutti; 45. Esprimo le mie opinioni stando attento a non offendere gli altri; 101. Penso sia giusto sacrificarsi per gli altri; 59. In una discussione animata, cerco di capire le opinioni di tutti; 31. Ho un profondo senso di gratitudine per le cose che ricevo dalla vita; 66. Ho un carattere affettuoso; 61. Sono in grado di sentire le emozioni degli altri; 38. Tutto sommato: ho fiducia negli altri; 3. Mi piace dare una mano alle altre persone; 73. Anche se a volte sembra che le cose vadano male, penso che a tutto c'è rimedio; 68. Mi piace intuire il senso nascosto delle cose, al di là delle apparenze; 88. Faccio attenzione soprattutto ai dettagli; 102. Guardo soprattutto i particolari; 87. Rispettare la propria coscienza è un dovere assoluto; 83. Nella vita è importante ottenere risultati concreti.

Tabella 55 – Profilo medio dei Tratti-Fattori nel Tipo-Cluster 2: Sofferenti-Isolati.

Tipo-Cluster 2 (22.1 %)		BASSO		Un po' Basso		MEDIO		Un po' Alto		ALTO	
		10	20	30	40	50	60	70	80	90	100
F1	Dinamicità	15/31	32/34								
F2	Vulnerabilità	15/23	24/26	27/29	30/31	32/33	34/35	36/37	38/40		
F3	Empatia	15/38	39/41								
F4	Coscienziosità	15/34	35/38	39/40							
F5	Immaginazione	15/33	34/36	37/38	39/40						
F6	Difensività	15/34	35/37	38/39	40/41	42/43					
F7	Introversione	15/31	32/33	34/35	36/37	38	39/40				

Risultano essere anche un poco (almeno il 10%) al di sopra della media, ma non unici in questo, agli item: 37. Spesso ho paura di sbagliare in quello che faccio; 9. Spesse volte mi sento in colpa; 51. Ho sempre paura che possa capitarmi il peggio; 44. Ci sono molte cose che mi preoccupano; 79. Mi spavento facilmente; 35. Mi piace stare per conto mio; 62. Mi fido poco degli altri; 58. Certe volte ho l'impressione che la gente ce l'abbia con me; 97. La vita è sofferenza.

Risultano essere anche un poco (almeno il 10%) al di sotto della media, ma non unici in questo, agli item: 11. Nelle cose che faccio, sono un tipo preciso;

46. Guido la mia vita soprattutto usando la testa; 4. Sono un tipo preciso; 95. Dico sempre la verità; 32. Sono perfezionista; 28. Medito sempre attentamente, prima di agire; 24. Sono molto sensibile alle emozioni altrui; 67. Per prendere la decisione giusta, peso bene i pro e i contro; 98. Per comunicare con gli altri, uso soprattutto la logica; 74. Tendo a fare piani per qualsiasi cosa; 5. Quando penso a qualcosa, è come se la stessi vivendo; 92. Mi piace essere al centro dell'attenzione.

Tipo-Cluster 3: Idealisti-Socievoli

Gli appartenenti al Tipo-Cluster 3, da un punto di vista anagrafico risultano essere: più donne che uomini; di età nettamente più giovane della media; con livello di istruzione chiaramente più alto della media; meno sposati della media; più non-occupati (studenti, pensionati, casalinghe) che lavoratori (impiegati, operai, quadri, dirigenti) rispetto alla media.

Dal punto di vista personologico, la distribuzione in termini di presenza dei 7 Tratti-Fattori negli appartenenti al Tipo-Cluster 3 viene presentata in Tabella 56.

Tabella 56 – Profilo medio dei Tratti-Fattori nel Tipo-Cluster 3: Idealisti-Socievoli.

Tipo-Cluster 3 (20.1 %)	BASSO		Un po' Basso		MEDIO		Un po' Alto		ALTO	
	10	20	30	40	50	60	70	80	90	100
F1 Dinamicità	15/31	32/34	35/37	38/39	40/41	42	43/44	45/47		
F2 Vulnerabilità	15/23	24/26	27/29	30/31						
F3 Empatia	15/38	39/41	42/43	44	45	46/47	48			
F4 Coscienziosità	15/34	35/38	39/40							
F5 Immaginazione	15/33	34/36	37/38	39/40	41/42	43/44	45/46	47/48		
F6 Difensività	15/34	35/37	38/39							
F7 Introversione	15/31	32/33								

Gli Item rispetto ai quali gli appartenenti al Tipo-Cluster 3 si discostano maggiormente (di almeno il 5%, in più o in meno, oltre tutti gli altri) rispetto alla media del campione (cfr: Tabella 51) risultano essere:

In termini al di sopra della media (di almeno il 5% in più, oltre tutti gli altri): 8 Sono un tipo esuberante; 71. Attacco facilmente discorso anche con quelli che non conosco; 43. Sono un tipo dalla parlantina facile; 85. Mi piace improvvisare; 57. Sono un tipo espansivo; 15. Sono pieno di idee; 22. Mi piace sperimentare nuove cose e nuove situazioni; 33. Quando penso a una persona, mi vengono subito alla mente le sensazioni che mi dà; 12. Ho una vivida immaginazione; 92. Mi piace essere al centro dell'attenzione; 1. Sono un tipo intraprendente; 26. Mi lascio andare spesso alla fantasia; 80. Le altre persone mi interessano molto;

99. Mi piace l'avventura; 52. Stare in mezzo alla gente mi dà energia; 36. Mi piacciono le sfide; 29. Mi piace trovare sempre nuove idee e nuovi progetti; 19. Mi piace sognare; 78. Mi interesso sempre a un sacco di cose; 38. Tutto sommato: ho fiducia negli altri.

In termini al di sotto della media (di almeno il 5% in meno, al di sotto di tutti gli altri): 69. Nella vita occorre tenere i piedi ben piantati per terra; 60. Sono un tipo metodico; 7. Di solito, tengo per me le mie emozioni; 28. Medito sempre attentamente, prima di agire; 21. Controllo bene i miei istinti; 46. Guido la mia vita soprattutto usando la testa; 91. Nella vita è sempre meglio controllare le proprie emozioni; 20. La prima cosa che bisogna insegnare ai bambini è la disciplina; 14. Rivelo poco di me stessa/o agli altri; 76. La verità è una sola; 53. Prendo tutte le cose molto seriamente; 62. Mi fido poco degli altri; 56. Nelle situazioni di gruppo, spesso rimango sullo sfondo; 98. Per comunicare con gli altri, uso soprattutto la logica; 49. E' difficile fare amicizia con gli altri; 77. Sono un tipo tranquillo; 105. Mi piace fare le cose con calma; 35. Mi piace stare per conto mio; 84. Nelle conversazioni, tendo soprattutto ad ascoltare; 27. C'è chi nasce fortunato e chi no.

Risultano essere anche un poco (almeno il 10%) al di sopra della media, ma non unici in questo, agli item: 61. Sono in grado di sentire le emozioni degli altri; 5. Quando penso a qualcosa, è come se la stessi vivendo; 24. Sono molto sensibile alle emozioni altrui; 54. In ogni decisione, do molta importanza ai sentimenti; 89. Mi emoziono facilmente; 75. Vedo la bellezza anche dove altri non la notano; 103. Quando penso a una persona, mi viene subito alla mente la sua voce; 96. Nella vita, mi lascio guidare soprattutto dal cuore; 50. Mi faccio valere; 47. Quando penso a qualcosa, è come se ne sentissi il suono; 82. Quando penso a qualcosa, è come se la vedessi davanti agli occhi; 64. Ho una forte personalità; 40. Rifletto continuamente sulla mia interiorità.

Risultano essere anche un poco (almeno il 10%) al di sotto della media, ma non unici in questo, agli item: 4. Sono un tipo preciso; 32. Sono perfezionista; 97. La vita è sofferenza; 11. Nelle cose che faccio, sono un tipo preciso; 18. Finisco sempre quello che comincio; 74. Tendo a fare piani per qualsiasi cosa; 67. Per prendere la decisione giusta, peso bene i pro e i contro; 25. Di solito porto a termine tutti i miei compiti; 23. Sono spesso di cattivo umore; 63. Di solito tengo gli altri a distanza.

Tipo-Cluster 4: Remissivi-Autocentrati

Gli appartenenti al Tipo-Cluster 4, da un punto di vista anagrafico risultano essere: più spesso donne che uomini; di età superiore alla media; con livello di istruzione più basso della media; più spesso sposati della media; più lavoratori (impiegati, operai, quadri, dirigenti) che non-occupati (studenti, pensionati, casalinghe) rispetto alla media.

Dal punto di vista personologico, la distribuzione in termini di presenza dei 7 Tratti-Fattori negli appartenenti al Tipo-Cluster 4 viene presentata in Tabella 57.

Tabella 57 – Profilo medio dei Tratti-Fattori nel Tipo-Cluster 4: Remissivi-Autocentrati.

Tipo-Cluster 4 (19.9 %)	BASSO		Un po' Basso		MEDIO		Un po' Alto		ALTO	
	10	20	30	40	50	60	70	80	90	100
F1 Dinamicità	15/31	32/34	35/37	38/39	40/41	42				
F2 Vulnerabilità	15/23	24/26	27/29	30/31	32/33	34/35	36/37	38/40		
F3 Empatia	15/38	39/41	42/43	44	45	46/47	48	49/50		
F4 Coscienziosità	15/34	35/38	39/40	41	42/43	44/45	46	47/49		
F5 Immaginazione	15/33	34/36	37/38	39/40	41/42	43/44	45/46	47/48		
F6 Difensività	15/34	35/37	38/39	40/41	42/43	44	45/46	47/49		
F7 Introversione	15/31	32/33	34/35	36/37	38	39/40	41	42/43		

Gli Item rispetto ai quali gli appartenenti al Tipo-Cluster 3 si discostano maggiormente (di almeno il 5%, in più o in meno, oltre tutti gli altri) rispetto alla media del campione (cfr: Tabella 51) risultano essere:

In termini nettamente al di sopra della media (di almeno il 5% in più, oltre tutti gli altri): 9. Spesse volte mi sento in colpa; 44. Ci sono molte cose che mi preoccupano; 104. La vita per me è una continua battaglia per riuscire al meglio; 40. Rifletto continuamente sulla mia interiorità; 5. Quando penso a qualcosa, è come se la stessi vivendo; 32. Sono perfezionista; 97. La vita è sofferenza; 51. Ho sempre paura che possa capitarmi il peggio; 76. La verità è una sola; 47. Quando penso a qualcosa, è come se ne sentissi il suono; 102. Guardo soprattutto i particolari; 4. Sono un tipo preciso; 74. Tendo a fare piani per qualsiasi cosa; 53. Prendo tutte le cose molto seriamente; 96. Nella vita, mi lascio guidare soprattutto dal cuore; 88. Faccio attenzione soprattutto ai dettagli; 20. La prima cosa che bisogna insegnare ai bambini è la disciplina; 91. Nella vita è sempre meglio controllare le proprie emozioni; 89. Mi emoziono facilmente; 103. Quando penso a una persona, mi viene subito alla mente la sua voce; 60. Sono un tipo metodico; 98. Per comunicare con gli altri, uso soprattutto la logica; 86. Soffro spesso di malattie in varie parti del corpo; 7. Di solito, tengo per me le mie emozioni; 90. Nelle discussioni, quello che conta è fare vincere le proprie ragioni; 18. Finisco sempre quello che comincio; 65. La mia salute è soggetta ad alti e bassi imprevedibili; 11. Nelle cose che faccio, sono un tipo preciso; 10. Cerco di avere sempre una buona parola per tutti; 6. Molta gente riceve cose che non merita; 70. Mi piace fare le cose da solo/a; 17. Sento grande solidarietà con chi è più povero o sfortunato di me; 101. Penso sia giusto sacrificarsi per gli altri; 84. Nelle conversazioni, tendo soprattutto ad ascoltare; 48. Senza le occasioni giuste, è difficile avere successo nella vita; 27. C'è chi nasce fortunato e chi no; 31. Ho un profondo senso di gratitudine per le cose che ricevo dalla vita; 105. Mi piace fare le cose con calma; 45. Esprimo le mie opinioni stando attento a non offendere gli altri.

Risultano essere anche un poco (almeno il 10%) al di sopra della media, ma non unici in questo, agli item: 72. Spesso faccio fatica a prendere decisioni; 37. Spesso ho paura di sbagliare in quello che faccio; 24. Sono molto sensibile alle emozioni altrui; 61. Sono in grado di sentire le emozioni degli altri; 79. Mi spavento facilmente; 30. A volte mi sento proprio inutile; 54. In ogni decisione, do molta importanza ai sentimenti; 69. Nella vita occorre tenere i piedi ben piantati per terra; 46. Guido la mia vita soprattutto usando la testa; 58. Certe volte ho l'impressione che la gente ce l'abbia con me; 16. Ho frequenti sbalzi di umore; 56. Nelle situazioni di gruppo, spesso rimango sullo sfondo; 12. Ho una vivida immaginazione; 75. Vedo la bellezza anche dove altri non la notano; 62. Mi fido poco degli altri; 39. Cerco di darmi da fare per non perdere tempo; 25. Di solito porto a termine tutti i miei compiti; 82. Quando penso a qualcosa, è come se la vedessi davanti agli occhi; 66. Ho un carattere affettuoso; 42. Faccio fatica a conoscere nuove persone; 49. E' difficile fare amicizia con gli altri; 23. Sono spesso di cattivo umore; 14. Rivelo poco di me stessa/o agli altri; 85. Mi piace improvvisare; 33. Quando penso a una persona, mi vengono subito alla mente le sensazioni che mi dà; 21. Controllo bene i miei istinti; 57. Sono un tipo espansivo; 26. Mi lascio andare spesso alla fantasia; 19. Mi piace sognare; 35. Mi piace stare per conto mio; 78. Mi interesso sempre a un sacco di cose; 52. Stare in mezzo alla gente mi dà energia; 95. Dico sempre la verità; 81. Sono un tipo decisamente pratico; 68 Mi piace intuire il senso nascosto delle cose, al di là delle apparenze.

Praticamente in nessun item, gli appartenenti al Tipo-Cluster 4 si dimostrano essere anche di poco al di sotto della media.

Conclusione

Il Manuale di un Test, generalmente, non contiene particolari conclusioni, visto che non si propone tanto come un momento di riflessione per un processo di ricerca in progress, quanto piuttosto come un punto relativamente fermo cui appoggiarsi per utilizzare uno strumento (il Test appunto). Il che, come al solito, è un po' vero e un po' falso.

In effetti, a ben vedere: la pubblicazione del Manuale di un Test è solo una tappa (ancorché: importante se non essenziale) nell'ambito di un lungo percorso. Mentre riesce difficile considerarla come un punto di arrivo, che faccia da conclusione in qualche modo definitiva a qualche cosa. Come spesso si dice della ricerca: anche nel caso del Manuale di un nuovo Inventario di personalità (come è il caso di ITAPI), le domande tendono decisamente a prevalere sulle riposte.

Se si considera un Inventario di Personalità nelle sue caratteristiche di (pur modesto, ma interessante) strumento per misurare e confrontare, allora è indubbiamente essenziale che tale strumento (il Manuale) si dia. Questo infatti svolge la funzione di punto di riferimento, per il suo utilizzo da parte di tanti altri ricercatori e professionisti. I quali potranno, grazie al fatto che questo è disponibile, avere un (pur limitato, ma utile) parametro comune (che sta momentaneamente fermo; così come qualsiasi punto di riferimento deve stare, per poter svolgere la sua funzione) per il tramite del quale confrontare i loro risultati.

Ma: se si considera invece che la produzione di un Inventario è soprattutto un'operazione di ricerca scientifica, allora appare subito chiaro che la produzione del Manuale è solo un importante momento operativo per proseguire lungo un Programma di indagine il quale verosimilmente proseguirà ancora a lungo nel tempo e andrà molto più lontano. Il che vale in modo particolare se l'Inventario si colloca nel contesto della ricerca scientifica, ovvero se resta ai margini della rigidità tipica di un processo commerciale, il quale vuole standard quanto più possibile definiti e inamovibili per un lungo periodo di tempo, con il fine di creare una chiara e differenziata identità di prodotto (un marchio, un brand, una confezione, un mood, originale e distinguibile), elemento necessario alla sua distribuzione e alla sua vendita.

Per chiudere un libro: è tuttavia buona creanza arrivare ad un qualche punto, ancorché provvisorio. Una conclusione che ci viene piuttosto spontanea è dunque che: studiare la personalità rappresenta uno stimolo scientifico ed applicativo che è sempre molto interessante e di grande soddisfazione.

A parte questo (che tuttavia rappresenta la vera sostanza del tutto), e tenendo conto di quanto riportato nelle pagine precedenti: più che conclusioni, vengono in mente appunto degli interrogativi. Infatti, dall'insieme dei dati che abbiamo raccolti si possono evidenziare tanti limiti e tanti dubbi. Ne citiamo qualcuno (ma pochi) in forma sparsa, principalmente con l'obiettivo di indicare qualche possibile sviluppo di ricerca per il futuro. Mentre lasciamo all'eventuale lettore, o utente del Test, il gusto di farsene venire in mente mille altri.

Ad esempio: i soggetti del Tipo-Cluster 4, che tendono a dichiararsi d'accordo un po' con qualsiasi cosa (almeno se confrontati con il resto del campione) sono conformisti e un po' labili? Oppure invece si raccontano delle storie, senza grande spirito critico, perché hanno timore di confrontarsi con se stessi? O quale altro curioso meccanismo li muove in uno stile di risposta che, per certi aspetti, sembra più preoccupato di nascondere le proprie ansie (?) che non di definirsi rispetto alla propria dimensione interiore? O che altro?

Oppure: fa riflettere il fatto che l'item 95 ("Dico sempre la verità") raccolga il 75.4% di accordo da parte del campione di ITAPI-G. Ora, da un lato: chiunque abbia qualche esperienza di rapporti interpersonali (anche nel senso cosiddetto clinico) sa bene che la gran parte delle persone, almeno nella cultura italiana, si dichiara assolutamente sincera (anzi, spesso esprime preoccupazioni del tipo: "Il mio difetto è che dico sempre quello che penso e non riesco ad essere un po' diplomatico/a come invece si dovrebbe"). Eppure tale item (in questa forma esatta o con lievi variazioni) fa parte della Scala di Bugie (la già citata e leggendaria Scala *Lie*) di diversi Test[26], tra cui molti Big Five e lo stesso MMPI.

Si potrebbe procedere con domande (o sfide) di questo tipo, ma le rimandiamo a occasioni in cui cercheremo di sviluppare anche una qualche nuova risposta (per nuove domande).

Mentre, per il momento, ricordiamo solo che alcuni sviluppi di ITAPI-G sono già in essere. E ci riferiamo in particolare a due Forme di dimensioni ridotte, dell'Inventario, che abbiamo realizzate e pubblicate, parallelamente a questo Manuale, con obiettivi pratici e di ricerca.

Una è la forma S (Sintetica o Short), con 28 item rappresentativi, derivata appunto da ITAPI-G (Perussia e Viano, 2005). L'altra è la forma M (interMedia) con 56 item, sempre rappresentativi e derivati da ITAPI-G (Perussia, 2005d). Ci sono poi gli sviluppi del Programma ITAPI che si sono espressi anche con riferimento all'Inventario Itapi-VALORI (Perussia, 2005c). Mentre sono in corso anche molti altri passaggi, di studio e di ricerca, a vario livello di elaborazione.[27]

Dal punto di vista operativo, possiamo dire che ITAPI-G si presta ad essere utilizzato in molteplici situazioni, con persone di tutti i tipi, mediante una somministrazione che, basandosi su un numero limitato di (105) item richiede pochi minuti, senza che vi siano limitazioni particolari. Certo, come peraltro accade in tutti i Test "carta e matita": i soggetti cui viene somministrato devono essere in grado di leggere (altrimenti: ci vuole qualcun'altro che legge loro gli item ad alta voce e poi ne registra le risposte; il che potrebbe rappresentare un'interferenza) ed è meglio se dispongono di un qualche livello di istruzione.

Nel complesso (ma non dovremmo essere noi a dirlo, anche se ne siamo ben convinti): ITAPI-G si presenta dunque come uno strumento efficace e ben

---

26 Sulle *Scale di Bugie*, o *Lie*, e sulla scelta epistemologica dichiarata che abbiamo fatto con ITAPI di non volerne una: rimandiamo per approfondimenti al Capitolo 2, relativo alla filosofia del nostro Programma di ricerca.

27 Per aggiornamenti e approfondimenti relativi ai diversi sviluppi del Programma ITAPI rimandiamo, per l'ennesima volta, al relativo sito internet (www.itapi.org), aggiornabile in tempo relativamente reale più di quanto non avvenga per un libro (il quale però è tutta un'altra cosa, contiene molti più particolari, si maneggia meglio, si legge con più calma e concentrazione, si può sottolineare e mettere in libreria; insomma: dà più soddisfazione).

tarato, per cogliere le somiglianze e le differenze nelle risposte di un soggetto rispetto alla media della popolazione.

Il profilo che si può ricavare, tramite la somministrazione di ITAPI-G, permette di ottenere una descrizione della personalità che è sintetica e senza ridondanze, ma anche discretamente analitica, nei termini dei suoi 7 Tratti-Fattori ed eventualmente dei suoi 4 Tipi-Cluster.

Si direbbe anche, sulla base dei risultati che abbiamo cercato di riportare con il massimo dettaglio nelle pagine precedenti, che ITAPI-G sia uno strumento psicometricamente piuttosto solido, valido e affidabile.

Ci riesce invece difficile valutare se ITAPI-G, secondo un qualche criterio, sia meglio o peggio rispetto ad altri Inventari (di Personalità).

Di solito, nei Manuali: la valutazione del Test che vi viene appunto manualizzato si sviluppa mettendo tale Test a confronto rispetto ai diversi Inventari (nel nostro caso: ancora, di personalità) che sono disponibili in commercio. Il che non risulta facile qui, visto che ITAPI-G non è in commercio, bensì a disposizione del pubblico in licenza freeware.

Mentre, anche per quanto riguarda la specifica qualità psicometrica di ITAPI-G, rispetto ad altri strumenti del genere, ci sono dei problemi di comparabilità. ITAPI-G ha infatti scelto di essere candidamente e completamente open-source, con tutti i suoi elementi costitutivi, e le relative qualità psicometriche, e i relativi evidenti limiti, impietosamente squadernati sotto gli occhi della comunità scientifica fino al dettaglio.

La generalità degli altri Test (disponibili in commercio), in Italia come in altri Paesi (d'Europa e del mondo), non lo è praticamente mai. Quindi: non si saprebbe bene come sviluppare un confronto davvero valido e attendibile; visto che la pubblicazione tipica di un Test, di solito (a differenza di quanto accade per ITAPI-G), è come la punta di un iceberg, al di sotto della quale riesce spesso difficile capire bene che cosa ci sia.

La nostra opinione è tendenzialmente questa: ITAPI-G è un ottimo inventario di personalità, concepito tutto (caso abbastanza unico) a partire dalla cultura italiana ed europea, con un campione di riferimento che è decisamente più rappresentativo della media. Inoltre: non perseguendo obiettivi di vendita, ma solo di servizio alla collettività, corre scarsi rischi di subire quegli eventuali condizionamenti che potrebbero derivare dal fatto di volersi affermare nell'ambito del sistema commerciale.

Ciò posto, possiamo concludere che la tradizione della ricerca nel campo della psicologia della personalità è molto ricca e stimolante; che questa ha prodotto diversi strumenti intelligenti e interessanti, anche sotto forma di Inventari di personalità; che molti di tali Test, da noi ampiamente studiati e citati anche in questa sede, sono ben fatti ed utili nell'ambito della ricerca; che ITAPI-G è probabilmente uno tra questi.

Riferimenti bibliografici [28]

Aiken L.R. (1997). *Questionnaires and inventories: Surveying opinions and assessing personality*. New York: Wiley.

Aiken L.R. (1999). *Personality assessment: Methods and practices. 3rd edition*. Seattle WA: Hogrefe and Huber.

Aiken L.R. (2000). *Personality: Theories, assessment, research, and appplications, 10 th edition*. Boston: Allyn and Bacon.

Aiken L.R., Aiken L.A. (1996). *Rating scales and checklists: Evaluating behavior, personality, and attitudes*. New York: Wiley.

Allison J., Blatt S., Zimet C. (1968). *The interpretation of psychological tests*. New York: Harper and Row.

Allport G.W. (1921). Personality and character. *Psychological Bulletin*. 18, 441-55.

Allport G.W. (1937). *Personality: A psychological interpretation*. New York: Holt.

Aluja A., Garcia O., Garcia L.F. (2002). A comparative study of Zuckerman's three structural models for personality through the NEO-PI-R, ZKPQ-III-R, EPQ-RS and Goldberg's 50-bipolar adjectives. *Personality and Individual Differences*. 33(5), 713-726.

American Psychiatric Association (2000). *Diagnostic and statistical manual of mental disorders DSM-IV-TR*. Arlington VA: American Psychiatric Association.

American Psychological Association (1985-1999). *The standards for educational and psychological testing*. Washington DC: American Psychological Association.

Amrine M. (1965). The 1965 Congressional Inquiry into testing: A commentary. *American Psychologist*, 20, 859-870.

Anastasi A. (1961). Psychological tests: Uses and abuses. *Teachers College Record*, 62, 389-393.

Anastasi A. (1968). *Psychological testing. Third edition*. New York: MacMillan. Edizione italiana: *I test psicologici*. Milano: Angeli, 1973.

Anastasi A. (1976). *Psychological Testing. Fourth edition*. New York: MacMillan. Edizione italiana: *I test psicologici*. Milano: Angeli, 1983.

Anastasi A. (1988). *Psychological testing, Sixth Edition*. New York: MacMillan. Edizione italiana: I Test psicologici. Milano: Angeli.

Andrews F.M., Robinson J.P. (1991). Measures of subjective well-being. In: Robinson J.P., Shaver P.R., Wrightsman L.S., editors. *Measures of personality and social psychological attitudes*. New York: Academic Press, 61-114.

Angleitner A., Wiggins J.S. (1986) editors. *Personality assessment via questionnaires: Current issues in theory and measurement*. New York: Springer.

APA Report (1965a). Testimony before House Special Subcommittee on Invasion of Privacy of the Committe on Government Operations. *American Psychologist,* 20, 955-988.

APA Report (1965b). Testimony before the Senate Subcommitte on Costitutionals Rights of the Committee on the Judiciary. *American Psychologist*, 1965, 20, 888-954.

APA Report (1966). Testimony before House Special Subcommittee on Invasion of Privacy

---

28 I riferimenti bibliografici utilizzati, cui attinge il lavoro per la realizzazione di ITAPI, sono in effetti molti più di quelli citati qui di seguito. Tuttavia, siccome il presente Rapporto Tecnico ha, come proprio semplice obiettivo, solo quello di fornire (specie a quanti stanno collaborando al Programma ITAPI) un rapido, ancorché solido e sistematico, Manuale Psicometrico di ITAPI-G, non li riportiamo analiticamente in questa sede. Ricordiamo inoltre che in ogni caso, al di là dei riferimenti principali evocati in questa sede: una loro descrizione sufficientemente ampia è riportata nei nostri Rapporti Tecnici n. 1 e n. 4 (cui rimandiamo).

of the Committe on Government Operations. *American Psychologist*, 21, 404-422.

Arrindell W.A., Bridges K.R., van der Ende J., St. Lawrence J.S., Gray-Shellberg L., Harnish R., Rogers R., Sanderman R. (2001). Normative studies with the Scale for Interpersonal Behaviour (SIB): II. US students: A cross-cultural comparison with Dutch data. *Behaviour Research and Therapy*, 39(12), 1461-1479.

Ashton M.C., Lee K., Perugini M., Szarota P., de Vries R.E., Di Blas L., Boies K., De Raad B. (2004). A Six-Factor Structure of Personality-Descriptive Adjectives: Solutions From Psycholexical Studies in Seven Languages. *Journal of Personality and Social Psychology*. 86(2), 356-366.

Attili G. (1993). *Alle basi della personalità: Teorie, metodi e ricerche sul temperamento*. Firenze: Giunti.

Baldwin J.M. (1894). Personality-suggestion. *Psychological Review*. 1, 274-279.

Baldwin J.M. (1897). *Social and ethical interpretations in mental development*. London, England: Routledge.

Barbaranelli C., Caprara G.V., Rabasca, A. (1998). *BFQ-C Big Five Questionnaire-Children: Manuale*. Firenze: OS Organizzazioni Speciali.

Barbaranelli C., Caprara G.V., Steca P. (2002). *BFA Big Five Adjectives: Manuale*. Firenze: OS Organizzazioni Speciali.

Barron F., Harrington D.M. (1981). Creativity, intelligence, and personality. *Annual Review of Psychology*, 32, 439-476.

Beck A.T., Ward C.H., Mendelson M., Mock J., Erbaugh J. (1961). An inventory for measuring depression. *Archives of General Psychiatry*, 4, 561-571.

Bernstein E. M., Putnam F. W. (1986). Development, reliability, and validity of a dissociation scale. *Journal of Nervous and Mental Diseases*, 174, 727-735.

Bertolotti G., Michielin P., Sanavio E., Vidotto G., Zotti A.M. (1997). *CBA 2.0, Cognitive Behavioural Assessment 2.0: Scale Primarie Manuale*. Firenze: OS Organizzazioni Speciali.

Bertolotti G., Michielin P., Sanavio E., Vidotto G., Zotti A.M. (1998). Cognitive Behavioural Assessment: Un modello di valutazione psicologica. In: A. Granieri, a cura. *I Test di personalità: Quantità e qualità*. Torino: Utet Libreria, 191-216.

Bertolotti G., Sanavio E., Vidotto G., Zotti A.M. (1992). *Un modello di valutazione psicologica in medicina riabilitativa: Uso della batteria CBA-2.0 Scale Primarie*. Pavia-Torino: Quaderni di Medicina del Lavoro e Medicina Riabilitativa, P.I.M.E. Upsel.

Beutler L.E., Groth-Marnat G. (2003). *Integrative Assessment of Adult Personality, 2nd Edition*. New York: Guilford.

Biasi V., Bonaiuto P., a cura (2003). *Processi di rappresentazione, emozioni, motivazioni, lineamenti di personalità*. Roma: Edizioni Universitarie Romane.

Birren J.E., Cunningham W.R., Yamamoto K. (1983). Psychology of adult development and aging. *Annual Review of Psychology*, 34, 543-575.

Blascovich J., Tomaka J. (1991). Measures of self-esteem. In: Robinson J.P., Shaver P.R., Wrightsman L.S., editors. *Measures of personality and social psychological attitudes*. New York: Academic Press, 115-160.

Boncori L. (1993). *Teoria e tecniche dei Test*. Torino: Bollati Boringhieri.

Bonjean C.M., Hill R.J., McLemore S.D. (1967). *Sociological measurement: An inventory of scales and indices*. San Francisco: Chandler.

Borruso C. (1999). *Codice Ingenuo: Il modello del codice penale minorile*. Tesi di laurea non pubblicata (Relatore: F. Perussia). Torino: Facoltà di Psicologia.

Bowling A. (1991). *Measuring health: A review of quality of life measurement scales*. New York: Open University Press.

Bracken B.A. (1992). *MSCS: Multidimensional Self Concept Scale*. Austin TX: Pro-Ed. Edizione italiana: *TMA, Test di valutazione multidimensionale dell'autostima*. Trento: Erickson, 1998.

Braithwaite e Scott (1991). Values. In: Robinson J.P., Shaver P.R., Wrightsman L.S., editors. *Measures of personality and social psychological attitudes*. New York: Academic Press, 661-753.

Brim O.G.Jr. (1965). American attitudes towards intelligence tests. *American Pschologist*, 20, 123-130.

Broadbent D.E., Cooper P.F., FitzGerald P., Parkes K.R. (1982). The Cognitive Failures Questionnaire (CFQ) and its correlates. *British Journal of Clinical Psychology*, 21, 1-16.

Brody N., Ehrlichman H. (1997). *Personality psychology: The science of individuality*. Engelewood Cliffs NJ: Prentice Hall.

Bronner A.F., Healy W., Lowe G.M., Shimberg M.E. (1927). *A manual of individual mental tests and testing*. Oxford, England: Little Brown.

Brown W. (1911). *The essentials of mental measurement*. Cambridge: Cambridge University Press.

Bruzzi D., Chattat R., Ugolini V. (2004). *Argomenti di Testing 2: Traduzione e adattamenti dei test*. Bologna: Pitagora.

Burt C. (1938). The analysis of temperament. *British Journal of Medical Psychology*. 17, 158-188.

Buss A.H., Perry M. (1992). The Aggression Questionnaire. *Journal of Personality and Social Psychology*, 63, 452-459.

Buss D.M. (1991). Evolutionary personality psychology. *Annual Review of Psychology*, 42, 459-491.

Butcher J.N. (1995) editor. *Clinical personality assessment: Practical approaches*. New York: Oxford University Press.

Butcher J.N., Dahlstrom W.G., Graham J.R., Tellegen A., Kaemmer B.(1989). *MMPI-2: Manual for administration and scoring*. Minneapolis: University of Minnesota Press.

Butcher J.N., Rouse S.V. (1996). Personality: Individual differences and clinical assessment. *Annual Review of Psychology*, 47, 87-111.

Butcher J.N., Williams C.L. (1996). *Fondamenti per l'interpretazione del MMPI-2 e del MMPI-A*. Firenze: OS Organizzazioni Speciali.

Byrne B.M. (1996). *Measuring self-concept across the lifespan: Methodology and instrumentation for research and practice*. Washington DC: American Psychological Association.

Caillard E.M. (1894). Personality as the outcome of evolution. *Contemporary Review, 65*, 713-721.

Cannarozzi M. (1999). *Ricerca preliminare per la costruzione di una scala sull'autoritarismo*. Tesi di laurea non pubblicata (Relatore: F. Perussia). Torino: Facoltà di Psicologia.

Canty-Mitchell J., Zimet G.D. (2000). Psychometric properties of the Multidimensional Scale of Perceived Social Support in urban adolescents. *American Journal of Community Psychology*, 28, 391-400.

Capello C. (1993). *Introduzione alla psicologia della personalità: Implicazioni teoriche e metodologiche*. Torino: Utet Libreria.

Caprara C., Cervone D. (2003). *Personalità: Determinanti, dinamiche, potenzialità*. Milano: Cortina.

Caprara G.V. (1988) a cura. *Personalità e rappresentazione sociale*. Roma: La Nuova Italia Scientifica.

Caprara G.V., Barbaranelli C., Borgogni L. (1993). *BFQ, Big Five Questionnaire: Manuale*. Firenze: OS Organizzazioni Speciali.

Caprara G.V., Barbaranelli C., Borgogni L., Perugini M. (1994). Cinque fattori e dieci sottodimensioni per la descrizione della personalità. *Giornale Italiano di Psicologia*, 21(1), 77-97.

Caprara G.V., Barbaranelli C., Comrey A.L. (1992). Validation of the Comrey Personality Scales on an Italian sample. *Journal of Research in Personality*. 26(1), 21-31.

Caprara G.V., Barbaranelli C., Hahn R., Comrey A.L. (2001). Factor analyses of the NEO-PI-R Inventory and the Comrey Personality Scales in Italy and the United States. *Personality and Individual Differences*. 30(2), 217-228.

Caprara G.V., Barbaranelli C., Pastorelli C., Perugini M. (1991). *Indicatori della Condotta Aggressiva, Irritabilità e Ruminazione/Dissipazione: Manuale*. Firenze: OS Organizzazioni Speciali.

Caprara G.V., Barbaranelli C., Perugini M., Comrey A. (1991). *Manuale per le scale di personalita' di Comrey (CPS)*. Firenze: OS Organizzazioni Speciali.

Caprara G.V., Gennaro A. (1999). *Psicologia della personalità: Storia, indirizzi teorici e temi di ricerca*. Bologna: Il Mulino.

Caprara G.V., Luccio R. (1986-1992) a cura. *Teorie della personalità. I: I classici. II: Gli sviluppi. III: I contemporanei*. Bologna: Il Mulino.

Caprara G.V., Van Heck G. (1992) editors. *Modern personality psychology*. London: Simon and Schuster. Edizione italiana: *Moderna psicologia della personalità: Rassegne critiche e nuove direzioni di ricerca*. Milano: Ambrosiana di Zanichelli, 1994.

Carotenuto A. (1991). *Trattato di psicologia della personalità e delle differenze individuali*. Milano: Cortina.

Carpenter W.B. (1875). *Principles of mental physiology*. London: Appleton.

Carson R.C. (1989). Personality. *Annual Review of Psychology*, 40, 227-248.

Caspi A., Roberts B.W., Shiner R.L. (2005). Personality development: Stability and change. *Annual Review of Psychology*, 56, 453-484.

Cattell R.B. (1890). Mental tests and measurements. *Mind*, 15, 373-380.

Cattell R.B. (1935). The measurement of interest. *Character and Personality: A Quarterly for Psychodiagnostic and Allied Studies*. 4, 147-169.

Cattell R.B. (1944). Interpretation of the twelve primary personality factors. *Character and Personality: A Quarterly for Psychodiagnostic and Allied Studies*. 13, 55-91.

Cattell R.B. (1946). *The description and measurement of personality*. New York: Harcourt Brace.

Cattell R.B. (1950). The main personality factors in questionnaire, self-estimate material. *Journal of Social Psychology*. 31, 3-8.

Cattell R.B. (1951). A factorization of tests of personality source traits. *British Journal of Psychology*. 4, 165-178.

Cattell R.B., Day M., Meeland T. (1953). The standardization of the I.P.A.T. 16 personality factors questionnaire Test. *Revue de Psychologie Appliquee*. 3, 67-83.

Cattell R.B., Eber H.W., Tatsuoka M.M. (1970). *The handbook for the Sixteen Personality Factor Questionnaire*. Champaign IL: Institute for Personality Ability Testing.

Cattell R.B., Sirigatti S., Stefanile C. (1994). *16 PF-5, forma A e D: Adattamento italiano*. Firenze: OS Organizzazioni Speciali.

Cattell R.B., Warburton F.W. (1967). *Objective personality and motivational tests*. Urbana IL: University of Illinois Press.

Cervone D. (2005). Personality architecture: Within-person structures and processes. *Annual Review of Psychology*, 56, 423-452.

Choca J.P., Van Denburg E. (1996). *Interpretative guide to the Millon Clinical Multiaxial Inventory, 2nd Edition*. Washington: APA. Edizione italiana: *Guida interpretativa del MCMI: Millon Clinical Multiaxial Inventory*. Roma: LAS, 2004.

Christie R. (1991). Autoritarianism and related constructs. In: Robinson J.P., Shaver P.R., Wrightsman L.S., editors. *Measures of personality and social psychological attitudes*. New York: Academic Press, 501-572.

Christie R., Geis F.L. (1970). *Studies in machiavellianism*. New York: Academic Press.

Cilia S., Sica C. (1996). *CBA 2.0 Utilizzo puntuale e applicazioni cliniche*. Torino: UPSEL.

Ciotti F. (1996). *I test in psicologia*. Roma: La Nuova Italia Scientifica.

Cloninger C.R. (1986). A unified biosocial theory of personality and its role in the development of anxiety states. *Psychiatric Developments*, 4, 167–226.

Cloninger C.R. (1994). *The Temperament and Character Inventory (TCI): A guide to its development and use*. St Louis: Washington University, Centre for Psychobiology of Personality.

Cloninger C.R. (1998). The genetics and psychobiology of the seven-factor model of personality. In: Silk K.R., editor. *Biology of personality disorders*. Review of psychiatry series. Washington DC: American Psychiatric Association, 63-92.

Cloninger C.R., Przybeck T. R., Svrakic D. M. (1991). The Tridimensional Personality

212

Questionnaire: U.S. normative data. *Psychological Reports*, 69(3 Pt 1), 1047-1057.

Cloninger C.R., Przybeck T.R., Svrakic D.M., Wetzel R.D. (1994). *The Temperament and Character Inventory (TCI): A guide to its development and use.* St. Louis MO: Center for Psychobiology of Personality, Washington University.

Cohen R.J., Swerdlik M.E. (2002). *Psychological testing and assessment: An introduction to tests and measurement, 5th edition*. Boston MA: McGraw Hill.

Collins W.A., Gunnar M.R. (1990). Social and personality development. *Annual Review of Psychology*, 41, 387-416.

Comrey A.L. (1960). Comparison of certain personality variables in American and Italian groups. *Educational and Psychological Measurement*. 20, 541-550.

Comrey A.L. (1961). Factored homogeneous item dimensions in personality research. *Educational and Psychological Measurement*. 21, 417-431.

Comrey A.L. (1962). A study of thirty-five personality dimensions. *Educational and Psychological Measurement*. 22(3), 543-552.

Comrey A.L. (1970). *Comrey Personality Scales (CPS)*. San Diego CA: Educational and Industrial Testing Service.

Comrey A.L. (1980). *Handbook of interpretations for the Comrey Personality Scales*. San Diego CA: Educational and Industrial Testing Service.

Comrey A.L., Jamison K. (1966). Verification of six personality factors. *Educational and Psychological Measurement*. 26(4), 945-953.

Comrey A.L., Nencini R. (1961). Factors in MMPI responses of Italian students. *Educational and Psychological Measurement*. 21, 657-662.

Conn S.R., Rieke M.L. (1994). *The 16PF fifth edition technical manual*. Champaign IL: Institute for Personality and Ability Testing.

Cook M. (1993). *Levels of Personality*. London: Cassell.

Corning J.L. (1898). Changed personality: A study on the relation of the emotions and memory. *Medical Records*. 53, 651-654.

Costa P.T. Jr, McCrae R.R. (1985). *NEO Personality Inventory (NEO PI)*. Odessa FL: Psychological Assessment Resources.

Costa P.T.Jr, McCrae R.R. (1992a). *NEO Personality Inventory - Revised (NEO PI – R)*. Odessa FL: Psychological Assessment Resources.

Costa P.T.Jr, McCrae R.R. (1992b). Normal personality assessment in clinical practice: The NEO Personality Inventory. *Psychological Assessment*, 4, 5-13.

Costa P.T.Jr, McCrae R.R. (1992c). *NEO Five-Factor Inventory (NEO-FFI) professional manual*. Odessa FL: Psychological Assessment Resources.

Craig R.J. (1993) editor. *The Millon Clinical Multiaxial Inventory: A clinical research information synthesis*. Hillsdale NJ: Erlbaum.

Craig R.J. (1999). *Interpreting personality tests: A clinical manual for the MMPI-2, MCMI-III, CPI-R, and 16PF*. New York: Wiley.

Craik K.H., Hogan R., Wolfe R.N. (1993) editors. *Fifty years of personality psychology*. New York: Plenum.

Cronbach L.J. (1949-1960). *Essentials of psychological testing*. New York: Harper. Edizione italiana: *I Test psicologici: La misura degli interessi e della personalità*; a cura di Luciano Arcuri. Firenze: Martello, 1977.

Cusin S.G., Novaga M. (1962). L'adattamento e la standardizzazione italiana della forma C del 16 PF. *Bollettino di Psicologia Apllicata*, 51-52, 71-89.

Dana R.H. (2000) editor. *Handbook of cross-cultural and multicultural personality assessment*. Mahwah NJ: Erlbaum.

Datan N., Rodeheaver D., Hughes F. (1987). Adult development and aging. *Annual Review of Psychology*, 38, 153-180.

Deisinger J.A. (1995). Exploring the factor structure of the Personality Assessment Inventory. *Assessment*. 2(2), 173-179.

Del Corno F., Lang M. (1997) a cura. *Psicologia clinica. Vol. 3: La diagnosi testologica: Test neuropsicologici, Test dell'intelligenza, Test di personalità, testing computerizzato*. Milano: Angeli.

213

Deleule D. (1969). *Psychologie mythe scientifique*. Paris: Laffont. Edizione italiana: *Psicologia mito scientifico*. Milano: Angeli, 1971.

Derlega V., Winstead B.A., Jones W.H. (1999). *Personality: Contemporary Theory and Research, 2nd Edition*. Chicago: Nelson Hall.

Di Blas L. (2002). *Che cos'è la personalità*. Roma: Carocci.

Diener E., Emmons R.A., Larsen R.J., Griffin S. (1985). The Satisfaction with Life Scale. *Journal of Personality Assessment*, 49, 1-5.

Diener E., Oishi S., Lucas R.E. (2003). Personality, culture and subjective well-being: Emotional and cognitive evaluations of life. *Annual Review of Psychology*, 54, 403-425.

Digman J.M. (1990). Personality structure: Emergence of the five-factor model. *Annual Review of Psychology*, 41, 417-440.

Dimengo C. (1978). *Basic testing programs used in major school systems throughout the Unites States in the school year 1977-78*. Akron OH: Akron Public Schools.

Dogana F. (1993). *Le piccole fonti dell'Io: Realtà e leggende sulle origini della personalità*. Firenze: Giunti.

Dogana F. (1999). *Tipi d'oggi: Profili psicologici di ordinaria bizzarria*. Firenze: Giunti.

Dogana F. (2002). *Uguali e diversi: Teorie e strumenti per conoscere se stessi e gli altri*. Firenze: Giunti.

Donatone A. (1998). *Stili di attaccamento e rapporto di coppia*. Tesi di laurea non pubblicata (Relatore: F. Perussia). Torino: Facoltà di Psicologia.

Dorfman W.I., Hersen M. (2001) editors. *Understanding psychological assessment*. New York: Kluwer Academic/Plenum.

Edwards A.L. (1959). *Edwards Personal Preference Schedule*. New York: Psychological Corporation.

Edwards A.L. (1967). *Edwards Personality Inventory*. Chicago: Science Research Associates.

Ercolani A.P., Perugini M. (1997). *La misura in psicologia: Introduzione ai Test psicologici*. Milano: LED.

Eysenck H.J. (1952). Personality. *Annual Review of Psychology*, 3, 151-174.

Eysenck H.J. (1952). *The scientific study of personality*. London: Routledge.

Eysenck H.J. (1959). *Manual of the Maudsley Personality Inventory*. London: University of London Press.

Eysenck H.J. (1992). *A hundred years of personality research: From Heymans to modern times*. Houten Nederlands: Bohn.

Eysenck H.J., Dazzi C., Pedrabissi L., Santinello M. (2004). *EPQ-R Eysenck Personality Questionnaire Riveduto*. Firenze: OS Organizzazioni Speciali.

Eysenck H.J., Eysenck S.B.G. (1964). *Manual of the Eysenck Personality Inventory*. London: University of London Press.

Eysenck H.J., Eysenck S.B.G. (1975). *Eysenck Personality Questionnaire (EPQ)*. London: Hodder and Stoughton.

Eysenck H.J., Eysenck S.B.G. (1985). *Personality and individual differences: A natural science approach*. New York: Plenum.

Eysenck H.J., Eysenck S.B.G. (1991). *Manual of the Eysenck Personality Scales (EPS Adult)*. London: Hodder and Stoughton.

Eysenck H.J., Eysenck S.B.G. (1993). *Eysenck Personality Questionnaire-R (EPQ-R)*. London: Hodder and Stoughton.

Fayers P.M., Machin D. (2000). *Quality of life: Assessment, analysis, and interpretation*. New York: Wiley.

Felmini E. (1998). *Psicologia del giocatore d'azzardo*. Tesi di laurea non pubblicata (Relatore: F. Perussia). Torino: Facoltà di Psicologia.

Ferguson L.W. (1952). *Personality measurement*. New York: McGraw-Hill.

Ferro E. (1999). *Il consumatore innovativo*. Tesi di laurea non pubblicata (Relatore: F. Perussia). Torino: Facoltà di Psicologia.

Fetzer Institute (1999). *Multidimensional measurement of religiousness-spirituality for use in health research*. Kalamazoo MI: Fetzer Institute.

214

Fiora E., Pedrabissi I., Salvini A. (1988). *Pluralismo teorico e pragmatismo conoscitivo in psicologia della personalità*. Milano: Giuffrè.

Fletcher R. 1991. *Science, ideology, and the media: The Cyril Burt scandal*. New Brunswick NJ: Transaction.

Foster A. (1955). The factorial structure of the Rorschach Test. *Texas Reports on Biology and Medicine*. 13, 34-61.

Franzoi S.L. (1994). Further evidence of the reliability and validity of the body esteem scale. *Journal of Clinical Psychology*, 50, 237-239.

Franzoi S.L., Shields S.A. (1984). The Body-Esteem Scale: Multidimensional structure and sex differences in a college population. *Journal of Personality Assessment*, 48, 173-178.

Fredman N., Sherman R. (1987). *Handbook of measurements for marriage and family therapy*. New York: Brunner Mazel.

Freeman F.N. (1926). *Mental tests, their history, principles and applications*. Oxford, England: Houghton-Mifflin.

Frisiello A. (1998). *Il pensiero magico nell'adulto: Una ricerca*. Tesi di laurea non pubblicata (Relatore: F. Perussia). Torino: Facoltà di Psicologia.

Funder D., Parke R.D., Tomlinson-Keasey C., Widaman K. (1993) editors. *Studying lives through time*. Washington DC: American Psychological Association.

Funder D.C. (2001). Personality. *Annual Review of Psychology*, 52, 197-221.

Galeazzi A., Porzionato G. (2000). *Oltre la maschera: Introduzione allo studio della personalità*. Roma: Carocci.

Gambaro L. (1998). *L'immagine dei fratelli: Una ricerca quantitativa*. Tesi di laurea non pubblicata (Relatore: F. Perussia). Torino: Facoltà di Psicologia.

Gambrill E.D., Richey C.A. (1975). An assertion inventory for use in assessment and research. *Behavior Therapy*, 6, 550-561.

Garavello M. (1997). *Locus of Control e processi di attribuzione: Un'analisi del contesto italiano*. Tesi di laurea non pubblicata (Relatore: F. Perussia). Torino: Corso di Laurea in Psicologia nella Università degli Studi di Torino.

Gennaro A. (2004). *Introduzione alla psicologia della personalità*. Bologna: Il Mulino.

Gergen K.J., Davis K.E. (1985) editors. *The social construction of the person*. New York: Springer.

Gill F. (1898). Aspects of personality. *New World*, 7, 229-237.

Gilman B.I. (1892). Report on an experimental test of musical expressiveness. *American Journal of Psychology*. 4(4), 558-576.

Girard G. (1999). *Psicologia debole*. Torino: Tirrenia Stampatori.

Giunipero M. (1997). *Aspetti psicologici della chirurgia estetica*. Tesi di laurea non pubblicata (Relatore: F. Perussia). Torino: Corso di Laurea in Psicologia nella Università degli Studi di Torino.

Gius E., Cavanna D. (1978-1979). *La personalità: Nuovi orientamenti teorici. Tre volumi*. Bologna: Patron.

Goldberg L.R. (1992). The development of markers for the Big-Five factor structure. *Psychological Assessment*, 4, 26-42.

Goldberg L.R. (1993). The structure of phenotypic personality traits. *American Psychologist*, 41, 1, 26-34.

Goldberg L.R. (1999a). A broad-bandwidth, public-domain, personality inventory measuring the lower-level facets of several five-factor models. In Mervielde I., Deary I., De Fruyt F., Ostendorf F., editors. *Personality Psychology in Europe, Vol. 7*. Tilburg The Netherlands: Tilburg University Press, 7-28.

Goldberg L.R. (1999b). The Curious Experiences Survey, a revised version of the Dissociative Experiences Scale: Factor structure, reliability, and relations to demographic and personality variables. *Psychological Assessment*, 11, 134-145.

Goldberg L.R., Saucier G. (1995). So what do you propose we use instead? A reply to Block. *Psychological Bulletin*, 117, 221-225.

Goodloe L.P., Borchelt P.L. (1998). Companion dog temperament traits. *Journal of Applied Animal Welfare Science*. 1(4), 303-338.

215

Gordon J. (2004). *Pfeiffer's classic inventories, questionnaires, and surveys for training and development*. San Francisco: Wiley.

Gordon L.V., Pedrabissi L., Santinello M. (1999). *GPP-I, Gordon Personal Profile-Inventory: Manuale*. Firenze: OS Organizzazioni Speciali.

Gough H.G. (1957). *Manual for the California Psychological Inventory*. Palo Alto CA: Consulting Psychologists Press. Edizione italiana a Firenze: OS Organizzazioni Speciali.

Gough H.G. (1979). A creative personality scale for The Adjective Check List. *Journal of Personality and Social Psychology*, 37, 1398-1405.

Gough H.G. (1996). *CPI Manual: Third Edition*. Palo Alto CA: Consulting Psychologists Press.

Gough H.G., Fioravanti M., Lazzari R.(1979). A cross cultural unisex ideal self scale for the Adjective Check List. *Journal of Clinical Psychology*, 1979, 35, 314-319.

Gough H.G., Heilbrun A.B.Jr (1980). *The Adjective Check List manual*. Palo Alto CA: Consulting Psychologists Press.

Gough H.G., Heilbrun A.B.Jr, Fioravanti M. (1980). *ACL, Adjective Check List: Manuale*. Firenze: OS Organizzazioni Speciali.

Gould S.J. (1981). *The mismeasure of man*. New York: Norton.

Graham J.R., Naglieri J.A., Weiner I.B. (2003) editors. *Handbook of psychology*. Vol X: *Assessment psychology*. New York: Wiley.

Granieri A. (1998) a cura. *I Test di personalità: Quantità e qualità*. Torino: Utet.

Graziani G.A. (1998). *Motivazioni e aspettative nei confronti del matrimonio: Una ricerca*. Tesi di laurea non pubblicata (Relatore: F. Perussia). Torino: Facoltà di Psicologia.

Gregory R.J. (2003). *Psychological testing: History, principles, and applications, 4 th edition*. New York: Allyn and Bacon.

Gross M.L. (1962). *The brain-watchers*. New York: Random House. Edizione italiana: *Scrutatori di cervelli*. Milano: Bompiani, 1964.

Groth-Marnat G. (2003). *Handbook of psychological assessment, 4th edition*. New York: Wiley.

Guilford P., Zimmerman W.S., Rivolta E. (1981). *Guilford Zimmerman Temperament Survey: Manuale*. Firenze: OS Organizzazioni Speciali.

Hall C.S., Lindzey G. (1957) editors. *Theories of personality*. New York: Wiley. Edizione italiana: *Teorie della personalità*. Torino: Bollati Boringhieri, 1973.

Hartup W.W., Van Lieshout C.F.M. (1995). Personality development in social context. *Annual Review of Psychology*, 46, 655-687.

Harvey O.J., Hunt D.E., Schroder H.M. (1961). *Conceptual systems and personality organization*. New York: Wiley.

Hathaway S.R., Mc Kinley J.C. (1943). *Minnesota Multiphasic Personality Inventory*. Minneapolis MI: University of Minnesota Press.

Hathaway S.R., Mc Kinley J.C. (1989). *MMPI-2: Minnesota Multiphasic Personality Inventory-2: manual for administration and scoring*. Minneapolis MI: University of Minnesota Press.

Hathaway S.R., Mc Kinley J.C., Nencini R., Banissoni P. (1957). *MMPI: Inventario Multifasico della Personalità (Forma ridotta)*. Firenze: OS Organizzazioni Speciali.

Hathaway S.R., Pancheri L., Sirigatti S. (1995). *Minnesota Multiphasic Personality Inventory 2 (MMPI-2) Manuale*. Firenze: OS Organizzazioni Speciali.

Hearnshaw L.S. 1979. *Cyril Burt psychologist*. Itacha NY: Cornell University Press.

Heatherton T.F., Polivy J. (1991). Development and validation of a scale for measuring state self-esteem. *Journal of Personality and Social Psychology*, 60, 895-910.

Heatherton T.F., Weinberger J. (1994) editors. *Can personality change*? Washington DC: American Psychological Association.

Heymans G., Wiersma E. (1906-1909). Beitrage zur speziellen Psychologie auf Grund einer Massenuntersuchung. *Zeitschrift fur Psychologie*. 42, 81-127, 258-301; 49, 414-439; 51, 1-72.

Hill P.C., Hood R.W. (1999). *Measures of religiosity*. Birmingham AL: Religious Education Press.

216

Hilsenroth M.J., Segal D.L., Hersen M. (2003) editors. *Comprehensive handbook of psychological assessment: Volume 2, Personality assessment*. New York: Wiley.

Hoffmann B. (1962). *The tiranny of testing*. New York: Crowell-Collier.

Hofstee W. K. B., de Raad B., Goldberg L. R. (1992). Integration of the Big-Five and circumplex approaches to trait structure. *Journal of Personality and Social Psychology*, 63, 146-163.

Hogan R. (1986). *Hogan Personality Inventory manual*. Minneapolis MN: National Computer Systems.

Hogan R., Hogan J. (1995). *Hogan Personality Inventory Manual: Second Edition*. Tulsa OK: Hogan Assessment Systems.

Honzik M.P. (1984). Life-span development. *Annual Review of Psychology*, 35, 309-331.

Hoopingarner N.L. (1927). *Personality and business ability analysis*. Oxford, England: Shaw.

Horst P. (1968). *Personality: Measurement of dimensions*. San Francisco: Jossey-Bass.

Jackson D.N. (1976). *Jackson Personality Inventory*. Goshen NY: Research Psychologists Press.

Jackson D.N. (1994). *Jackson Personality Inventory - Revised manual*. Port Huron MI: Sigma Assessment Systems.

Jackson D.N., Ashton M.C., Tomes J.L. (1996). The six-factor model of personality: Facets from the Big Five. *Personality and Individual Differences*. 21(3), 391-402.

Jackson D.N., Paunonen S. V., Tremblay P. F. (2000). *Six Factor Personality Questionnaire Manual*. Port Huron MI: Sigma Assessment Systems.

Jackson D.N., Paunonen S.V. (1980). Personality structure and assessment. *Annual Review of Psychology*, 31, 503-551.

James W. (1890). *The principles of psychology*. New York: Holt.

Janet P.M.F. (1889). *L'automatisme psycologique: Essai de psychologie expérimentale sur les forme inferieures de l'activité humaine*. Paris: Alcan.

Jastrow J. (1897). A test of diversity of opinion. *Science*. 5, 26.

Jensen A.R. (1969a). How much can we boost IQ and scholastic achievement? *Harvard Educational Review*, 39, 1-123.

Jensen A.R. (1969b). Criticism or propaganda? *American Psychologist*. 24(11), 1040-1041.

Jensen A.R. (1970). Selection of minority students in higher education. *University of Toledo Law Review*, 2-3, 403-457.

Jensen A.R. (1971). Can we and should we study race differences? In: Brace C.L., Gamble G.R., Bond J. T., editors. *Race and intelligence*. Washington DC: Anthropological Studies No. 8, American Anthropological Association, 10-31.

Joynson R.B. 1989. *The Burt affair*. London: Routledge.

Kamin L.J. (1974). *The science and politics of IQ*. Potomac MD: Erlbaum.

Kellerman H., Burry A. (1997). *Handbook of psychodiagnostic testing: An analysis of personality in the psychological report, 3 rd edition*. Englewood Cliffs NJ: Prentice Hall.

Kleinmuntz B. (1967). *Personality measurement: An introduction*. Homewood IL: Dorsey.

Kleinmuntz B. (1982). *Personality and psychological assessment*. New York: St.Martins.

Kline P. (1983). *Personality: Measurement, and theory*. London: Hutchinson.

Kline P. (1993). *Personality: The psychometric view*. London: Routledge.

Kline P. (1999). *Handbook of psychological testing*. 2nd edition. London: Routledge.

Kodis J. (1896). Some remarks upon apperception. *Psychological Review*. 3(4), 384-397.

Kohn P.M. (1972). The Authoritarianism-Rebellion scale: A balanced F Scale with left-wing reversals. *Sociometry*, 35, 176-189.

Krahé B. (1992). *Personality and social psychology: Towards a synthesis*. London: Sage. Edizione italiana: *Psicologia della personalità e psicologia sociale: Verso una sintesi*. Milano: Guerini e Associati, 1994.

Krueger R.F. (1996). Personality traits and mental disorders: Studies of structures and their inter-relations across nations, genders, races, assessment instruments, time periods, and reporters. *Dissertation Abstracts International*. 57(5-B), 3413.

Laird D.A. (1925). Detecting abnormal behavior. *Journal of Abnormal and Social Psy-*

217

chology. 20, 128-141.

Laird D.A., Andrews A. (1923). The status of mental testing in Colleges and Universities in the United States. *School and Society*, 18, 594-600.

Lanyon R.I. (1984). Personality assessment. *Annual Review of Psychology*, 35, 667-701.

Lanyon R.I., Goodstein L.D. (1997). *Personality assessment*. New York: Wiley.

Lay C. (1986). At last, my research article on procrastination. *Journal of Research in Personality*, 20, 474-495.

Le Senne R. (1945). *Traité de caractérologie*. Paris: Presses Universitaires de France.

Leary M.K. (1991). Social anxiety, shyness and related constructs. In: Robinson J.P., Shaver P.R., Wrightsman L.S., editors. *Measures of personality and social psychological attitudes*. New York: Academic Press, 161-194.

Lefcourt H.M. (1991). Locus of control. In: Robinson J.P., Shaver P.R., Wrightsman L.S., editors. *Measures of personality and social psychological attitudes*. New York: Academic Press, 413-500.

Lenney E. (1991). Sex roles: The measurement of masculinity, femininity, and androginy. In: Robinson J.P., Shaver P.R., Wrightsman L.S., editors. *Measures of personality and social psychological attitudes*. New York: Academic Press, 573-660.

Lester P.E., Bishop L.K. (2001). *Handbook of tests and measurement in education and the social sciences. 2nd edition*. Lancaster PA: Technomic Publishing.

Loevinger J., Knoll E. (1983). Personality: Stages, traits, and the self. *Annual Review of Psychology*, 34, 195-222.

Lombardo G.P., Foschi R. (2000) a cura. *I fondamenti storici della psicologia della personalità*. Torino: Bollati Boringhieri.

Lombardo G.P., Foschi R. (2002). *La costruzione scientifica della personalità: Itinerari storici della psicologia*. Torino: Bollati Boringhieri.

Lombardo G.P., Pedone G. (1998). *Normale e patologico nelle teorie della personalità: Una analisi dei fondamenti storici della Psicologia*. Roma-Bari: Laterza.

Lopez S.J., Snyder C.R. (2003). *Positive psychological assessment: A handbook of models and measures*. Washington DC: American Psychological Association.

Lostia M. (1994). *Modelli della mente, modelli della persona: Le due anime della psicologia*. Firenze: Giunti.

MacKinnon D.. (1951). Personality. *Annual Review of Psychology*, 3, 113-136.

Maffei C., Battaglia M., Fossati A. (2002). *Personalità, sviluppo e psicopatologia*. Roma-Bari: Laterza.

Magnusson D., Torestad B. (1993). A holistic view of personality: A model revisited. *Annual Review of Psychology*, 44, 427-452.

Majani G., Callegari S. (1998). *Manuale SAT-P: Satisfaction profile, soddisfazione soggettiva e qualità della vita*. Trento: Erickson.

Maller J.B. (1934). Character and personality tests. *Psychological Bulletin*. 31, 501-524.

Maller J.B. (1935). Character and personality tests. *Psychological Bulletin*. 32, 500-523.

Maller J.B. (1937). *Character and personality tests: A descriptive bibliography of character and personality tests, including measures of attitudes, interest adjustment, appreciation, moral knowledge, behavior and rating scales*. New York: Teachers College, Columbia University.

Maloney M., Ward M. (1976). *Psychological assessment: A conceptual approach*. New York: Oxford University Press.

Marchini E. (1999). *Il comportamento d'acquisto del consumatore connesso all'identità di genere*. Tesi di laurea non pubblicata (Relatore: F. Perussia). Torino: Facoltà di Psicologia.

Matthews G., Deary I. J. (1998). *Personality traits*. New York: Cambridge University Press.

McMartin J. (1999). *Psicologia della personalità: Un approccio centrato sullo studente*. Milano: Guerini.

Megargee E.I., Spielberger C.D. (1992) editors. *Personality assessment in America: A retrospective on the occasion of the fiftieth anniversary of the Society for Personality Assessment*. Hillsdale NJ: Erlbaum Associates.

218

Melani S.R. (1999). *La teoria ingenua della personalità: Il caso dell'astrologia*. Tesi di laurea non pubblicata (Relatore: F. Perussia). Torino: Facoltà di Psicologia.

Miller D.C. (1991). *Handbook of research design and social measurement. 5th edition*. Newbury Park CA: Sage.

Millon T. (1983). *Manual for the Millon Clinical Multiaxial Inventory*. Minneapolis MN: National Computer Systems.

Millon T. (1987). *Millon Clinical Multiaxial Inventory-II: Manual For The MCMI-II*. Minneapolis MN: National Computer Systems.

Millon T. (1997) editor. *The Millon Inventories: Clinical and personality assessment*. New York: Guilford Press.

Millon T., Millon C.M., Davis R.D. (1994). *MCMI-III: Millon Clinical Multiaxial Inventory-III*. Minneapolis MN: National Computer Systems.

Miner M.C., Miner M.G. (1978). *Employee selection within the law*. Washington DC: The Bureau of National Affairs.

Mischel W. (1968). *Personality and assessment*. New York: Wiley.

Mischel W., Shoda Y. (1998). Reconciling processing dynamics and personality dispositions. *Annual Review of Psychology*, 49, 229-258.

MMPI (1951). *Minnesota Multiphasic Personality Inventory: Foglio di somministrazione di Hathaway S.R. e Kinley J.C., revisionato nel 1951*. Edizione italiana: Firenze,: Organizzazioni Speciali.

Mosticoni R., Chiari G. (1977). *Una descrizione obiettiva della personalità: Il Minnesota Multiphasic Personality Inventory (MMPI)*. Firenze: Organizzazioni Speciali.

Mucciarelli G., Chattat R., Celani G. (2002). *Teoria e pratica dei Test*. Padova: Piccin.

Murphy K.R., Davidshofer C.O. (2001). *Psychological testing: Principles and applications, 5th edition*. Upper Saddle River NJ: Prentice Hall.

Musso C. (1999). *Le teorie ingenue della personalità: Una ricerca*. Tesi di laurea non pubblicata (Relatore: F. Perussia). Torino: Facoltà di Psicologia.

Myers Briggs I. (1962). *Manual: The Myers-Briggs Type Indicator*. Palo Alto CA: Consulting Psychologists Press.

Myers Briggs I. Et Al (1998). *MBTI manual: A guide to the development and use of the Myers-Briggs Type Indicator, 3rd edition*. Palo Alto CA: Consulting Psychologists Press.

Myers Briggs I., McCaulley M.H. (1985). *Manual: A guide to the development and use of the Myers-Briggs type indicator*. Palo Alto CA: Consulting Psychologists Press.

Myers Briggs I., Saggino A. (1991a). *Myers-Briggs Type Indicator: Manuale*. Firenze: OS Organizzazioni Speciali.

Myers Briggs I., Saggino A. (1991b). *MBTI Myers-Briggs Type Indicator: Dati normativi e contributo alla standardizzazione italiana della forma F*. Firenze: OS Organizzazioni Speciali.

Nairn A. and Associates (1980). *The reign of ETS: The corporation that makes up minds*. Washington DC: Learning Research Project.

Noller P., Law H., Comrey A.L. (1987). Cattell, Comrey, and Eysenck personality factors compared: More evidence for the five robust factors? *Journal of Personality and Social Psychology*. 53(4), 775-782.

Norscia D. (1997). *Relazione tra il rapporto genitoriale e il rapporto di coppia*. Tesi di laurea non pubblicata (Relatore: F. Perussia). Torino: Corso di Laurea in Psicologia nella Università degli Studi di Torino.

Novaga M., Pedon A. (1977). *Contributo allo studio della personalità: Il 16 PF Test di Cattell*. Firenze: OS Organizzazioni Speciali.

Nunnally J.C. (1978). *Psychometric theory. 2nd edition*. New York: McGraw Hill.

Ogdon D. (1977). *Psychodiagnostics and personality assessment: A handbook. 2nd edition*. Los Angeles: Western Psychological Services.

Ortet G., Ibanez M.I., Moro M., Silva F., Boyle G. J. (1999). Psychometric appraisal of Eysenck's revised Psychoticism scale: A cross-cultural study. *Personality and Individual Differences*. 27(6) 1209-1219.

OSS Assessment Staff (1948). *Assessment of men: Selection of personnel for the Office of*

219

Strategic Services. New York: Rinehart.

Osterlind S.J. (1997). *Constructing test items: Multiple-choice, constructed-response, performance, and other formats*. 2nd edition. New York: Springer.

Ozer D.J., Reise S.P. (1994). Personality assessment. *Annual Review of Psychology*, 45, 357-388.

Packard V. (1957), *The hidden persuaders: What makes us buy, believe and even vote the way we do?* MacKay, New York. Edizione italiana: *I pesuasori occulti*. Torino: Einaudi, 1958.

Pale B.S., Impara J.C. (2003) editors. *The Fifteenth Mental Measurements Yearbook*. Lincoln NE: Buros Institute.

Paquin P. (1894). The basis of personality and the responsibility of criminals. *Medical Review of St. Louis*. 29, 301-306.

Parke R.D., Asher S.R. (1983). Social and personality development. *Annual Review of Psychology*, 34, 465-509.

Patrick C.J., Curtin J.J., Tellegen A. (2002). Development and validation of a brief form of the Multidimensional Personality Questionnaire. *Psychological Assessment*, 14(2), 150–163.

Patrick G.T. (1898). Some peculiarities of the secondary personality. *Psychological Review*, 5(6), 555-578.

Pavrot W., Diener E. (1993). Review of the Satisfaction with Life Scale. *Psychological Assessment*, 5, 164-172.

Pedrabissi L., Santinello M. (1997). *I Test psicologici: Teorie e tecniche*. Bologna: Il Mulino.

Perussia F. (1974). *Analisi critica dei Test mentali*. Tesi di Laurea non pubblicata (Relatore: E. Tiberi). Milano: Facoltà di Scienze Politiche.

Perussia F. (1978). *Tendenze della ricerca psicologico sociale in Francia*. Milano: Sinted Editrice.

Perussia F. (1987). L'arredo della casa: Una ricerca psicografica su campione nazionale. In: Bianchi E., Perussia F., Rossi M.F., a cura. *Immagine soggettiva e ambiente: Problemi, applicazioni e strategie della ricerca*. Milano: Unicopli, 149-168.

Perussia F. (1990). Che cos'è l'ecologia: Un'indagine psicografica. In: Perussia F., *Immagini di natura: Contributi di ricerca*. Milano: Guerini e Associati, 99-198.

Perussia F. (1994a). *Psicologo: Storia e attualità di una professione scientifica*. Torino: Bollati Boringhieri.

Perussia F. (1994b). Introduzione: Psicologia della personalità e ricerca sulla personalità. Premessa alla edizione italiana di: Krahé B., *Psicologia della personalità e psicologia sociale: Verso una sintesi*. (edizione originale 1992). Milano: Guerini, 9-26.

Perussia F. (1995). Some cues against the cross-cultural validity of locus of control as a basic personality trait. *Perceptual and Motor Skills*, 80, 1139-1144.

Perussia F. (1997a). Identificazione dei contenuti di una scala sulla identità di genere (in Italia). In: Perussia F., a cura, *Materiali di psicologia sociale e della personalità*. Torino: Celid, 99-116.

Perussia F. (1997b). Premesse per una teoria del Codice Ingenuo In: Perussia F., a cura, *Materiali di psicologia sociale e della personalità*. Torino: Celid, 137-160.

Perussia F. (1999). *Cent'anni dopo: A che cosa serve la psicologia?* Milano: Guerini e Associati.

Perussia F. (2002). *Theatrum Psychotechnicum: L'espressione poetica della persona*. Torino: Bollati Boringhieri.

Perussia F. (2004). *Identificazione del pool di item di partenza per la realizzazione dell'Inventario Italiano di Personalità ITAPI*. Torino: Rapporto Tecnico n.1 dal Laboratorio di Ricerca sulla Personalità e sul Counseling, Dipartimento di Psicologia, Università degli Studi di Torino.

Perussia F. (2005a). *Identificazione fattoriale e di costrutto della struttura di ITAPI Italia Personality Inventory*. Rapporto Tecnico n.3 dal Laboratorio di Ricerca sulla Personalità e sul Counseling (Dipartimento di Psicologia, Università degli Studi di Torino). Milano: Laboratorio di Ricerca e Sviluppo editore.

Perussia F. (2005b). *Rassegna di sintesi sulle segmentazioni tipologico-psicografiche fondate sui valori e sugli stili di vita: Materiale di scenario per ITAPI*. Rapporto Tecnico n.4 dal Laboratorio di Ricerca sulla Personalità e sul Counseling (Dipartimento di Psicologia, Università degli Studi di Torino). Milano: Laboratorio di Ricerca e Sviluppo editore.

Perussia F. (2005c). *Identificazione fattoriale e di costrutto della struttura di Itapi-VALORI: Uno strumento per la segmentazione tipologico-psicografica*. Rapporto Tecnico n.5 dal Laboratorio di Ricerca sulla Personalità e sul Counseling (Dipartimento di Psicologia, Università degli Studi di Torino). Milano: Laboratorio di Ricerca e Sviluppo editore.

Perussia F. (2005d). *ITAPI-M: Manuale della forma interMedia (M) derivata da ITAPI (Italia Personality Inventory)*. Torino: Rapporto Tecnico n.7 dal Laboratorio di Ricerca sulla Personalità e sul Counseling (Dipartimento di Psicologia, Università degli Studi di Torino). Milano: Laboratorio di Ricerca e Sviluppo editore.

Perussia F., Benso G. (1996). Il codice ingenuo: Rilievi preliminari. In: *Atti del Convegno di Psicologia Giuridica, Passo della Mendola, 1995*. Milano: Vita e Pensiero, 67-86.

Perussia F., Benso G., Lovisolo A. (1997). Il senso della legge, della giustizia e del sistema penale in giovani minorenni e maggiorenni. In: Perussia F., a cura, *Materiali di psicologia sociale e della personalità*. Torino: Celid, 161-186.

Perussia F., Converso D., Miglietta A. (1995) a cura. *Psicologia futura*. Torino: Tirrenia Stampatori.

Perussia F., Grohrock R. (1997). Stili amorosi: Una ricerca. In: Perussia F., a cura. *Materiali di psicologia sociale e della personalità*. Torino: Celid, 43-98.

Perussia F., Pravettoni G. (1997). L'altro tipico: Una ricerca. In: Perussia F., a cura. *Materiali di psicologia sociale e della personalità*. Torino: Celid, 117-136.

Perussia F., Viano R. (2004). *Ricerca preliminare per Itapi-S: Procedura campionaria e statistica per la costruzione della forma Sintetica (S) derivata da ITAPI (Italia Personality Inventory)*. Torino: Rapporto Tecnico n.2 dal Laboratorio di Ricerca sulla Personalità e sul Counseling, Dipartimento di Psicologia, Università degli Studi di Torino.

Perussia F., Viano R. (2005). *ITAPI-S: Manuale della forma Sintetica (S) derivata da ITAPI (Italia Personality Inventory)*. Torino: Rapporto Tecnico n.6 dal Laboratorio di Ricerca sulla Personalità e sul Counseling (Dipartimento di Psicologia, Università degli Studi di Torino). Milano: Laboratorio di Ricerca e Sviluppo editore.

Pervin L.A. (1985). Personality: Current controversies, issues, and directions. *Annual Review of Psychology*, 36, 83-114.

Pervin L.A. (1990) editor. *Handbook of personality: Theory and research*. New York: Guilford. New edition, with P.J. Oliver: 1999.

Pervin L.A., Oliver P.J. (1996-2001). *Personality: Theory and research*. Edizione italiana: *La scienza della personalità*. Milano: Cortina, 2001.

Pizzinato G. (1998). *Lo sviluppo del senso morale: Una verifica*. Tesi di laurea non pubblicata (Relatore: F. Perussia). Torino: Facoltà di Psicologia.

Plomin R., Rende R. (1991). Human behavioral genetics. *Annual Review of Psychology*, 42, 161-190.

Puffer E. (1900). The loss of personality. *Atlantic Monthly*, 85, 195-204.

Radloff L. S. (1977). The CES-D Scale: A self-report depression scale for research in the general population. *Applied Psychological Measurement*, 1, 385-401.

Raudenbush S.W. (2001). Comparing personal trajectories and drawing causal inferences from longitudinal data. *Annual Review of Psychology*, 52, 501-525.

Rempel J.K., Holmes J.G., Zanna M.P. (1985). Trust in close relationships. *Journal of Personality and Social Psychology*, 49, 95-112.

Research Bureau for Retail Training (1927). *Personnel research in department stores: a report of studies from 1918-1925*. Oxford, England: Research Bureau for Retail Training.

Reveane L. (1999). *L'identità di genere: Una ricerca sull'autodefinizione*. Tesi di laurea non pubblicata.(Relatore: F. Perussia). Torino: Facoltà di Psicologia.

Revelle W. (1995). Personality processes. *Annual Review of Psychology*, 46, 295-328.

Ribot T.A. (1884). *Les maladies de la personnalité*. Paris: Alcan.

Richmond W. (1900). *An essay on personality as a philosophical principle*. New York: Arnold.

Riva F. (1997). *Psicologia dell'autostima: Costruzione di una scala italiana*. Tesi di laurea non pubblicata (Relatore: F. Perussia). Torino: Corso di Laurea in Psicologia nella Università degli Studi di Torino.

Robinson J.P., Athanasiou R., Head K.B. (1969). *Measures of occupational attitudes and occupational characteristics*. Ann Arbor MI: Institute for Social Research, University of Michigan.

Robinson J.P., Shaver P.R. (1973). *Measures of social psychological attitudes*. Ann Arbor Mich: Survey Research Center, Institute for Social Research.

Robinson J.P., Shaver P.R., Wrightsman L.S. (1991) editors. *Measures of personality and social psychological attitudes*. New York: Academic Press.

Robinson J.P., Shaver P.R., Wrightsman L.S. (1999). *Measures of political attitudes*. New York: Academic Press.

Rogers K.H. (1935). The study of personality. *Journal of Abnormal and Social Psychology*. 29, 357-366.

Rokeach M. (1973). *The nature of human values*. New York: Free Press.

Rorer L.G., Widiger T.A. (1983). Personality structure and assessment. *Annual Review of Psychology*, 34, 431-463.

Rosenberg M. (1965). *Society and the adolescent self-image*. Princeton NJ: Princeton University Press.

Rossi A. (1998). *Identità di genere e attribuzione di aggressività*. Tesi di laurea non pubblicata (Relatore: F. Perussia). Torino: Facoltà di Psicologia.

Rossignol J.E.L. (1892). The training of dogs. *American Journal of Psychology*. 5(2), 205-213.

Rubin R.B., Palmgreen P., Sypher H.E. (1994). *Communication research measures: A sourcebook*. New York: Guilford.

Rubini V. (1975). *Basi teoriche del testing psicologico*. Bologna: Patron.

Russell M. T., Karol D. L. (1994). *The 16PF fifth edition administrator's manual*. Champaign IL: Institute for Personality and Ability Testing.

Salek S. (1998). *Compendium of quality of life instruments*. Chichester, West Sussex: Wiley.

Salvini A. (1977). *Aspetti sociali della personalità*. Verona: Bertani.

Sanavio E. (2002) a cura. *Le Scale CBA Cognitive Behavioural Assessment: un modello di indagine psicologica multidimensionale*. Milano: Cortina.

Sanavio E., Sica C. (1999). *I Test di personalità: Inventari e questionari*. Bologna: Il Mulino.

Sanavio, E., Bertolotti, G., Michielin, P., Vidotto, G., Zotti, A.M. (1986). *CBA-2.0 Scale primarie*. Firenze: OS Organizzazioni Speciali.

Saraceni C., Montesarchio G. (1988). *Introduzione alla psicodiagnostica*. Roma: La Nuova Italia Scientifica.

Sardo E. (2000). *La televisione: Una ricerca quantitativa*. Tesi di laurea non pubblicata (Relatore: F. Perussia). Torino: Facoltà di Psicologia.

Sargent Shriver R. (1965). Suggestions to the American Psicological Association. *American Psychologist*, 20, 876-877.

Sasaki J., Hoshino T., Tanno Y. (2002). Psychopathologies and the Five-Factor Model of Personality. *Japanese Journal of Educational Psychology*. 50(1), 65-72.

Saucier G. (1997). Effects of variable selection on the factor structure of person descriptors. *Journal of Personality and Social Psychology*, 73, 1296-1312.

Saucier G. (2003). An alternative multi-language structure for personality attributes. *European Journal of Personality*. 17(3), 179-205.

Saucier G., Hampson S.E., Goldberg L.R. (2000). Cross-language studies of lexical personality factors. In S.E. Hampson, editor. *Advances in personality psychology, Volume 1*. Hove England: Psychology Press, 1-36.

Schinka J.A., Greene R.L. (1997) editors. *Emerging issues and methods in personality as-*

sessment. Hillsdale NJ: Erlbaum.

Schmidt N., Sermat V. (1983). Measuring loneliness in different relationships. *Journal of Personality and Social Psychology*, 44, 1038-1047.

Schutte N.S., Malouff J.M. (1995). *Sourcebook of adult assessment*. New York: Plenum Press.

Sears R.R. (1950). Personality. *Annual Review of Psychology*, 1, 105-118.

Seeman M.. (1991). Alienation and anomie. In: Robinson J.P., Shaver P.R., Wrightsman L.S., editors. *Measures of personality and social psychological attitudes*. New York: Academic Press, 291-372.

Serebriakoff V. (1988). *A guide to intelligence and personality testing: Including actual tests and answers*. Park Ridge NJ: Parthenon.

Shaver P.R., Brennan K.A. (1991). Measures of depression and loneliness. In: Robinson J.P., Shaver P.R., Wrightsman L.S., editors. *Measures of personality and social psychological attitudes*. New York: Academic Press, 195-290.

Shaw M.E., Wright J.M. (1967). *Scales for the measurement of attitudes*. New York: McGraw Hill.

Shields S.A., Mallory, Simon A. (1989). The Body Awareness Questionnaire: Reliability and validity. *Journal of Personality Assessment*, 53, 802-815.

Shrout P.E., Fiske S.T. (1995) editors. *Personality research, methods, and theory*. Mahwah NJ: Erlbaum.

Singer J.L., Kolligian J.Jr (1987). Personality: Developments in the study of private experience. *Annual Review of Psychology*, 38, 533-574.

Siri G. (1996). *Io e sé: Psicologia della personalità e contraddizioni di cultura*. Torino: Utet Libreria.

Sirigatti S. (1978). *La personalità: Fattori biologici e ambientali nella socializzazione dell'individuo*. Firenze: Le Monnier.

Sorokin P.A. (1956). *Fads and foibles in modern sociology and related sciences*. Chicago: Regnery. Edizione italiana: *Mode e utopie nella sociologia moderna e scienze collegate*. Firenze: Universitaria G. Barbera, 1965.

Spagnuolo Lobb M. (1982). *Psicologia della personalità: Genesi delle differenze individuali*. Roma: LAS.

Spence J.T., Helmreich R., Stapp J. (1973). A short version of the Attitudes toward Women Scale (AWS). *Bulletin of the Psychonomic Society*, 2, 219-220.

Spence J.T., Helmreich, R.L. (1978). *Masculinity and femininity: Their psychological dimensions, correlates, and antecedents*. Austin TX: University of Texas Press.

Spielberg C.D., Pedrabissi L., Santinello M. (1996). *STAI, State-Trait Anxiety Inventory, Forma Y: Manuale*. Firenze: OS Organizzazioni Speciali.

Spielberger C.D., Gorsuche R.L., Lushene R.E. (1970). *The State Trait Anxiety Inventory: Test manual*. Palo Alto CA: Consulting Psychologist Press. Edizione italiana: *S.T.A.I.* Firenze: OS Organizzazioni Speciali, 1980.

Stagner R. (1937). *Psychology of personality*. New York: McGraw Hill.

Stephenson W. (1935). The inverted factor technique. *British Journal of Psychology*. 26, 344-361.

Sterzi F. (1999). *Modelli psicologici dell'invidia: Una ricerca*. Tesi di laurea non pubblicata (Relatore: F. Perussia). Torino: Facoltà di Psicologia.

Stotland S., Zuroff, D.C. (1990). A new measure of weight locus of control: The Dieting Beliefs Scale. *Journal of Personality Assessment,* 54, 191-203.

Sumner F.B. (1898). A statistical study of belief. *Psychological Review*. 5(6), 616-631.

Taine H.A. (1870). *De l'intelligence*. Paris: Hachette.

Tellegen A. (1982). *Brief manual for the Multidimensional Personality Questionnaire*. Unpublished manuscript, University of Minnesota at Minneapolis.

Tellegen A. (in press). *MPQ (Multidimensional Personality Questionnaire): Manual for administration, scoring, and interpretation*. Minneapolis MN: University of Minnesota Press.

Tellegen A., Grove W. M., Waller N. G. (1991). *Inventory of Personal Characteristics (IPC-*

7). Unpublished materials, University of Minnesota.

Tellegen A., Waller N. G. (in press). *Exploring personality through Test construction: Development of the Multidimensional Personality Questionnaire*. Minneapolis: University of Minnesota Press.

Test Bernreuter (senza data). *Personality Inventory di R.G. Bernreuter*. Adattamento italiano a cura di P. Nencini, R. Misiti, P. Banissoni. Firenze: Organizzazioni Speciali.

Test Maudsley (1964). *Maudsley Personality Inventory (MPI) di Sibour F.* Adattamento italiano della Clinica delle Malattie del Sistema Nervoso dell'Università di Torino. Firenze,Organizzazioni Speciali.

Thorndike E.L. (1904). *An Introduction to the theory of mental and social measurements*. New York: Science Press.

Thurstone L.L. (1930). A neurotic inventory. *Journal of Social Psychology*. 1, 3-30.

Thurstone L.L. (1934). The vectors of mind. *Psychological Review*. 41, 1-32.

Thurstone L.L., Thurstone T.G. (1929). *Personality schedule*. Oxford, England: University of Chicago Press.

Touliatos J., Perlmutter B.F., Straus M.A. (2001). *Handbook of family measurement techniques*. Thousand Oaks CA: Sage.

Triandis H.C., Suh E.M. (2002). Cultural influences on personality. *Annual Review of Psychology*, 53, 133-160.

Tschisch (1894). Elements of personality. *Vestnik klin. i sudebnoi psichiat. i nevropatol. St. Petersburg*. 10, pt. 2, 1.

Tua L., Perussia F. (1987). Si divide in cinque classi la tribù dei neo-adulti. *Marketing Espansione*, 26, 86-92.

Viano R. (1999). *Tratti, atteggiamenti e strategie di scambio: Una ricerca pilota*. Tesi di laurea non pubblicata (Relatore: F. Perussia). Torino: Facoltà di Psicologia.

Vidotto G. (1995) a cura. *CBA-2.0: Dieci anni di ricerche*. Torino: Upsel.

Vidotto G., Bertolotti G., Michielin P., Sanavio E., Zotti A.M. (1987). *Libreria di programmi CBA-2.0 Scale Primarie Software*. Firenze: OS Organizzazioni Speciali.

Walker W. (1896). *The development of the doctrine of personality in modern philosophy. Part I.* Ann Arbor MI: The Inland Press.

Watkins C.E., Campbell V.L. (2000) editors. *Testing and assessment in counseling practice*. Mahwah NJ: Erlbaum.

Western D., Shedler J., Lingiardi V. (2003). *La valutazione della personalità con la Swap-200*. Milano: Cortina.

Whyte W.H. (1956). *The organisation man*. New York: Simon and Schuster. Edizione italiana: *L'uomo dell'organizzazione*. Torino: Einaudi, 1960.

Wiggam A.E., editor (1928). *Exploring your mind*. Oxford, England: Bobbs-Merril.

Wiggins J.S. (1973). *Personality and prediction: Principles of personality assessment*. Reading MA, Addison-Wesley.

Wiggins J.S., Behrends R.S., Ben-Parath Y.S., Blatt S.J., Costa P.T., Gurtman M.B., McAdams D.P., Piedmont R.L., Pincus A.L., Trobst K.K. (2003). *Paradigms of Personality Assessment*. New York: Guilford.

Wiggins J.S., Pincus A.L. (1992). Personality: Structure and assessment. *Annual Review of Psychology*, 43, 473-504.

Wolf S. J. (1938). Historic background of the study of personality as it relates to success or failure in academic achievement. *Journal of General Psychology*. 19, 417-436.

Wolfe H.K. (1898). Some judgments on the size of familiar objects. *American Journal of Psychology*, 9(2),, 137-166.

Woodworth R.S. (1919). Examination of emotional fitness for warfare. *Psychological Bulletin*. 16, 59-60.

Woodworth R.S. (1920). *Personal Data Sheet*. Chicago: Stoelting.

World Health Organization (1992). *The ICD-10 classification of mental and behavioral disorders: Clinical descriptions and diagnostic guidelines*. Geneve CH: World Health Organization.

World Health Organization (1993). *The ICD-10 classification of mental and behavioral*

224

disorders: Diagnostic criteria for research. Geneve CH: World Health Organization.

Wrightsman L.S. (1991). Interpersonal trust and attitudes toward human nature. In: Robinson J.P., Shaver P.R., Wrightsman L.S., editors. *Measures of personality and social psychological attitudes*. New York: Academic Press, 373-412.

Young K. (1923). The history of mental testing. *Pedagogical Seminary*. 31, 1-48

Yule G.U. (1911). *An introduction to the theory of statistics*. London: Griffin.

Zavalloni R., Montuschi F. (1973). *La personalità in prospettiva sociale*. Brescia: La Scuola.

Zimet G.D., Dahlem N.W., Zimet S.G., Farley G.K. (1988). The Multidimensional Scale of Perceived Social Support. *Journal of Personality Assessment*, 52, 30-41.

Zimet G.D., Powell S.S., Farley G.K., Werkman S., Berkoff K.A. (1990). Psychometric characteristics of the Multidimensional Scale of Perceived Social Support. *Journal of Personality Assessment,* 55, 610-17.

Zuckerman M. (1979). *Sensation seeking: Beyond the optimal level of arousal*. Hillsdale NJ: Erlbaum.

Zumpano A. (1998). *Il lavoro immaginato: Una ricerca*. Tesi di laurea non pubblicata (Relatore: F. Perussia). Torino: Facoltà di Psicologia.

ITAPI
VALORI
MANUALE

FELICE PERUSSIA
RENATA VIANO

www.ingramcontent.com/pod-product-compliance
Lightning Source LLC
Chambersburg PA
CBHW051955280526
45793CB00005B/733